Überreicht vom Verfasser.

Nicht im Handel.

Registerwesen.

Von

Amtsgerichtsrat **H. Riefenstahl**, Berlin.

Sonderabdruck aus dem Sammelwerk:

Die Gerichtspraxis.

Unter Mitwirkung namhafter praktischer Juristen herausgegeben von Kammergerichtsrat **Dr. Ernst Pape.**

(Berlin 1914. J. Guttentag, Verlagsbuchhandlung, G. m. b. H.)

Registerwesen.

Von

Amtsgerichtsrat **H. Riefenstahl**, Berlin.

§ 1.

Bedeutung der Register im allgemeinen.

Die Bedeutung der öffentlichen Register wird fast auf jedem Lebensgebiete wirksam. Jeder Kaufmann untersteht den Bestimmungen für das Handelsregister, für die mehr und mehr sich ausdehnende genossenschaftliche Bewegung ist das Genossenschaftsregister bedeutungsvoll, viele der zahllosen Vereine sind bestrebt, durch Eintragung in das Vereinsregister Rechtsfähigkeit zu erlangen, für die Binnen- und Seeschiffahrt ist das Schiffsregister eingerichtet, wer ein Muster oder ein Modell geschützt wissen will, bedient sich des Musterregisters, über güterrechtliche Verhältnisse zwischen Eheleuten gibt das Güterrechtsregister Aufklärung.

So sind die Register bestimmt, wichtige tatsächliche und Rechtsvorgänge unter behördlicher Kontrolle aufzunehmen und der Öffentlichkeit bekannt zu machen. Es sollen hier nur diejenigen Register betrachtet werden, die bei den Gerichten geführt werden. Dies sind das Handelsregister A und B, das Genossenschaftsregister, das Vereinsregister, das Güterrechtsregister, das Schiffsregister, das Musterregister, früher auch das Börsenregister und das Register für Wassergenossenschaften.

G e m e i n s a m ist für diese bestimmt, daß für Führung die A m t s g e r i c h t e zuständig sind (§ 8 HGB., § 125 R. FrG., § 10 Abs. 2 GenG., § 1558 BGB.), daß die Eintragungen — von einzelnen Ausnahmen abgesehen — nur auf A n t r a g, Anmeldung erfolgen, daß für die Anträge eine bestimmte Form vorgeschrieben ist, daß die Eintragungen i. allg. v e r ö f f e n t l i c h t werden müssen, die Register von der Vernichtung ausgeschlossen sind.

§ 2.

Natur und Wirkung der Eintragungen.

Die Eintragung ist teils rechtsbegründender Natur, teils nur deklarierender. So besteht eine Aktiengesellschaft und eine Gesellschaft mit beschränkter Haftung als solche nicht vor der Eintragung in das Handelsregister, sondern nur als Gesellschaft des bürgerlichen Rechts; so ist eine Abänderung ihres Gesellschaftsvertrages wirkungslos, solange diese nicht eingetragen ist. Die Genossenschaft hat vor der Eintragung nicht die Rechte einer eingetragenen Genossenschaft, sie ist event. nur ein Personenverein (RG. 39, 30) ihre Beschlüsse auf Abänderung des Statuts haben vor der Eintragung keine rechtliche Wirkung. Ein Ideal-Verein erlangt erst durch die Eintragung die Rechtsfähigkeit, Änderungen der Satzung bedürfen zu ihrer Wirksamkeit nach innen und außen der Eintragung.

Im allgemeinen aber hat die Eintragung und Veröffentlichung nur deklarierende Wirkung (Joh. 33 A 154). Für das Handelsregister ist dies ausgesprochen im § 15 HGB., wonach, solange eine in das HR. einzutragende Tatsache nicht eingetragen und bekannt gemacht ist, sie von demjenigen, in dessen Angelegenheiten sie einzutragen war, einem Dritten nicht entgegengesetzt werden kann, es sei denn, daß sie diesem bekannt war; und daß andererseits, wenn die Tatsache eingetragen und bekannt gemacht worden ist, der Dritte sie gegen sich gelten lassen muß.

So auch § 1435 BGB. hinsichtlich der Abänderung der güterrechtlichen Verhältnisse, und § 29 Abs. 2 GenG.

Es sind daher auch nur diejenigen Eintragungen zu bewirken, die im Gesetz selber vorgesehen sind.

§ 3.
Aufsichtspflicht des Registergerichts.

Damit das Register auch tatsächlich für den Rechtsverkehr alles Wissenswerte enthält und den jeweiligen Zustand wiedergibt, hat das Registergericht nach § 3 AV. vom 7. Nov. 1899 darauf zu achten, daß alle vorgeschriebenen Eintragungen erfolgen und unrichtige Eintragungen vermieden werden, ist ihm also eine Aufsichtspflicht zugewiesen.

Zu dem Zwecke sind nach § 126 R. FrG. die Organe des Handelsstandes (Handelskammer, Älteste der Kaufmannschaft) zu seiner Unterstützung verpflichtet durch Mitteilung von Tatsachen, die für eine Eintragung bedeutungsvoll sind, und zur Stellung von Anträgen berechtigt. Nach Art. 3 AFG. z. HGB. haben die Gerichte, die Beamten der Staatsanwaltschaft, die Polizei und Gemeindebehörden, sowie die Notare von den zu ihrer amtlichen Kenntnis gelangenden Fällen einer unrichtigen, unvollständigen oder unterlassenen Anmeldung zum HR. oder GenReg. dem Registergericht Mitteilung zu machen. Auch sind die Steuerbehörden verpflichtet, dem Registergericht über die Anmeldung und Abmeldung steuerpflichtiger Gewerbe, über das Ergebnis der Veranlagung zur Gewerbesteuer, sowie über später eingetretene Veränderungen Auskunft zu erteilen. Bei Versicherungsvereinen auf Gegenseitigkeit hat die Aufsichtsbehörde dem Registergericht Mitteilung zu machen (§ 30 Abs. 2, § 43 Abs. 3 Ges. 12. Mai 1901).

Gelangt auf diese Weise oder sonstwie eine der Eintragung bedürfende Tatsache zur Kenntnis des Registergerichts, und ist ein zur Anmeldung Verpflichteter vorhanden, — Errichtung eines kaufmännischen Geschäfts, Änderung einer Firma oder ihres Inhabers, Wechsel in der Geschäftsführung einer G. m. b. H., im Vorstande eines Vereins — so hat der Registerrichter ihn, nötigenfalls nach Feststellung der Tatsachen gemäß § 12 R. FrG. durch Ermittelungen und Beweisaufnahmen von Amts wegen, zur Anmeldung aufzufordern; etwa in folgender Weise: Es ist zur Kenntnis des Registergerichts gekommen, daß Sie in der X-Straße zu X unter der Firma .... ein kaufmännisches Geschäft betreiben, Sie werden ersucht, innerhalb 2 Wochen diese Firma und den Inhaber zur Eintragung anzumelden und Ihre Firma zur Aufbewahrung bei dem Gericht zu zeichnen.

§ 4.
Ordnungsstrafverfahren.

Wird dieser Aufforderung nicht genügt, so hat der Registerrichter das Zwangsmittel der Ordnungsstrafe anzuwenden (§ 14 HGB., § 160 GenG., § 79 G., betr. G. m. b. H.,

§ 78 BGB.). Es ist gegeben — mit Ausnahme des Güterrechtsregisters, Muster- und Börsenregisters — nicht nur, um eine Anmeldung herbeizuführen, sondern überhaupt den Verpflichteten zur Erfüllung aller ihm nach dem Gesetz obliegenden Pflichten zu veranlassen, wie Zeichnung der Firma oder des Namens, Einreichung von Schriftstücken usw. Es ist aber im Falle der Erteilung einer Vollmacht nicht gegen den Bevollmächtigten zu richten, da mit Annahme der Vollmacht und des Auftrages die Verpflichtung nicht auf den Bevollmächtigten übergeht (Joh. 35 A 356). Das Ordnungsstrafverfahren ist in §§ 132 ff. R. FrG. für das Registerwesen besonders geregelt. Zunächst ergeht die Aufforderung, innerhalb einer bestimmten Frist bei Vermeidung einer Ordnungsstrafe, deren Betrag für die einzelne Strafe 300 M. nicht übersteigen darf, der gesetzlichen Verpflichtung nachzukommen oder das Unterlassen durch Einspruch gegen die Verfügung zu rechtfertigen.

I. Erfolgt weder das eine noch das andere, so ist durch Beschluß die angedrohte Strafe festzusetzen und zugleich die frühere Verfügung unter Androhung einer neuen (erhöhten) Ordnungsstrafe, einer Fristbestimmung und Hinweis auf die Einspruchsmöglichkeit zu wiederholen. Die Verfügung und der Beschluß können in der Weise ergehen:

Verfügung.

1. Gemäß § 29 HGB., § 78 BGB. und § 159 R. FrG. wird Ihnen aufgegeben, innerhalb 14 Tagen bei Vermeidung einer Ordnungsstrafe von .... M. der Verfügung vom .... 191...., betreffend Anmeldung — Einreichung — d.. nachzukommen oder das Unterlassen durch Einspruch gegen diese Verfügung zu rechtfertigen.
   Berlin, den .... 191....
   Königliches Amtsgericht Berlin-Mitte,
   Abteilung 167.
2. Zuzustellen ....
3. Nach ....

Beschluß.

1. Die durch Verfügung vom .... 191.... angedrohte Ordnungsstrafe von .... M. wird gemäß § 133 R. FrG. — § 159 R. FrG. — unter Auferlegung der Kosten gegen Sie festgesetzt, da Sie innerhalb der bestimmten Frist weder dieser Verfügung nachgekommen sind, noch das Unterlassen durch Einspruch gerechtfertigt haben.
2. Es wird Ihnen wiederholt aufgegeben, innerhalb 14 Tagen bei Vermeidung einer Ordnungsstrafe von .... M. der Verfügung vom .... 191...., betreffend Anmeldung — Einreichung — .... nachzukommen oder das Unterla'sen durch Einspruch gegen diese Verfügung zu rechtfertigen.
   Berlin, den .... 191.... .
   Königliches Amtsgericht Berlin-Mitte, Abteilung

II. Wird rechtzeitig Einspruch eingelegt, und ergibt sich dieser ohne weiteres, also ohne daß weitere Ermittelungen oder Beweise erforderlich sind, als begründet, z. B. wenn die Anmeldung zugleich mit dem Einspruch erfolgt ist, so ist die erlassene Verfügung aufzuheben. Anderenfalls ist Termin zur Verhandlung über den Einspruch anzuberaumen und der Beteiligte dazu zu laden.

A. Erscheint er im Termin nicht, so kann das Gericht nach Lage der Sache entscheiden, aber auch Beweiserhebung, Vertagung usw. beschließen.

B. Erscheint der Beteiligte dagegen im Termin, so ist mit ihm zu verhandeln — der Zuziehung eines Protokollführers bedarf es dabei nicht. Das Ergebnis dieser Verhandlung kann verschieden sein. Es kann

a) weitere Beweiserhebung beschlossen werden oder
b) wenn die Sache zur Entscheidung reif ist: der Einspruch
aa) verworfen werden, wobei zugleich die angedrohte Ordnungsstrafe festzusetzen und eine erneute Verfügung mit Aufforderung, Androhung einer Ordnungsstrafe, Fristbestimmung zu erlassen ist. Diese Frist beginnt dann mit Eintritt der Rechtskraft des Beschlusses;
bb) von Festsetzung einer Strafe überhaupt abgesehen, oder eine geringere Strafe festgesetzt werden (Joh. 27 A 72).

Im Falle I kann auch nach Festsetzung der Strafe durch Beschluß gegen die erneute Verfügung noch Einspruch erhoben werden, und dann wickelt sich das Verfahren ebenso ab: es kann die frühere festgesetzte Strafe, also der frühere Beschluß, auch wenn er rechtskräftig geworden ist, aufgehoben oder eine geringere Strafe festgesetzt werden.

Gegen die strafandrohende Verfügung ist also nur Einspruch, nicht Beschwerde zulässig; gegen den Beschluß, durch den die angedrohte Ordnungsstrafe festgesetzt oder der Einspruch verworfen wird, ist sofortige Beschwerde zulässig. Diese kann im Falle I nicht mehr darauf gestützt werden, daß die strafandrohende Verfügung nicht gerechtfertigt gewesen sei, wohl aber darauf, daß ein Fall der Säumnis nicht vorgelegen habe.

Gegen die Versäumung der Einspruchsfrist kann auch Wiedereinsetzung in den vorigen Stand beantragt werden. Bei Festsetzung der Ordnungsstrafe ist der Beteiligte zugleich in die Kosten des Verfahrens zu verurteilen.

Das Aufsichtsrecht des Registerrichters erstreckt sich nach § 37 Abs. 1 HGB. auch darauf, daß niemand eine ihm nicht zustehende Firma gebraucht, bei Zuwiderhandlung hiergegen ist das Ordnungsstrafverfahren auf Unterlassung gerichtet, die Verfügung ist dann natürlich darauf zu richten, sich des Gebrauchs der Firma zu enthalten, und die Strafe wird erst festgesetzt, wenn der Einspruch rechtskräftig verworfen, oder gar kein Einspruch erhoben ist, also die Verfügung zu Recht besteht und trotzdem nach Bekanntmachung ihr entgegengehandelt wird.

Die Verfügungen sowohl wie die Beschlüsse müssen zugestellt werden (§ 16 R. FrG.). Die Ordnungsstrafe ist, wie jetzt auch das Kammergericht im Beschlusse vom 18. Nov. 1910 Joh. 40 A 83 anerkannt hat, nicht Strafe für Ungehorsam, sondern ein Zwang- und Beugungsmittel, den Willen des Beteiligten zur Vornahme der durch das Gesetz ihm auferlegten Pflicht zu zwingen.

Es kommt also nicht allein auf die Fristversäumung an, und die Strafe ist nicht festzusetzen, wenn der Verpflichtete schon, wenn auch nach Ablauf der Frist, seiner Pflicht genügt hat.

Die zwangsweise Einziehung der Ordnungsstrafe erfolgt nach Art. 16 Pr. FrG. im Wege des Verwaltungszwangsverfahrens. Vor Erledigung einer etwaigen Beschwerde ist nach § 24 R. FrG. die Vollstreckung unzulässig. Eine Umwandlung der Ordnungsstrafe in Freiheitsstrafe ist unzulässig.

§ 5.

Eintragungen von Amts wegen.

Es ist schon erwähnt, daß nicht alle Eintragungen nur auf Antrag zu bewirken sind, der Registerrichter hat auch, um das Register mit den tatsächlichen Verhältnissen in Übereinstimmung zu bringen, von Amts wegen zu verfahren.

I. Ist eine Firma erloschen, und führt das Ordnungsstrafverfahren nicht zum Ziele, ist einzutragen: „Die Firma ist erloschen, von Amts wegen eingetragen." Vorher ist der eingetragene Inhaber oder dessen Rechtsnachfolger von der beabsichtigten Löschung zu benachrichtigen und ihm zugleich eine angemessene Frist von wenigstens drei Monaten zur Geltendmachung eines Widerspruchs zu bestimmen. Sind der Inhaber oder dessen Rechtsnachfolger oder deren Aufenthalt nicht bekannt, so erfolgt die Benachrichtigung durch die öffentlichen Blätter etwa in der Weise: „Die im HR. eingetragene Firma .... soll von Amts wegen gelöscht werden. Zur Erhebung eines Widerspruchs wird eine Frist von drei Monaten bestimmt." Über einen etwa erhobenen Widerspruch ist durch Beschluß zu entscheiden, gegen die Entscheidung ist sofortige Beschwerde an die Kammer für Handelssachen zulässig. Zur Einlegung der Beschwerde sind auch die Organe des Handelsstandes berechtigt. Die Löschung darf erst erfolgen, wenn die Entscheidung rechtskräftig geworden oder kein Widerspruch erhoben ist (§ 141 R. FrG., § 31 Abs. 2 HGB.).

II. Die Eintragung einer Zweigniederlassung oder das Erlöschen einer solchen in dem Register des Ortes der Zweigniederlassung ist von diesem Gericht dem Registergericht der Hauptniederlassung von Amts wegen mitzuteilen und bei letzterem Gericht zu vermerken (§ 131 R. FrG.).

III. Die Eröffnung und Aufhebung des Konkursverfahrens wird auf die Mitteilung des Konkursgerichts an die Registerbehörde von Amts wegen eingetragen (§ 32 HGB.).

IV. Die Eintragung der gerichtlichen Ernennung oder Abberufung von Liquidatoren einer Genossenschaft, einer Aktiengesellschaft, einer offenen Handelsgesellschaft, einer G. m. b. H., die Eintragung gerichtlich bestellter Vorstandsmitglieder oder Liquidatoren eines eingetragenen Vereins geschieht von Amts wegen (§ 296 Abs. 2, § 148 Abs. 2 HGB., § 67 Abs. 3 Ges., betr. G. m. b. H., § 67 Abs. 2 BGB.).

V. Stellt sich nach erfolgter Eintragung in das Handelsregister, das Genossenschaftsregister, das Vereinsregister, das Güterrechtsregister später heraus, daß eine Eintragung mangels einer wesentlichen Voraussetzung — z. B. weil die Firma den Vorschriften des § 18 HGB. nicht entspricht, weil die ausdrückliche Einwilligung zur Fortführung der Firma nicht erteilt ist (Joh. 31 A 152), weil ein Ehevertrag nichtig ist — objektiv unrichtig ist und nicht hätte bewirkt werden dürfen, so kann das Registergericht sie von Amts wegen oder auf Betreiben eines Dritten wieder beseitigen durch Eintragung des Vermerks „von Amts wegen gelöscht". Das Gericht muß, auch wenn schon vor erfolgter Eintragung ein Löschungsantrag gestellt wird und die Einwendungen geeignet sind, die Eintragung zu verhindern, über diese sachlich entscheiden (Joh. 28 A 63). Das Verfahren ist nach § 142 R. FrG. dasselbe wie beim Erlöschen einer Firma, doch ist hier nur eine „angemessene" Frist zu bestimmen.

Eine solche Löschung kann auch von dem dem Registergericht übergeordneten Landgericht verfügt werden, und zwar in Handelssachen von der Kammer für Handelssachen, in Vereins- und Güterrechtsregistersachen aber von der Zivilkammer (§ 30 R. FrG. Joh. 29 A 109); die Eintragung erfolgt aber auf Anordnung des Richters. Art. 3 Abs. 3 AV. vom 6. Nov. 1899 über Führung des GR.; § 2 AV. vom 7. Nov. 1899 (HR.).

VI. Für Aktiengesellschaften, Kommanditgesellschaften auf Aktien, Gesellschaften mit beschränkter Haftung ist im § 144 R. FrG. die besondere Bestimmung gegeben, daß die Gesellschaft selber oder ein eingetragener Beschluß der Generalversammlung oder Versammlung der Gesellschafter als nichtig gelöscht werden kann, wenn der Beschluß gegen wesentliche Bestimmungen des Gesetzes verstößt und seine Beseitigung im öffentlichen Interesse erforderlich erscheint, oder wenn die Voraussetzungen vorliegen, die nach §§ 309, 310 HGB., §§ 75, 76 Ges., betr. G. m. b. H. die Nichtigkeitsklage begründen. Ist der Mangel heilbar, so ist nach § 34 d. AV. vom 7. Nov. 1899 über Führung des Handelsregisters in der Benachrichtigung von der beabsichtigten Löschung auf die Möglichkeit der Heilbarkeit hinzuweisen, sonst ist das Verfahren dasselbe wie unter V, die zu bestimmende Frist soll aber mindestens drei Monate betragen. Die Eintragung erfolgt durch den Vermerk „die Gesellschaft — der Beschluß vom .... — ist als nichtig gelöscht". Da die Löschung in den Fällen der §§ 142—144 R. FrG. nur erfolgen kann, nicht muß, so wird das Verfahren wegen der einschneidenden Folgen nur eingeleitet werden, wenn noch andere Umstände, wie das öffentliche Interesse, ins Gewicht fallen. Das Registergericht einer Zweigniederlassung ist zur Einleitung des Löschungsverfahrens im allgemeinen nicht berechtigt, es wird von der erfolgten Löschung vom Gericht der Hauptniederlassung benachrichtigt und trägt die Löschung von Amts wegen ein. Nur dann kann es auch selbständig das Löschungsverfahren einleiten, wenn es bei Anmeldung zur Eintragung bei der Zweigniederlassung ein selbständiges Prüfungsrecht hinsichtlich der Zulässigkeit der Eintragung gehabt hätte (Joh. 44 A 137). Diese Vorschriften finden nach § 147 eod. auch auf eingetr. Genossenschaften Anwendung.

Um die Übersichtlichkeit zu erleichtern, ist auch angeordnet, daß die Eintragungen die durch eine spätere Eintragung ihre Bedeutung verloren haben, durch rot Unterstreichen kenntlich zu machen sind.

§ 6.

Verhältnis des Registergerichts zum Prozeßgericht.

Nach § 127 R. FrG. kann allgemein das Registergericht die Verfügung aussetzen, wenn diese von der Beurteilung eines streitigen Rechtsverhältnisses abhängig ist, bis über das Verhältnis im Wege des Rechtsstreites entschieden ist, z. B. wenn über die Befugnis zur Fortführung einer Firma, über die Gültigkeit eines Generalversammlungsbeschlusses Streit herrscht, es kann auch, wenn der Rechtsstreit noch nicht anhängig ist, einem der Beteiligten eine Frist zur Erhebung der Klage bestimmen. Aus der Wahl des Wortes „kann" folgt, daß das Registergericht nicht nach seinem Belieben von dieser Befugnis Gebrauch machen darf, sondern nur nach sachlicher Prüfung, wenn die Aussetzung durch die Umstände des Falles sachlich gerechtfertigt ist, wenn z. B. die Anfechtbarkeit des Beschlusses soweit begründet erscheint, daß mit dessen Nichtigkeitserklärung (Joh. 21 A 240, 28 A 238) gerechnet werden muß. Diese Befugnis steht auch dem Landgericht zu, wenn es im Beschwerdewege an Stelle des Registergerichts tritt oder im Falle der §§ 143, 144 R. FrG. (Joh. 29 A 83). Insbesondere für das HR. ist das Verhältnis im § 16 HGB. geregelt. Danach kann durch eine rechtskräftige oder vollstreckbare Entscheidung des Prozeßgerichts die Anmeldungspflicht eines von mehreren zur Anmeldung Verpflichteten oder ein Rechtsverhältnis, worüber eine Eintragung zu erfolgen hat, gegen ihn festgestellt werden, sodaß die Anmeldung durch die übrigen Beteiligten genügt. Wird die Entscheidung aufgehoben, so ist dies auf Antrag nur eines Beteiligten einzutragen. Das Prozeßgericht kann die Eintragung nicht anordnen. Ist die Vornahme einer Eintragung durch rechtskräftige oder vollstreckbare Entscheidung für unzulässig erklärt, so darf die Eintragung nicht erfolgen, wenn derjenige, der die Entscheidung erwirkt hat, beim Registergericht Widerspruch erhebt.

Umgekehrt ist eine Entscheidung, durch die ein Widerspruch gegen die Eintragung für unbegründet erklärt wird, für den Registerrichter nicht bindend. Ein Prozeßvergleich steht einer derartigen Entscheidung nicht gleich (Joh. 34 A 122).

Bei der Eintragung ist die Entscheidung des Prozeßgerichts oder deren Aufhebung nach § 25 AV. vom 7. Nov. 1899 zu vermerken, etwa: eingetragen auf Grund der rechtskräftigen — vollstreckbaren — Entscheidung des Königl. Landgerichts in X. vom 23. Juli 1913 am ....

§ 7.

Form der Anmeldungen und Zeichnungen.

Die Anmeldungen zur Eintragung und die Zeichnungen zur Aufbewahrung bei Gericht müssen in der Regel entweder persönlich bei Gericht bewirkt werden, oder sind in öffentlich beglaubigter Form einzureichen.

Auch der Gerichtsschreiber des Registergerichts ist gemäß §§ 128, 159 R. FrG. dazu befugt, nicht aber der eines andern Gerichts, weil nur der erstere in der Lage ist, an der Hand des Registers auf etwaige Unzulässigkeiten sofort aufmerksam zu machen; also auch Entgegennahme zu Protokoll auf der Anmeldestube ist ungenügend. Der Gerichtsschreiber des Registergerichts hat in der Regel die Anmeldungen und Zeichnungen zu Protokoll zu nehmen, der Richter nur dann, wenn besondere Rechtskenntnis erforderlich ist (AV. vom 7. Nov., 6. Nov. 1899).

Die Einreichung in öffentlich beglaubigter Form erfordert schriftliche Abfassung der Erklärung und Beglaubigung der Unterschrift oder des Handzeichens. Hierzu sind die Amtsgerichte und Notare gemäß § 126 BGB., §§ 167, 183 R. FrG. zuständig. Landesgesetze können nach Art. 141 EG. z. BGB. § 191 Abs. 2 R. FrG. andere Bestimmungen treffen. Die öffentliche Beglaubigung wird nach § 129 Abs. 2 BGB. durch gerichtliche oder notarielle Beurkundung ersetzt. Bei Blinden, Tauben, Stummen ist § 169 R. FrG. zu beachten; Schreibensunkundige können nicht zeichnen, bei ausländischen Urkunden ist nach § 2 Reichsges. vom 1. Mai 1878 Legalisation erforderlich.

Die Bedeutung der Zeichnung ist in dem Beschlusse des Reichsgerichts vom 23. März 1903 RG. Bd. 54 S. 168 auseinandergesetzt, danach genügt bei der Zeichnung eine Beglaubigung auf Grund Anerkennung nicht, sondern die persönliche Vollziehung der Zeichnung muß beglaubigt sein.

Auch die Anmeldung durch Bevollmächtigte ist zulässig, für die Vollmacht ist eine gleiche Form erforderlich (§ 12 HGB. Joh. 26 A 232). Auch der Notar, der die zu einer Eintragung erforderliche Erklärung beurkundet oder beglaubigt hat, ist nach § 129 R. FrG. ermächtigt, im Namen des Verpflichteten die Anmeldung zu beantragen. Es muß dann aber schon ein von ihm beurkundeter oder beglaubigter Antrag vorliegen, die Ermächtigung aus § 129 geht nur dahin, daß er ohne besondere Vollmacht für die Beteiligten den Eintragungsantrag anbringen kann (Joh. 21 A 88).

Für das GenReg., das Schiffsregister, das Musterregister sind einfachere Formen vorgeschrieben (s. unten).

§ 8.
Öffentlichkeit der Register.

I. Die Register erfüllen nur dann ihren Zweck, wenn ihr Inhalt zur Kenntnis der beteiligten Kreise gelangt. Daher sind die Eintragungen nicht nur dem Antragsteller durch besondere Nachricht bekannt zu machen, wenn nicht darauf verzichtet wird, sondern auch in den für die einzelnen Register bestimmten Blättern, sobald die Eintragung erfolgt ist, ohne daß eine andere Eintragung abgewartet werden darf, zu veröffentlichen. In der Regel ist der gesamte Inhalt der Eintragung zu veröffentlichen, bisweilen jedoch mehr, wie bei der Aktiengesellschaft, der Gesellschaft m. b. H., bisweilen weniger, wie beim Verein, der Genossenschaft. Im Interesse der Kostenersparnis sind die Bekanntmachungen knapp, aber verständlich abzufassen, Absätze sind zu vermeiden, ebenso alles überflüssige, wie Namensunterschrift, Spalten des Registers; mehrere Bekanntmachungen desselben Gerichts sind tunlichst zusammenzufassen, der Gerichtsschreiber hat die Bekanntmachungen zu entwerfen und den Wortlaut dem Richter zur Genehmigung vorzulegen.

Die Belagsblätter werden aufbewahrt zum Nachweise für die Tatsache und die Zeit der erfolgten Bekanntmachung (§ 10 Abs. 2 HGB.). Näheres siehe bei den einzelnen Registern.

II. Die Einsicht der Register und der dazu eingereichten Schriftstücke ist jedem gestattet, und sie sind vom Gerichtsschreiber ohne besondere richterliche Anordnung vorzulegen. Unter „Schriftstücken" sind aber nur diejenigen zu verstehen, deren Einreichung kraft Gesetz vorgeschrieben ist, oder welche zur Prüfung der Rechtsgültigkeit der Eintragung dienen, oder sonst über nicht eingetragene, für Dritte erhebliche Tatsachen Auskunft geben (Vermögensverzeichnis bei einem Ehevertrage, Urteile über Ungültigkeit eines Beschlusses, Protokollabschriften der Aktiengesellschaften), aber nicht solche, die nur den inneren Geschäftsgang betreffen (Ordnungsstrafverfahren, Beschwerde). Letztere sind praktisch in einem Sonderheft zu vereinigen.

Die Registerakten müssen sich daher stets auf der Gerichtsschreiberei befinden, ihre Übersendung an andere Behörden ist nur in besonders wichtigen Ausnahmefällen zulässig.

III. Es sind auch Abschriften, einfache und beglaubigte, von den Eintragungen auf Verlangen zu erteilen, von den eingereichten Schriftstücken nur, sofern ein berechtigtes Interesse glaubhaft gemacht wird (§ 9 HGB., § 34 R. FrG.). Die Anträge auf Erteilung von Abschriften sind nach der AV. vom 27. Dez. 1911 (JMBl. 1912 S. 3) vom Gerichtsschreiber selbständig zu erledigen, vom Richter nur in Zweifelsfällen, und beim Schiffsregister und bei Anträgen auf beglaubigte auszugsweise Abschriften.

Rot unterstrichene Eintragungen sind in die Abschriften nur mit aufzunehmen, wenn es besonders beantragt oder den Umständen nach angemessen ist.

IV. Es können endlich Bescheinigungen erteilt werden, sog. Negativatteste, daß bezüglich des Gegenstandes einer Eintragung weitere Eintragungen nicht erfolgt sind, oder daß eine bestimmte Eintragung nicht erfolgt ist, und auch gemäß §§ 33, 34 GBO. dahin, daß der Vorstand einer Aktiengesellschaft, einer Kommanditgesellschaft, einer offenen Handelsgesellschaft aus den im Handelsregister eingetragenen Personen besteht (bezüglich der Einzelfirma streitig, bezüglich des Schiffsregisters gemäß § 107 Abs. 2 R. FrG. aber anwendbar), ferner daß zwischen Ehegatten Gütertrennung oder ein vertragsmäßiges Güterrecht besteht, daß ein Gegenstand zum Vorbehaltsgut eines Ehegatten gehört, auch gemäß § 69 BGB., daß der Vorstand eines Vereins aus den im Register eingetragenen Personen besteht.

Zur weiteren Auskunftserteilung ist das Registergericht nicht verpflichtet, weil es sonst eine ihm durch Gesetz nicht auferlegte Verantwortlichkeit übernehmen würde. Dies gilt auch Behörden gegenüber, auch der Grundbuchrichter muß das bei demselben Gericht geführte Register einsehen (§ 35 GBO., DJZ. 1903 S. 520). Nur wenn auf Grund öffentlichen Rechts einzelnen Behörden ein weitergehendes Recht auf Benutzung der Register eingeräumt ist, muß das Registergericht dem genügen; so nach § 115 Reichsversicherungsordnung vom 19. Juli 1911 dem Ersuchen der Versicherungs- und anderer Behörden sowie der Organe der Ver,icherungsträger (Joh. 27 A 214).

§ 9.
Prüfungspflicht des Registerrichters.

Durch § 12 R. FrG. ist dem Registerrichter das Recht und die Pflicht auferlegt, die Wahrheit der in Frage kommenden Tatsachen zu ermitteln. Er hat also zu prüfen, ob die Voraussetzungen der Anmeldung überhaupt gegeben sind, ob die Form gewahrt ist, die Berechtigung des Anmeldenden vorliegt, die erforderlichen Belege beigebracht sind, ob eine Rechtsnachfolge nachgewiesen ist (dies soll, „soweit tunlich", durch öffentliche Urkunden geschehen (§ 12 Abs. 2 HGB.), Erbschein, Testament usw.); weiter, ob die Essentialien des zugrunde liegenden Rechtsgeschäftes gewahrt sind, ob es nicht etwa nichtig ist. Inhalt und Umfang des richterlichen Ermittelungs- und Prüfungsrechts ist verschieden zu bemessen, je nachdem die Registereintragung eine Eintragung von rechtserzeugender oder von nur kundmachender Bedeutung ist (Joh. 30 A 109). Eine etwaige Anfechtbarkeit geltend zu machen, muß in der Regel den Beteiligten überlassen bleiben. Gerichtskundig unwahre oder gar nicht bestehende Tatsachen darf der Richter nicht eintragen. In zweifelhaften Fällen ist er berechtigt, den wahren Sachverhalt aufzuklären und festzustellen, aber nur, wenn sich erhebliche und begründete Bedenken gegen die Richtigkeit ergeben, aber nicht ohne besondere Veranlassung und auf bloße Vermutungen hin (Joh. 41 A 131). Jedenfalls wird durch die Eintragung nicht die Richtigkeit der eingetragenen Tatsache beurkundet, sondern nur eine Vermutung für die Richtigkeit begründet, und dies auch nur auf dem Gebiete der privatrechtlichen Beziehungen (RJA. 12, 46).

Der Strafrichter beispielsweise hat selbständig zu prüfen, trotz der Bestimmung des § 5 HGB., ob die Eintragung einer Firma sachlich gerechtfertigt ist, und ob in Wirklichkeit ein Handelsgewerbe vorliegt (vgl. die Ausführungen von Ehrenberg in Jherings Jahrbüchern Bd. 61, 423 H und im Beschlusse des Kammergerichts vom 5. Juli 1905 in Joh. 30 A 109). Näheres ist bei den einzelnen Registern zu erörtern.

§ 10.
Rechtsmittel (§§ 19 ff. R.FrG).

Gegen die Verfügungen des Registergerichts und seine sachlichen Entscheidungen, nicht gegen die Eintragung selber (Joh. 41 A 102), auch nicht gegen eine beabsichtigte Eintragung schon vor der Anmeldung (Joh. 25 A 247) — findet die Beschwerde statt, einfache oder sofortige. Berechtigt ist jeder, dessen Recht durch die

Verfügung, wenn auch nur durch die Entscheidung über die Kosten (Joh. 22 A 33) beeinträchtigt ist; also nicht nur der Antragsteller, sondern auch ein Dritter, andererseits aber nur der Antragsteller, soweit eine Verfügung nur auf Antrag erlassen werden kann und der Antrag zurückgewiesen ist; auch der Notar, der die zu einer Eintragung erforderliche Erklärung beurkundet und eingereicht hat, in Handelssachen auch die Organe des Handelsstandes (Handelskammern, Älteste der Kaufmannschaft, Gewerbekammern usw.), auch wenn zwar i h r Recht nicht beeinträchtigt ist, aber nur dann, wenn sie Anträge beim Registergericht gestellt haben und über solche Anträge entschieden ist (Joh. 21, 245; 25, 45; 28, 39; 34, 133).

Die Beschwerde geht in Handelssachen (Abschn. VII R. FrG.) auch in Musterregistersachen (Joh. 39 A 140) an die Kammer für Handelssachen, falls eine solche eingerichtet ist (§ 30 R. FrG.), sonst und in Nichthandelssachen — Vereinssachen, Güterrechtssachen — an die Zivilkammer. Die Beschwerde kann eingelegt werden bei dem Gericht, dessen Verfügung angefochten wird oder dem Beschwerdegericht, durch Einreichung einer eigenhändig unterschriebenen Beschwerdeschrift, oder durch Erklärung zu Protokoll des Gerichtsschreibers. Die einfache Beschwerde ist an eine Frist nicht gebunden; ist der Mangel, der zu der angefochtenen Verfügung Veranlassung gegeben hat, inzwischen geheilt, so hat der Richter die von ihm erlassene Verfügung abzuändern.

Die sofortige Beschwerde ist binnen zwei Wochen seit Bekanntmachung der Verfügung an den Beschwerdeführer einzulegen, sie findet in den besonders bezeichneten Fällen statt, das Gericht ist zu einer Abänderung der mittelst sofortiger Beschwerde angefochtenen Verfügung nicht befugt.

Aufschiebende Wirkung hat die Beschwerde nur, wenn durch die angefochtene Verfügung eine Strafe festgesetzt war, doch kann das Gericht I. Instanz und das Beschwerdegericht anordnen, daß die Vollziehung ausgesetzt wird.

Gegen die Entscheidung des Beschwerdegerichts findet weitere Beschwerde und weitere sofortige Beschwerde beim Oberlandesgericht statt, in Preußen nach Art. 7 u. 8 P. FrG. beim Kammergericht.

Das Nähere siehe § 27 R. FrG.

§ 11.
Registerakten.

Mit den Urkunden und Schriften, welche sich auf die Eintragungen und Löschungen in den Registern beziehen, den sonstigen, dem Gericht eingereichten Urkunden und Belegen, den gerichtlichen Verfügungen, Mitteilungen anderer Behörden, Nachweisungen über Bekanntmachung wird für jede Registernummer eine Blattsammlung angelegt; bei den sich auf das Güterrechtsregister beziehenden Urkunden und Schriften für jede Seitenzahl und für ein Ehepaar stets nur eine Blattsammlung.

Im Falle des Bedürfnisses, insbesondere wenn zahlreiche und umfangreiche Anträge zu erwarten sind (bei Aktiengesellschaften, Vereinen, Genossenschaften) sind Hüllen aus Aktendeckelpapier zu verwenden. Auf Anordnung des Richters können für das HR. B das VR., GnR. mehrere besondere Bände angelegt werden (a, b, c).

Die Belagsblätter und die Beitritts- und Austrittserklärungen der Genossen können in besonderen Belegsheften (BH.) vereinigt werden; den Registerakten kann eine Inhaltsübersicht vorgeheftet werden. Das Nähere über Einrichtung und Behandlung der Akten und der Eingänge ist in §§ 42 ff. der Geschäftsordnung für die Gerichtsschreibereien nachzulesen. Das Aktenzeichen wird durch die abgekürzte Bezeichnung des Registers und die Eintragungsnummer gebildet. Es sind folgende Abkürzungen eingeführt: HR. A = Handelsregister-Abteilung A; HR. B = Handelsregister-Abteilung B; GnR. = Genossenschaftsregister; VR. = Vereinsregister; GR. = Güterrechtsregister; SSR. = Seeschiffsregister; BSR. = Binnenschiffsregister; MR. = Musterregister.

Zur Erleichterung des Gebrauchs der Register, besonders des HR. B, des VR. und GnR. für den Geschäftsverkehr dienen sogen. Tabellen, wörtliche Abschriften der Eintragungen, welche vom Gerichtsschreiber mit den Eintragungen in Übereinstimmung zu halten sind, und bei den Registerakten aufbewahrt werden.

Das Handelsregister.

§ 12.

Bedeutung und Einteilung.

Das HR. ist bestimmt Rechtsverhältnisse des Handelsstandes, die für den kaufmännischen Verkehr von Bedeutung sind, zu beurkunden und zur öffentlichen Kenntnis zu bringen. Ein Beweis für die Richtigkeit der den Eintragungen zugrunde liegenden Tatsachen wird jedoch durch die Eintragung nicht erbracht, sondern nur eine Vermutung der Gesetzmäßigkeit (RG. 41 S. 22). Für Führung des Handelsregisters sind gemäß § 125 R. FrG. die Amtsgerichte zuständig, die Form der Einrichtung und Führung ist der Landesgesetzgebung, und für Preußen dem Justizminister überlassen (Art. 29 P. FrG.). Nach der AV. des Justizministers vom 7. Nov. 1899 über die Führung des HR. besteht es aus zwei Abteilungen A und B, HR. A und HR. B.

In Abt. A werden eingetragen die Firmen der Einzelkaufleute, die offenen Handelsgesellschaften und die Kommanditgesellschaften, in Abt. B: die Aktiengesellschaften, die Kommanditgesellschaften auf Aktien, die Gesellschaften mit beschränkter Haftung, die juristischen Personen des § 33 und § 36 HGB. und endlich die Versicherungsvereine auf Gegenseitigkeit.

Andere als die vom Gesetze zugelassenen Tatsachen und Rechtsverhältnisse sind nicht eintragungsfähig (Joh. 35 A 154; 29 A 213).

§ 13.

Der Kaufmann.

Jeder Kaufmann ist verpflichtet, seine Firma und den Ort seiner Niederlassung bei dem Gericht, in dessen Bezirke sich die Niederlassung befindet, zur Eintragung in das HR. anzumelden und seine Firma zur Aufbewahrung bei dem Gericht zu zeichnen (§ 29 HGB.). Kaufmann im Sinne des HGB. ist nach § 1: „wer ein Handelsgewerbe betreibt.“ Es ist also erforderlich ein Gewerbe, d. h. die anhaltende, planmäßige Tätigkeit in der erkennbaren Absicht, daraus dauernden Gewinn zu erzielen, und ein selbständiger Betrieb, d. h. die Tätigkeit muß begonnen haben, und der Betrieb muß in eigenem Namen des Geschäftsprinzipals erfolgen, gleichgültig, ob für eigene oder für fremde Rechnung (Joh. 26 A 214, 44 A 331), ob vom Geschäftsinhaber persönlich oder von dessen berechtigtem Vertreter, die Tätigkeit muß mittels kaufmännischer oder technischer Kenntnisse ausgeübt werden, Ausübung eines höheren geistigen Berufs, der Kunst und Wissenschaft, wie des Malers, Bildhauers, Arztes, ist nicht Ausübung eines Gewerbes (Goldmann Anm. A II zu § 1). Es ist also nicht Kaufmann der Prokurist, Handlungsgehilfe, der Geschäftsführer einer G. m. b. H., der Vormund, der ein Handelsgewerbe im Namen seines Mündels betreibt, weil alle diese in fremdem Namen und für fremde Rechnung handeln. Der Vormund ist aber dann Kaufmann, wenn er das Handelsgewerbe auf seinen eigenen Namen — wenn auch für Rechnung des Mündels — betreibt. Minderjährige bedürfen der Ermächtigung ihres gesetzlichen Vertreters und der Genehmigung des Vormundschaftsgerichts (§ 112 BGB.). Beginnt aber der Vater oder Vormund im Namen des Minderjährigen ein Erwerbsgeschäft, so soll er nur nach §§ 1645, 1823, 1897 BGB. die Genehmigung des Vormundschaftsgerichts einholen. Ehefrauen bedürfen zum Betriebe des Handelsgewerbes und Erlangung der Kaufmannseigenschaft nicht der Genehmigung des Ehemannes, da nach dem BGB. grundsätzlich beide Geschlechter in Ansehung der Geschäftsfähigkeit einander gleichgestellt sind.

Das Gewerbe muß ferner ein Handelsgewerbe sein.

Dem Gegenstand nach sind Grund- oder absolute Handelsgeschäfte die in § 1 Abs. 2 HGB. aufgeführten, und deren Betrieb macht den Inhaber zum Istkaufmann, vorausgesetzt, daß er nicht als Minderkaufmann anzusehen ist.

Relative, mittelbare, Handelsgewerbe sind nach § 2 HGB. solche gewerbliche Unternehmungen, die nach Art und Umfang einen in kaufmännischer Weise eingerichteten Geschäftsbetrieb erfordern, und die erst durch die Eintragung den Charakter als Handelsgewerbe erhalten. Den Inhaber eines solchen kann man als Sollkaufmann bezeichnen da er zur Eintragung verpflichtet ist. Es kommt hierbei zunächst auf die Art des Betriebes an (Joh. 21 A 68), diese muß kaufmännisch sein, zahlreiche, sich gegenseitig bedingende Geschäfte, die eine rasche und sichere Abwickelung erfordern, müssen zusammentreffen, eine gewisse Übersichtlichkeit und Erkennbarkeit der geschäftlichen Verhältnisse muß im Interesse aller Beteiligten erforderlich sein. Dies wird der Fall sein bei einem größeren Kundenkreis, bei zahlreichen Angestellten, bei Gewährung und Inanspruchnahme von Kredit, beim Vorhandensein eines Scheck-Wechselverkehrs, maschineller und technischer Einrichtungen usw. Dann ist entscheidend der Umfang des Betriebes; dieser muß über den Kleinbetrieb hinausgehen.

Endlich muß Art und Umfang einen in kaufmännischer Weise eingerichteten Geschäftsverkehr — kaufmännische Buchführung, Korrespondenz, Aufbewahrung der Handelsbriefe und dgl. — erfordern, d. h. eine derartige kaufmännische Einrichtung muß nicht bloß vorhanden, sondern im Interesse des Geschäftsverkehrs erforderlich sein.

Sind diese Voraussetzungen vorhanden, was der Registerrichter zu prüfen und zu ermitteln hat, so liegt es nicht im Belieben des Unternehmers, die Eintragung seiner Firma herbeizuführen, sondern er ist zur Anmeldung verpflichtet und kann dazu gezwungen werden.

Die dritte Art der Handelsgewerbe bilden die Nebengewerbe der Land- und Forstwirtschaft, deren Unternehmer berechtigt, aber nicht verpflichtet sind, die Eintragung in das Handelsregister herbeizuführen (Kannkaufmann) (§ 3 HGB.). Auf den eigentlichen Land- und Forstwirtschaftsbetrieb ohne Nebengewerbe finden die §§ 1 u. 2 HGB. keine Anwendung, er gilt also nicht als Kaufmann, selbst wenn innerhalb des Betriebes Rechtsgeschäfte abgeschlossen werden, die ihrem Gegenstand nach unter § 1 fallen, oder wenn er nach § 2 nach Art und Umfang einen in kaufmännischer Weise eingerichteten Geschäftsbetrieb erfordert. Nur Nebengewerbe, die mit dem Hauptbetrieb zusammenhängen und ein Ausfluß dieses sind, wie Kunstgärtnereien, Tongräbereien, Mühlenbetrieb, Brennereibetrieb können durch die Eintragung den Charakter als Handelsgewerbe erhalten; erforderlich für die Eintragung ist aber, daß auch für das Nebengewerbe nach seiner Art und seinem Umfange ein in kaufmännischer Weise eingerichteter Geschäftsbetrieb erforderlich ist. Der Registerrichter hat zu prüfen, ob alle diese Voraussetzungen vorliegen. Ist die Eintragung erfolgt, so ist der Unternehmer Vollkaufmann, und eine Löschung seiner Firma liegt nicht in seinem Belieben, sondern richtet sich nach allgemeinen Vorschriften.

Ausgeschlossen vom Handelsregister, von dem Recht und der Pflicht, ihre Firma eintragen zu lassen, sind die Handwerker und die Personen, deren Gewerbebetrieb nicht über den Umfang des Kleingewerbes hinausgeht (§ 4 HGB.). Bestimmte Begriffsmerkmale oder Bestimmungen über die Grenze des Kleingewerbes sind im HGB. cf. § 4 Abs. 3 nicht gegeben, und es ist oft schwierig, mit Sicherheit festzustellen, ob ein Vollgewerbe oder ein Kleingewerbe vorliegt, zumal der Begriff des Minderkaufmanns in einer Kleinstadt ein anderer sein wird, als in einer großen Handelsstadt. Die Höhe des Betriebskapitals, die Höhe des Umsatzes, die Einreihung in eine bestimmte Gewerbesteuerklasse ist allein nicht ausschlaggebend.

Hinsichtlich der Handwerker ist zu beachten der Beschluß des KG. vom 9. Nov. 1903 und vom 4. Nov. 1907 in Joh. 27 A 60 und 35 A 142, 44 A 334. Bleibt der Betrieb ein handwerksmäßiger, so besteht die Eintragungspflicht nicht, auch wenn das Unternehmen einen beträchtlichen Umfang hat (RJA. 12 125). Der Registerrichter hat jedenfalls vor jeder Eintragung zu prüfen, ob die Kaufmannseigenschaft vorliegt und ist berechtigt und verpflichtet, darüber Ermittelungen anzustellen durch Vernehmung der Beteiligten von Zeugen, Einholung von Auskünften und dergleichen. In der Praxis wird dem Geschäftsinhaber gewöhnlich ein Fragebogen zur Beantwortung der auf die Feststellung seiner Kaufmannseigenschaft bezüglichen Fragen zugesandt.

§ 14.
Die Firma.

Nach § 17 HGB. ist die Firma eines Kaufmanns der Name, unter dem er seine Geschäfte betreibt und die Unterschrift abgibt. Für ein einziges Handelsetablissement, wenn auch mit mehreren Geschäftszweigen, darf nur eine einzige Firma geführt werden (Joh. 20 A 40). Nicht jede beliebige Bezeichnung ist als Firma eintragungsfähig, sondern für den Einzelkaufmann sowohl wie für die Handelsgesellschaften sind hinsichtlich der Firma bestimmte Vorschriften gegeben.

I. Es ist das Prinzip der Firmenwahrheit aufgestellt: die Firma muß den tatsächlichen zugrunde liegenden Verhältnissen entsprechen. Daher hat der Kaufmann, der sein Geschäft ohne Gesellschafter, oder nur mit einem stillen Gesellschafter betreibt, seinen Familiennamen mit mindestens einem ausgeschriebenen Vornamen als Firma zu führen. Abkürzungen sind unzulässig, ebenso Umwandlungen, wie Jakob in Jaques. Die Frau darf nicht ihren Mädchennamen führen, ein uneheliches Kind nur den Namen der Mutter. Zusätze sind zulässig, aber nur solche, die zur Unterscheidung der Person oder des Geschäftes dienen, wenn sie der Wahrheit entsprechen, wie: Wwe., jun., sen.,

Nachfolger. Zur Unterscheidung des Geschäfts dienen solche Zusätze, die sich auf das Geschäft oder den Geschäftszweig beziehen, wie Schuhwarenhaus, Dampfziegelei usw. (Cohn S. 68, weitergehend Staub § 18 Anm. 9). Das Kammergericht hält auch bloße Phantasiebezeichnungen für zulässig (Joh. 20 A 267).

Unzulässig sind dagegen Zusätze, die ein Gesellschaftsverhältnis andeuten, oder sonst geeignet sind, eine Täuschung über die Art oder den Umfang des Geschäfts oder die Verhältnisse des Geschäftsinhabers herbeizuführen. Es kommt nicht auf die Absicht an, durch den Zusatz eine Täuschung herbeizuführen, auch nicht auf die Tatsache, daß eine Täuschung herbeigeführt wird, sondern darauf, daß objektiv der Zusatz geeignet ist, eine Täuschung herbeizuführen. Beispiele eines unzulässigen Zusatzes sind: „Gebrüder", „Söhne" für einen Einzelkaufmann, „Fabrik", wenn nur fertige Waren gekauft und verkauft werden, „Bank", wenn nicht wirklich ein Bankgeschäft betrieben wird (Joh. 33 A 122, 37 A 172). „Börse" für eine einfache Handlung (Joh. 29 A 86), „Pilsener Brauerei", wenn es sich nicht um Herstellung von wirklichem Pilsener Bier handelt, „Zentrale", wenn nicht Zentralisierung mehrerer Geschäftszweige, oder des gesamten Handels in einem bestimmten Artikel vorliegt, „Werk oder Werke", wenn nicht ein großindustrielles Unternehmen betrieben wird (Joh. 41 A 109), „erstes, einziges, Weltgeschäft" wenn noch frühere, mehrere dergleichen Geschäfte vorhanden sind. RG. 82, 164.

Die nach jetzigem Recht unzulässigen, aber nach früherem Recht zulässigen Firmen können nach § 22 Abs. 1 EG. z. HGB. weitergeführt werden, wenn sie am 1. Jan. 1900 schon eingetragen waren.

II. Das Prinzip der Firmenwahrheit wird aber durchbrochen bei den sog. abgeleiteten Firmen im Gegensatz zu den ursprünglichen Firmen.

Wer ein bestehendes Handelsgeschäft unter Lebenden oder von Todes wegen erwirbt, darf für das Geschäft die bisherige Firma mit oder ohne Beifügung eines das Nachfolgeverhältnis andeutenden Zusatzes fortführen, wenn der bisherige Geschäftsinhaber oder dessen Erben in die Fortführung der Firma ausdrücklich willigen (§ 22 HGB.). Voraussetzung ist dazu, daß ein Handelsgeschäft bereits besteht, der Veräußerer ein solches unter einer Firma bereits betrieben hat, daß ein Handelsgeschäft eines Vollkaufmanns erworben wird, und zwar im ganzen und in seinen wesentlichen Grundlagen, nicht nur in einzelnen Teilen oder nur in einem Geschäftszweige. Der Erwerb kann unter Lebenden oder von Todes wegen erfolgen, der Erwerber oder Veräußerer kann eine Einzelperson oder eine Handelsgesellschaft sein, auch Miterben können als Erwerber eingetragen werden (Joh. 22 A 281). Die bisher geführte Firma braucht nicht schon eingetragen zu sein, nur bei den Kaufleuten gemäß § 2, § 3 HGB. ist dies Voraussetzung, da diese erst durch Eintragung Kaufleute werden. Die Einwilligung zur Fortführung der Firma mit oder ohne, oder mit einem bestimmten Zusatz muß nachgewiesen werden, nur solche Zusätze, die ein Nachfolgeverhältnis andeuten, sind zulässig, wie „Nachfolger", „vormals", aber nicht „vormals Hoflieferant" (Joh. 23 A 208); nur die Fortführung der Firma, nicht eine spätere Änderung durch den Erwerber ist gestattet (Joh. 34 A 130; 28 A 310). Der frühere Inhaber hat kein Verfügungsrecht mehr über die Firma und kann eine spätere Änderung nicht mehr bewilligen, der Konkursverwalter hat kein Verfügungsrecht über die Firma, da sie keinen Vermögensbestandteil bildet, sondern nur der Gemeinschuldner. Diese Vorschriften finden entsprechende Anwendung, wenn ein Handelsgeschäft auf Grund eines Nießbrauchs, eines Pachtvertrages oder eines ähnlichen Verhältnisses, also auf Zeit, übernommen wird. Gelangt das Geschäft und die Firma wieder an den alten Inhaber zurück, so muß der Nachfolgezusatz gestrichen werden. Erwirbt ein Einzelkaufmann oder eine offene Handelsgesellschaft das Geschäft und die Firma einer Aktiengesellschaft oder einer Gesellschaft m. b. H., so muß der Nachfolgezusatz erkennen lassen, ob ein Einzelkaufmann oder eine Gesellschaft jetzt Inhaber ist. Wird kein Nachfolgezusatz hinzugefügt, so muß die Bezeichnung als Aktiengesellschaft fortfallen (Cohn S. 98).

Bei einer Änderung des Namens des Geschäftsinhabers, oder des in der Firma enthaltenen Namens eines Gesellschafters kann die bisherige Firma fortgeführt werden, wenn keine Änderung in der Person eintritt. Die Firma kann aber auch, dem geänderten Namen entsprechend, geändert werden, und muß dies, wenn tatsächlich eine der Namensänderung entsprechende Firma fortan geführt wird (§ 21 HGB.).

Auch in den im § 24 HGB. bestimmten Fällen kann ohne Rücksicht auf § 18 Abs. 1 HGB. die bisherige Firma fortgeführt werden: wenn jemand in ein bestehendes Einzelgeschäft eintritt, wenn ein neuer Gesellschafter in eine Handelsgesellschaft eintritt, wenn aus einer solchen ein Gesellschafter austritt. In letzterem Falle bedarf es jedoch zur Fortführung der Firma der Einwilligung des ausscheidenden Gesellschafters oder seiner Erben, wenn sein Name in der Firma enthalten ist.

III. Mit Rücksicht auf bereits bestehende eingetragene Firmen ist die Wahl einer neuen Firma — Gesellschafts- und Einzelfirma — beschränkt durch die Vorschrift des § 30 HGB., daß sich jede neue Firma von allen an demselben Orte oder in derselben Gemeinde bereits bestehenden und eingetragenen Firmen deutlich unterscheiden muß, sodaß für die bereits eingetragenen Firmen der Grundsatz der A u s s c h l i e ß l i c h k e i t gilt. Was als deutliche Unterscheidung angesehen werden kann ist Tatfrage. Der Zusatz „in Liquidation" ist es nicht, wohl aber ein anderer Vorname. Auch muß ein Kaufmann, der mit einem bereits eingetragenen Kaufmann die gleichen Vornamen und den gleichen Familiennamen hat und sich dieser Namen als seiner Firma bedienen will, der Firma einen Zusatz beifügen, durch den sie sich von der bereits eingetragenen Firma deutlich unterscheidet.

Benachbarte Orte oder Gemeinden können durch die Landesregierungen als ein Ort oder eine Gemeinde im Sinne dieser Vorschriften bestimmt werden. Dies ist für Preußen zuletzt geschehen durch die Verfügung des Justizministers und des Ministers für Handel und Gewerbe vom 5. Mai 1913, JMBl. 1913 S. 145.

§ 15.

Die Hauptniederlassung und die Zweigniederlassung.

Der Ort der Handelsniederlassung ist der tatsächlich geographisch abgegrenzte Bezirk, oder diejenige politische unter einer Verwaltung bestehende Gemeinde, in welcher der Geschäftsbetrieb sich befindet, und von wo aus die kaufmännische Leitung erfolgt. Er kann von dem Wohnsitz des Geschäftsinhabers verschieden sein, ebenso von dem, an welchem die zum Handel benutzten Waren hergestellt werden und die Fabrik sich befindet. (Goldmann Anm. 4 a a zu § 29 HGB.). Eine Ortsbezeichnung „Groß-Berlin" ist zu beanstanden, entweder ist der Ort der Niederlassung die Stadt Berlin oder einer seiner Vororte Berlin-Schöneberg, Charlottenburg usw. (Joh. 39 A 117, Staub Anm. 1 zu § 30).

Neben der Hauptniederlassung kann ein Kaufmann auch eine Nebenniederlassung besitzen, eine Zweigniederlassung. Eine solche liegt aber nur da vor, wo überhaupt eine Niederlassung des Kaufmanns an einem andern Orte besteht, wo also der Kaufmann noch einen Mittelpunkt wenigstens für einen bestimmten Kreis seiner geschäftlichen Beziehungen geschaffen hat, der dem Hauptgeschäft gegenüber zwar in einem Verhältnis der Unterordnung steht, aber doch eine gewisse Selbständigkeit haben muß, von dem aus eigene Geschäfte wie von der Hauptniederlassung geschlossen werden, der äußerlich eine selbständige Leitung, ein gesondertes Geschäftsvermögen, eine besondere Buchführung hat und auf eine gewisse Dauer berechnet ist (Joh. 22 A 93, 27 A 200). Bloße Vorbereitungs- und Vermittelungsstellen, Verkaufsgeschäfte, Fabriketablissements bilden keine Zweigniederlassung, auch nicht die Generalagentur einer Versicherungsgesellschaft, die zur Feststellung von Entschädigungsansprüchen nicht befugt, und mit einem besonderen Geschäftsvermögen nicht ausgestattet ist (Joh. 28 A 208).

Da die Zweigniederlassung kein selbständiges Rechtssubjekt ist, so kann sie auch nicht unter einer eigenen Firma betrieben werden. Ihre Firma darf von der der Hauptniederlassung nicht wesentlich verschieden sein, nur solche Zusätze darf sie annehmen, die sie als Zweiggeschäft des Unternehmens kennzeichnen (Joh. 44 A 331, 40 A 64, RJA. 12, 127; a. M. Goldmann § 30 II 1). Solche sind „Zweiggeschäft", „Filiale" und dergl. Besteht an dem Ort oder in der Gemeinde, wo eine Zweigniederlassung errichtet wird, bereits eine gleiche eingetragene Firma, so muß der Firma für die Zweigniederlassung ein Zusatz beigefügt werden, durch den sie sich von der bereits eingetragenen Firma deutlich unterscheidet (HGB. § 30 Abs. 2), z. B. „Zweiggeschäft der in X. bestehenden Hauptniederlassung".

Die Zweigniederlassung selber muß bei dem für ihren Ort zuständigen Registergericht angemeldet und eingetragen werden, und zwar auch, wenn die Zweigniederlassung sich an einem anderen Orte, aber innerhalb desselben, für Haupt- und Zweigniederlassung gemeinschaftlichen, Registergerichtes befindet, z. B. Berlin und Berlin-Schöneberg (Joh. 39 A 117).

Auch sind alle Anmeldungen, Eintragungen, Einreichungen bei dem Registergericht der Zweigniederlassung ebenso zu bewirken wie bei dem Gericht der Hauptniederlassung, falls nicht in Einzelfällen anderes vorgeschrieben ist; eine Eintragung beim Registergericht der Zweigniederlassung findet aber nicht eher statt, bis nachgewiesen ist, daß die Eintragung beim Registergericht der Hauptniederlassung erfolgt ist (§ 13 HGB.). Dazu dient gewöhnlich eine beglaubigte Abschrift aus dem Register der Hauptniederlassung. Nicht nötig ist der Nachweis, wenn die Eintragung nur die Zweigniederlassung allein betrifft; und wenn die Zweigniederlassung erst eingetragen werden soll, genügt der Nachweis, daß die Hauptniederlassung schon eingetragen ist.

Dies gilt auch, wenn die Hauptniederlassung sich im Auslande befindet und nicht das ausländische Recht eine Abweichung erforderlich macht (§ 13 Abs. 3 HGB.).

Die Eintragung und Aufhebung einer Zweigniederlassung ist nach § 131 R. FrG. dem Gericht der Hauptniederlassung mitzuteilen, und dies hat dann von Amts wegen in Sp. 2 zu vermerken: „In X. ist eine Zweigniederlassung unter der Firma .... errichtet" — „die Zweigniederlassung in X. ist aufgehoben". Auch von den übrigen Eintragungen bei der Hauptniederlassung wird das Gericht der Zweigniederlassung üblicherweise benachrichtigt, damit dieses die Anmeldung herbeiführen und sein Register mit dem der Hauptniederlassung in Übereinstimmung erhalten kann. Eine Bekanntmachung dieses Vermerks vom Gericht der Hauptniederlassung erfolgt nicht, da die Eintragung schon vom Gericht der Zweigniederlassung bekannt gemacht ist. Die Zweigniederlassung kann auch zu einer Hauptniederlassung erhoben werden. Dies ist beim Gericht der Zweigniederlassung anzumelden und in Sp. 2 einzutragen, auch dem Gericht der Hauptniederlassung mitzuteilen, welches dies in Sp. 2 zu vermerken hat.

§ 16.
Prokura.

Ein Vollkaufmann — ob Einzelkaufmann oder Handelsgesellschaft — kann für das von ihm betriebene Handelsgeschäft, oder wenn mehrere Niederlassungen unter verschiedenen Firmen betrieben werden, für eine Niederlassung Vollmacht, „Prokura", erteilen, nicht aber Minderkaufleute oder Handwerker (§ 48, § 4 HGB.). Erteilt werden kann sie nur von dem Inhaber eines Handelsgeschäfts oder seinem gesetzlichen Vertreter, bei offenen Handelsgesellschaften gemäß § 126 HGB. von jedem vertretungsberechtigten Gesellschafter, bei Kommanditgesellschaften und Kommanditgesellschaften auf Aktien von jedem persönlich haftenden Gesellschafter, bei Aktiengesellschaften vom Vorstande, bei Gesellschaften m. b. H. vom Geschäftsführer. Genossenschaften ist die Bestellung von Prokuristen untersagt (§ 42 GenG.).

Der Vormund und der Vater bedürfen zur Erteilung der Genehmigung des Vormundschaftsgerichts (§§ 1643, 1822 Nr. 11 BGB.). Als Prokurist bestellt werden kann jeder, dem eine Vollmacht erteilt werden kann, auch wer in der Geschäftsfähigkeit beschränkt ist (§ 165 BGB.); auch mehrere können zu Prokuristen bestellt werden, entweder so, daß jeder einzelne handeln kann, oder alle nur gemeinschaftlich, sog. Gesamtprokura; letzteres auch in der Weise, daß ein Prokurist nur in Gemeinschaft mit einem vertretungsberechtigten Gesellschafter einer offenen Handelsgesellschaft, mit einem von mehreren Vorstandsmitgliedern einer Aktiengesellschaft, mit einem von mehreren Geschäftsführern einer Gesellschaft m. b. H. vertretungsberechtigt sein soll.

Die Bestellung erfolgt mittels ausdrücklicher Erklärung, d. h. bloßes Dulden oder Geschehenlassen, daß jemand als Prokurist auftritt, genügt nicht. Die Prokura ermächtigt zu allen Arten von gerichtlichen und außergerichtlichen Geschäften und Rechtshandlungen, die der Betrieb eines Handelsgewerbes mit sich bringt, wie Abschluß von Handelsgeschäften, Eingehung von Wechselverbindlichkeiten, Anstellung von Handlungsgehilfen, Errichtung von Zweigniederlassungen, nicht aber zur Veräußerung des Handelsgeschäfts. Die Befugnis zur Veräußerung und Belastung von Grundstücken muß besonders erteilt sein (§ 49 HGB.). Eine Beschränkung ihres Umfangs ist Dritten gegenüber unwirksam, doch kann sie nur für eine von mehreren Niederlassungen erteilt werden, wenn diese unter verschiedenen Firmen betrieben werden (§ 50 HGB.). Die Prokura ist jederzeit widerruflich, nicht übertragbar, und erlischt nicht durch den Tod des Inhabers des Handelsgeschäfts. Wohl aber erlischt sie mit dem Tode des Prokuristen, durch Einstellung des Betriebes des Handelsgeschäftes, für das sie erteilt ist, und durch Veräußerung dieses. Der Veräußerung steht gleich die Aufnahme eines persönlich haftenden Gesellschafters in ein Einzelgeschäft wegen der darin liegenden Übertragung des Geschäfts auf eine offene Handelsgesellschaft. Soll die Prokura in diesem Falle bestehen bleiben, so muß sie von neuem erteilt werden, und die Löschung und Wiedererteilung muß angemeldet und eingetragen werden (Joh. 31 B 25, Goldmann Anm. 3, 2 b gegen Staub Anm. 15 zu § 52). Auch die Konkurseröffnung über das Vermögen des Inhabers des Handelsgeschäfts hat mit Rücksicht auf § 23 KO. das Erlöschen der Prokura zur Folge, ebenso der Eintritt der Liquidation einer offenen Handelsgesellschaft, einer Aktiengesellschaft, einer Gesellschaft m. b. H. Die Erteilung und das Erlöschen der Prokura sind vom Inhaber des Handelsgeschäfts, einem vertretungsberechtigten Gesellschafter, den zur Vertretung berechtigten Vorstandsmitgliedern der Aktiengesellschaft, den vertretungsberechtigten Geschäftsführern einer Gesellschaft m. b. H. — also nicht von dem Prokuristen — zur Eintragung anzumelden, auch beim Gericht der Zweigniederlassung. Beim Einzelkaufmann genügt die Erklärung des Inhabers bei der Anmeldung, daß er Prokura erteilt habe oder daß sie erloschen sei. Auch sonst ist der Registerrichter nicht befugt, die Richtigkeit der Bestellung nachzuprüfen (Joh. 41 A 131). Aber die Zustimmung des Aufsichtsrats bei Aktiengesellschaften ist beizubringen (Joh. 22 A 211; a. M. Staub Anm. 8 zu § 232).

Eine Gesamtprokura muß als solche angemeldet und eingetragen werden, z. B. Sp. 4: dem Wilhelm X in . . . und dem Karl Y in . . . ist Gesamtprokura erteilt.

Die Gesamtprokura kann auch in eine Einzelprokura umgewandelt werden und umgekehrt; auch dies muß eingetragen werden: die Gesamtprokura des X und des Y ist erloschen, jedem von beiden ist Einzelprokura erteilt.

Auch die Befugnis zur Veräußerung und Belastung von Grundstücken gemäß § 49 Abs. 2 HGB. ist eintragungsfähig (Joh. 25 A 250); z. B. dem Wilhelm X in . . ist derart Prokura erteilt, daß er zur Veräußerung und Belastung von Grundstücken ermächtigt ist. (Amtliches Formular R. S. Nr. 42, Nr. 43.)

Zur Aufbewahrung bei Gericht hat der Prokurist die Firma und seine Namensunterschrift in der in § 12 HGB. bestimmten Form zu zeichnen, und zwar selbst zu schreiben, Stempelabdruck genügt nicht (Joh. 30 A 119). Der Prokurist hat seine Eigenschaft als solcher erkennbar zu machen und in der Weise zu zeichnen, daß er der Firma seinen Namen mit einem die Prokura andeutenden Zusatze beifügt (§ 51 HGB.). Gebräuchlich ist: Hermann Schulze pp. H. Müller, oder auch pp. Hermann Schulze H. Müller.

§ 17.
Anmeldung.

Voraussetzung für die Eintragung in das HR. ist die Anmeldung. Der Kaufmann hat auch bei der Anmeldung seine Firma — nicht mehr seine persönliche Unterschrift — zur Aufbewahrung bei Gericht zu zeichnen. Über die Form der Anmeldung gelten die im § 7 erörterten allgemeinen Vorschriften. Über die Erzwingung der Anmeldung gilt das im § 4 Gesagte. Zur Berechnung der Kosten ist nach der AV. vom 28. Okt. 1895 (JMBl. S. 324) bei der Anmeldung auch die Gewerbesteuerklasse anzugeben, in die das Handelsgewerbe eingeschätzt ist, und nach der AV. vom 12. Juni 1900 (JMBl. S. 439) ist der Anmeldende zu befragen, ob eine Bekanntmachung des Geschäftszweiges gewünscht wird. Er ist auch auf seine Verpflichtung zur Anmeldung für die Gewerbesteuer hinzuweisen.

Die Prüfung des Richters (oben § 9) hat sich besonders darauf zu erstrecken, ob der Begriff des Kaufmanns gegeben ist, ob die gewählte Firma den gesetzlichen Vorschriften entspricht, ob sich in seinem Registergericht der Ort der Niederlassung befindet. Bei Anmeldung einer Zweigniederlassung genügt eine Prüfung dahin, ob es sich um eine Zweigniederlassung handelt, ob ein Zusatz zur Firma nötig ist und dieser dem Gesetz entspricht; bei weiteren Anmeldungen bei der Zweigniederlassung hat das Gericht der Zweigniederlassung eine selbständige Prüfungspflicht (Joh. 23 A 89; 27 A 210; 29 A 91).

Für Berlin-Mitte, Berlin-Schöneberg, Berlin-Tempelhof, Berlin-Wedding, Berlin-Lichterfelde, Berlin-Pankow, Berlin-Lichtenberg, Berlin-Weißensee, Charlottenburg Neukölln ist die Führung des Handelsregisters dem Amtsgericht Berlin-Mitte übertragen (§ 125 R. FrG.; V. vom 19. April 1906 [JMBl. S. 123]). Wird eine Eintragung abgelehnt, so sind die Gründe der Ablehnung mitzuteilen. Hiergegen sind die im § 10 erwähnten Rechtsmittel gegeben.

§ 18.

Einrichtung des Registers.

Das HR. A ist nach folgendem Muster eingerichtet, aus dem sich ergibt, welche Eintragungen in die einzelnen Spalten zu erfolgen haben.

Nummer der Firma: 333.

1	2	3	4	5	6	7	8
Nummer der Eintragung	Firma; Ort der Niederlassung; Sitz der Gesellschaft	Bezeichnung des Einzelkaufmanns, oder der persönlich haftenden Gesellschafter	Prokura	Rechtsverhältnisse bei Einzelkaufleuten	Rechtsverhältnisse bei Handelsgesellschaften	Geschäftsnummer; Tag der Eintragung; Unterschrift	Bemerkungen

Jede Firma ist unter einer in derselben Abteilung HR. A oder HR. B fortlaufenden Nummer einzutragen, jede Eintragung ist mit einer laufenden Nummer zu versehen und von der folgenden Eintragung mittels eines alle Spalten durchschneidenden Querschnittes zu trennen, nur Schreibfehler und ähnliche offenbare Unrichtigkeiten sind neben dieser Eintragung in Spalte Bemerkungen auf Anordnung des Richters zu berichtigen. Die Berichtigung ist den Beteiligten bekannt zu machen. Mehrere gleichzeitige Eintragungen erhalten eine Nummer. Jeder Eintragung ist der Tag der Eintragung, die Unterschrift des Gerichtsschreibers und eine Verweisung auf die Stelle der Registerakten beizufügen, wo sich die zugrunde liegende gerichtliche Verfügung befindet. Bei der gerichtlichen Verfügung ist andererseits die Eintragung unter Bezeichnung des Tages, an dem sie erfolgt ist, in den Registerakten zu vermerken. Die Eintragungen werden vom Richter dem Wortlaut nach verfügt und vom Gerichtsschreiber ausgeführt. Sie sind deutlich und ohne Abkürzungen zu schreiben. Im Register darf nichts radiert oder unleserlich gemacht werden. Eine Eintragung, die durch eine spätere Eintragung ihre Bedeutung verloren hat, ist nach Anordnung des Richters rot zu unterstreichen. Sind bei den eine Firma betreffenden Eintragungen so zahlreiche Änderungen eingetreten, daß die Übersichtlichkeit des Registers erheblich beeinträchtigt wird, so sind die noch gültigen

Eintragungen unter einer neuen Nummer an eine andere Stelle des Registers zu übertragen, dabei ist an dieser Stelle auf die bisherige Nummer und Stelle, und an der letzteren auf die neue Stelle zu verweisen. Dies ist den Beteiligten bekannt zu machen.

Zu den einzelnen Spalten ist zu bemerken:

In Sp. 2 ist die Firma und der Ort der Niederlassung einzutragen — nicht auch die Straße und Hausnummer —, die Vermerke über Zweigniederlassungen, auch wenn diese sich im Bezirke des Registergerichtes befinden oder eine andere Firma als die der Hauptniederlassung haben, und Vermerke über das Vorhandensein einer Hauptniederlassung.

Sp. 3: Der Einzelkaufmann, die persönlich haftenden Gesellschafter einer offenen Handelsgesellschaft und einer Kommanditgesellschaft sind nach Vornamen, Stand und Wohnort zu bezeichnen. Unter Stand ist der Berufsstand zu verstehen, nicht aber ein selbst beigelegter Titel wie Generaldirektor und dergl. (Goldmann Anm. 15 zu § 106; vgl. auch AV. vom 6. Nov. 1899 über Führung des Vereins- und Güterrechtsregisters, in der ebenfalls Beruf, nicht Stand gesagt ist).

Eine spätere Änderung des Wohnsitzes oder des Standes braucht nicht eingetragen zu werden (Joh. 29 A 213; 36 A 263).

In Sp. 4 werden alle die Prokura betreffenden Verhältnisse (auch Änderung und Erlöschen) eingetragen, Name, Vorname und Wohnort der Prokuristen sind anzugeben, aber nicht der Stand, also z. B. nur: „dem Friedrich Müller in Berlin ist Prokura erteilt".

In Sp. 5 ist beim Einzelkaufmann auf die Mitteilung des Konkursgerichts die Eröffnung des Konkursverfahrens, die Einstellung, die Aufhebung des Verfahrens von Amts wegen einzutragen, z. B.: „durch Beschluß des Amtsgerichts in . . . vom 1. 10. 13 ist über das Vermögen des Kaufmanns Johann Müller das Konkursverfahren eröffnet." Ebenso ist hier eine Vereinbarung gemäß § 25 HGB. hinsichtlich des Nichtübergehens der Forderungen und Verbindlichkeiten bei Erwerb eines Handelsgeschäfts mit Fortführung der Firma, und das Erlöschen der Firma einzutragen.

Sp. 7 dient zur Verweisung auf die Registerakten, zur Angabe des Tages der Eintragung und zur Unterschrift des Gerichtsschreibers, z. B. $\frac{\text{90 HR. A 333}}{\text{26. Oktober 1913}}$

N. N.

In Sp. 8 sind Schreibfehler und Unrichtigkeiten zu berichtigen, und ist auf etwaige spätere Eintragungen zu verweisen. Wenn in keiner anderen Spalte gleichzeitig eine Eintragung erfolgt, ist das Datum und die Unterschrift des Gerichtsschreibers beizufügen, z. B.: „der Vorname des Kaufmanns Müller wird Joha n n geschrieben, nicht Joha n, berichtigt am N. N."

§ 19.

Weitere Eintragungen.

Nach § 31 HGB. ist auch eine Änderung der Firma oder ihrer Inhaber, sowie die Verlegung der Niederlassung an einen anderen Ort anzumelden und einzutragen.

I. Der Inhaber kann seine Firma ganz oder teilweise ändern, soweit dies nach § 18 HGB. zulässig ist, z. B. durch Fortlassung eines von mehreren Vornamen, oder durch Beifügung oder Fortlassung eines Zusatzes.

II. Eine Änderung des Inhabers kann eintreten, wenn das Handelsgeschäft unter Lebenden oder von Todes wegen auf einen anderen mit dem Firmenrecht übertragen wird, wenn es auf Grund eines Nießbrauchs oder eines Pachtvertrages oder eines ähnlichen Verhältnisses übernommen wird, auch wenn in das Geschäft eines Einzelkaufmanns ein persönlich haftender Gesellschafter eintritt. Daß auch mehrere Miterben, z. B. eine Witwe mit ihren Kindern, die unter ihrer elterlichen Gewalt stehen, in ungeteilter Erbengemeinschaft als Inhaber eines Einzelgeschäfts eingetragen werden können, und daß unter ihnen nicht ohne einen dahin gehenden wirksamen Vertrag eine offene Handelsgesellschaft entsteht, ist vom Kammergericht anerkannt (Joh. 22 A 280). In diesem Fall ist auch die Eintragung für zulässig erachtet, daß der Witwe nach dem Testament die alleinige Vertretungsbefugnis zusteht, dies darf jedoch nicht verallgemeinert werden (Joh. 35 A 152).

Wird ein unter Lebenden erworbenes Handelsgeschäft unter der bisherigen Firma mit oder ohne einem das Nachfolgerverhältnis andeutenden Zusatz fortgeführt, so haftet nach der wichtigen Bestimmung des § 25 HGB. der Erwerber für alle im Betriebe des Geschäfts begründeten Verbindlichkeiten des früheren Inhabers, und die in dem Betriebe begründeten Forderungen gelten den Schuldnern gegenüber als auf den Erwerber übergegangen, falls der bisherige Inhaber oder seine Erben in die Fortführung der Firma gewilligt haben. Eine abweichende Vereinbarung ist Dritten gegenüber nur wirksam, wenn sie in das HR. eingetragen und bekannt gemacht, oder von dem Erwerber oder dem Veräußerer dem Dritten mitgeteilt ist. Soll eine solche Vereinbarung eingetragen werden (in Sp. 5), entweder hinsichtlich aller Verbindlichkeiten und Forderungen, oder nur der Verbindlichkeiten, oder nur der Forderungen, oder auch nur hinsichtlich einzelner von ihnen, so muß sie von beiden Teilen zur Eintragung angemeldet werden. Ohne besondere Anmeldung erfolgt die Eintragung nicht, selbst wenn in dem Veräußerungsvertrage eine solche Vereinbarung enthalten sein sollte (vgl. Staub Anm. 19 zu § 25 HGB.).

Die Anmeldung der Änderung liegt dem Geschäftsinhaber oder dessen Erben ob, auch die Zeichnung der geänderten Firma durch den verbleibenden Inhaber, der bisherigen oder der geänderten Firma durch den neuen Inhaber ist erforderlich, ebenso bei Verlegung der Niederlassung außerhalb des bisherigen Registerbezirks die Zeichnung vor dem neuen Registergericht.

Die Eintragung der Änderung der Firma ohne Wechsel des Inhabers erfolgt in Sp. 2 bei der bisherigen Firma, z. B.: „die Firma ist geändert in Friedrich Müller". Ändert sich aber auch der Inhaber, so ist die *neue* Firma mit dem neuen Inhaber unter einer neuen Nummer einzutragen und dort in Sp. 8 auf die bisherige Stelle zu verweisen, z. B.: „Sp. 8 die Firma lautete bisher . . ., vgl. HR. A Nr. 333", und bei der *alten* Firma ist in Sp. 3 der neue Inhaber einzutragen und in Sp. 8 auf die neue Firma und die neue Stelle zu verweisen, z. B.: „Sp. 8 die Firma ist geändert in . . . vgl. HR. A Nr. 666"; auch das Erlöschen und ev. das Wiedererteilen der Prokura ist beim Wechsel des Inhabers anzumelden und einzutragen.

§ 20.
Erlöschen der Firma.

Die Firma erlischt insbesondere durch dauernde Einstellung des Handelsbetriebs, durch den Tod des Inhabers, wenn nicht die Erben das Geschäft mit der Firma fortführen oder es auf einen andern übertragen und in die Fortführung der Firma willigen, auch dadurch, daß der Inhaber aufhört, Vollkaufmann zu sein und Minderkaufmann wird, oder dadurch, daß er seinen Willen, die Firma dauernd nicht mehr zu gebrauchen, sondern aufzugeben, klar erkennen läßt (RGStr. 23, 350), endlich durch Veräußerung des Geschäfts ohne Firma. Die Konkurseröffnung hat das Erlöschen der Firma nicht notwendig zur Folge, der Konkursverwalter kann das Geschäft weiterführen; oder auch der Gemeinschuldner kann unter seiner Firma ein neues Geschäft anfangen.

Das Erlöschen der Firma ist nach § 31 Abs. 2 HGB. anzumelden und in Sp. 5 einzutragen (Amtliches Formular R. S. Nr. 39). Die Verpflichteten sind nötigenfalls durch Ordnungsstrafen zur Anmeldung anzuhalten, führt dieses nicht zum Ziele, so wird das Erlöschen von Amts wegen eingetragen (vgl. oben § 5 I).

§ 21.
Die offene Handelsgesellschaft.

Eine solche setzt voraus:

Eine Gesellschaft im Sinne der §§ 705—740 BGB.,
einen Zweck, der auf den Betrieb eines Handelsgewerbes gerichtet ist,
und die unbeschränkte Haftung aller Gesellschafter gegenüber den Gesellschaftsgläubigern.

Zu einer Gesellschaft gehören mehrere Personen, mindestens zwei, physische oder juristische, letztere können aber nicht dann Mitglieder sein, wenn ihre eigene Organisation der offenen Handelsgesellschaft widerstreitet, wie bei der Aktiengesellschaft (Goldmann § 105 Anm. 3 a a; Staub Anm. 22 zu § 105), oder wenn ihr eigener Zweck darin besteht, unter einer eigenen Firma Geschäfte zu betreiben, wie eine andere offene Handelsgesellschaft (Staub Anm. 23 zu § 105), Kommanditgesellschaften, eingetragene Genossenschaften, oder wenn ihnen der Betrieb eines Handelsgewerbes versagt ist, wie die eingetragenen Idealvereine des § 21 BGB. Streit herrscht hinsichtlich der Gesellschaften m. b. H., vgl. Liebmann in DJZ. 1913 S. 230.

Eine Gesellschaft beruht auf einem Gesellschaftsvertrage, die bloß tatsächliche Fortführung eines Handelsgeschäfts durch Miterben begründet noch keine Handelsgesellschaft (Joh. 22 A 280; vgl. oben § 19 II).

Eine besondere Form ist für den Vertrag nicht vorgeschrieben, er kann mündlich vereinbart sein, auch aus konkludenten Handlungen gefolgert werden. Minderjährige bedürfen einer Vertretung, und zwar je eines besonderen Pflegers, wenn sie mit dem Inhaber der elterlichen Gewalt einen solchen Vertrag schließen (Joh. 22 A 280) und der Genehmigung des Vormundschaftsgerichts.

Was unter Betrieb eines Handelsgewerbes zu verstehen ist, darüber vgl. oben § 13. Hypothekenbankgeschäfte dürfen offene Handelsgesellschaften ebenso wie Kommanditgesellschaften und einzelne Personen nach § 2 Hypothekenbankgesetzes vom 13. Juli 1899 nicht betreiben. Minderkaufleute und Handwerker können nach § 4 Abs. 2 HGB. keine offene Handelsgesellschaft gründen (Joh. 44 A 336), auch nicht mehrere Personen, die sich zum Betriebe der Land- und Forstwirtschaft verbunden haben (§ 3 Abs. 1 HGB.); wohl aber, wenn dies nur zum Betriebe eines damit verbundenen N e b e n gewerbes geschehen ist. Die Firma der offenen Handelsgesellschaft muß den Namen wenigstens eines der Gesellschafter mit einem das Vorhandensein einer Gesellschaft andeutenden Zusatz oder den Namen aller Gesellschafter enthalten (§ 19 HGB.). Die Beifügung von Vornamen ist nicht erforderlich, aber zulässig. Der Familienname darf nicht durch das Pseudonym (Künstlername) eines Gesellschafters ersetzt werden (Joh. 35 A 150). Die Namen anderer Personen als der persönlich haftender Gesellschafter dürfen nicht aufgenommen werden.

Die allgemeinen Vorschriften des § 18 Abs. 2 HGB. finden Anwendung (§ 6 HGB.; Joh. 28 A 39). Daher ist eine neu gebildete Firma „C. Z. Söhne" unzulässig, weil dadurch ein Nachfolgeverhältnis angedeutet wird. Eine aus drei Personen bestehende Handelsgesellschaft darf nicht nur die Namen zweier Personen enthalten, ohne Zusatz eines Gesellschaftsverhältnisses, also nicht: „X & Y.", wohl aber: „X & Co., X, Y & Co. X, Y, Z." Auch die Vorschriften über abgeleitete Firmen finden Anwendung (oben § 14 II). RG. 82, 24.

Die unbeschränkte Haftbarkeit darf nur nach außen hin den Gesellschaftsgläubigern gegenüber nicht beschränkt sein, nach innen im Verhältnis der Gesellschafter zu einander nach Vermögenseinlagen kann es der Fall sein (Staub § 105 Anm. 25).

Die offene Handelsgesellschaft ist keine juristische Person sondern eine Gemeinschaft zur gesamten Hand; zwischen den Gesellschaftern besteht kein Miteigentum nach Bruchteilen (Joh. 24 A 127). Sie hat keine eigene selbständige Rechtsfähigkeit, wenn sie auch nach § 124 HGB. unter ihrer Firma Rechte erwerben, Verbindlichkeiten eingehen, Eigentum und andere dingliche Rechte an Grundstücken erwerben, vor Gericht klagen und verklagt werden kann (Urteil des RG. vom 31. März 1905 (JMBl. S. 321).

Ihre Wirksamkeit im Verhältnisse zu Dritten tritt mit der Eintragung im HR. ein, hat sie aber ihre Geschäfte schon vorher begonnen mit dem Zeitpunkte des Geschäftsbeginns; eine Vereinbarung, daß sie erst mit einem späteren Zeitpunkt ihren Anfang nehmen soll, ist Dritten gegenüber unwirksam (§ 123 HGB.).

§ 22.

Anmeldung und Eintragung.

Die Gesellschaft ist bei dem Gericht, in dessen Bezirk sie ihren Sitz hat, zur Eintragung anzumelden, die Anmeldung hat zu enthalten: Namen, Vornamen, Stand und Wohnort (d. h. nur den ersteren, nicht den später geänderten [Joh. 36 A 263]) jedes einzelnen Gesellschafters,

die Firma der Gesellschaft und den Ort, wo sie ihren Sitz hat,

den Zeitpunkt, mit welchem die Gesellschaft begonnen hat (§ 106 HGB.).

Die Anmeldungen sind von sämtlichen Gesellschaftern zu bewirken, also auch von denen, die durch den Gesellschaftsvertrag etwa von der Vertretung ausgeschlossen sind.

Die Verpflichtung zur Mitwirkung bei der Anmeldung kann durch Urteil festgestellt werden, und dann genügt die Anmeldung durch die anderen Gesellschafter (vgl. oben § 6).

Die Zeichnung der Firma nebst ihrer Namensunterschrift (anders als bei Einzelkaufleuten) haben nur diejenigen Gesellschafter zu bewirken, welche die Gesellschaft vertreten sollen (§ 108 Abs. 2 HGB.).

Die Zeichnung braucht jedoch nicht zusammen mit der Anmeldung zu erfolgen, sondern kann auch später gemäß § 14 HGB. erzwungen werden (Joh. 37 A 138).

Die Form der Anmeldung unterliegt den allgemeinen Regeln (vgl. § 7); sie hat auch, ebenso die Zeichnung, bei jedem Gericht zu erfolgen, in dessen Bezirk sich eine Zweigniederlassung befindet. Als Sitz der Gesellschaft gilt derjenige Ort, von dem aus, wie beim Einzelkaufmann, die kaufmännische Leitung geschieht (vgl. § 15). Es kann dies nur einer sein.

Der Zeitpunkt, mit dem die Gesellschaft begonnen hat, ist der, mit welchem sie ihren Geschäftsbetrieb begonnen hat, nicht der des Abschlusses des Gesellschaftsvertrages; beim Betrieb eines Unternehmens gemäß § 2 HGB. oder eines Nebengewerbes gemäß § 3 Abs. 2 ist es der Zeitpunkt der Eintragung, da erst hierdurch die Kaufmannseigenschaft erworben wird (Staub Anm. 8 zu § 106 HGB.).

Ferner ist anzumelden eine etwaige im Gesellschaftsvertrage bestimmte Abweichung von der Regel des § 125 Abs. 1 HGB., daß nämlich zur Vertretung der Gesellschaft nach außen jeder Gesellschafter ermächtigt ist.

Eine solche abweichende Bestimmung kann dahin gehen, daß alle oder mehrere Gesellschafter nur in Gemeinschaft zur Vertretung ermächtigt sein sollen (Gesamtvertretung),

daß einer oder mehrere Gesellschafter von der Vertretung ausgeschlossen sein sollen,

daß die Gesellschafter, wenn nicht mehrere zusammen handeln, nur in Gemeinschaft mit einem Prokuristen zur Vertretung ermächtigt sein sollen.

Z. B. bei zwei Gesellschaftsvertretern sind vertretungsberechtigt:

A. und B. gemeinschaftlich,	B. nur mit einem Prokuristen,
A. oder B. nur mit einem Prokuristen,	B. allein,
A. allein,	A. nur mit einem Prokuristen.

Nicht zulässig ist die Bestimmung, daß, wenn nur e i n Gesellschafter Vertretungsmacht hat, dieser durch einen Prokuristen beschränkt sein soll (Staub Anm. 15 zu § 125, Cohn S. 195 Anm. 10, Joh. 44 A 126; a. M. Marcus in der DJZ. 1910 S. 528). Zulässig ist es aber, sämtliche Gesellschafter von der Vertretung auszuschließen (Goldmann S. 550, Cohn S. 195, bestritten).

Andererseits kann aber die Eintragung der Regel, daß zur Vertretung der Gesellschaft jeder Gesellschafter ermächtigt ist, nicht beansprucht werden (Joh. 37 A 138). Der Umfang der Vertretungsmacht gegenüber Dritten ist im § 126 Abs. 1 HGB. präzisiert; sie ermächtigt auch zur Erteilung und des Widerrufs einer Prokura und deren Anmeldung; bei einer Gesamtvertretung sind nur die Gesamtvertreter dazu berechtigt.

Im Verhältnis nach innen, unter den Gesellschaftern, bedarf es zur Bestellung eines Prokuristen, falls nicht Gefahr im Verzuge ist, der Zustimmung sämtlicher Gesellschafter (§ 116 Abs. 3). Von dem Nachweis dieser Zustimmung darf aber die Eintragung nicht abhängig gemacht werden (Goldmann § 126 Ziffer 13, 14; Staub Anm. 10 zu § 126), letzteres gilt auch für die Kommanditgesellschaft (§ 164 HGB.).

Eine Beschränkung des Umfanges ist Dritten gegenüber unwirksam und darf nicht eingetragen werden (§ 126 Abs. 2), insbesondere nicht eine Beschränkung dahin, daß sich die Vertretung nur auf gewisse Geschäfte oder Arten von Geschäften erstrecken, oder daß sie nur unter gewissen Umständen oder für eine gewisse Zeit oder an einzelnen Orten stattfinden soll.

Nur wenn die Gesellschaft mehrere Niederlassungen unter v e r s c h i e d e n e n Firmen hat — noch eine Zweigniederlassung mit einem sie als Firma der Zweigniederlassung bezeichnenden Zusatz —, kann die Vertretungsmacht auf den Betrieb der Hauptniederlassung oder den der Zweigniederlassung beschränkt werden (Abs. 3 § 126, § 50 Abs. 3 HGB.).

Auch eine spätere Veränderung der Vertretungsmacht ist von allen Gesellschaftern zur Eintragung anzumelden (§ 125 Abs. 4 HGB.) und in Sp. 6 einzutragen. Wird einem Gesellschafter die Vertretungsmacht durch gerichtliche Entscheidung, Urteil, einstweilige Verfügung (Staub Anm. 2 zu § 16, Anm. 7 zu § 127) gemäß § 127 HGB. entzogen, so ist dies von den übrigen Gesellschaftern zur Eintragung anzumelden und dabei die Entscheidung vorzulegen (§ 125 Abs. 4 HGB.). Daß bei der Gesamtvertretung die Entziehung der Vertretungsmacht des einen auch die Vertretungsmacht des andern beseitigt, ist nicht anzunehmen (streitig Goldmann § 127 Ziffer 10, Staub 5 zu § 125, Cohn S. 202 Anm. 7).

Vor der Eintragung ist insbesondere zu prüfen, ob die Firma zulässig ist, ob sämtliche Gesellschafter angemeldet haben, ob schon eine gehörige Zeichnung vorliegt oder noch beigebracht werden muß (Joh. 37 A S. 138), ob der Begriff der offenen Handelsgesellschaft gegeben ist — die Vorlegung eines Vertrages kann aber nicht verlangt werden —, ob eine etwaige Bestimmung über die Vertretungsbefugnis zulässig ist, ob Minderjährige gehörig vertreten sind.

Wie die Eintragungen zu bewirken sind, ergeben die Überschriften der einzelnen Spalten des Registers (vgl. oben § 18);

in Sp. 2 wird die Firma und der Sitz eingetragen und die darauf bezüglichen Änderungen,

" " 3 sind der Name, Vorname, Stand und Wohnort der persönlich haftenden Gesellschafter anzugeben,

" " 6 ist die offene Handelsgesellschaft als solche zu bezeichnen: „offene Handelsgesellschaft" und der Zeitpunkt ihres Beginnes: „die Gesellschaft hat am 1. 10. 1913 begonnen". Dann gehören hierher die Bestimmungen über die Vertretungsmacht: „zur Vertretung sind nur die Gesellschafter Johann Müller und Hermann Schulze befugt" oder: „durch rechtskräftiges Urteil des Königlichen Landgerichts in Berlin 2. Kammer für Handelssachen vom . . . 1913 ist der Kaufmann Johann Müller von der Vertretung der Gesellschaft ausgeschlossen". (Amtliches Formular R. 5 Nr. 46, 47).

Wichtig ist die Eintragung einer von den Vorschriften des § 25, § 28 HGB. abweichenden Vereinbarung.

Entsteht eine offene Handelsgesellschaft dadurch, daß jemand als persönlich haftender Gesellschafter in das Geschäft eines Einzelkaufmannes eintritt, so haftet die Gesellschaft, gleich, ob sie die frühere Firma fortführt, was nach § 24 HGB. zulässig ist, oder nicht, für alle im Betriebe des Geschäfts entstandenen Verbindlichkeiten des früheren Geschäftsinhabers, und die so begründeten Forderungen gelten den Schuldnern gegenüber als auf die Gesellschaft übergegangen.

Eine abweichende Vereinbarung ist Dritten gegenüber nur wirksam, wenn sie in das Handelsregister eingetragen und bekannt gemacht ist oder von einem Gesellschafter dem Dritten mitgeteilt worden ist (§ 28 HGB.).

a) Eine solche Vereinbarung muß angemeldet werden (vgl. oben § 19 II) und wird in Spalte 6 eingetragen, wenn die bisherige Firma fortgeführt wird, zugleich mit dem Eintritt des persönlich haftenden Gesellschafters (§ 29 AV. vom 7. Nov. 1899).

b) Wird die Firma nicht fortgeführt, so erfolgt die Eintragung des Eintritts und der Vereinbarung bei der bisherigen Firma in Sp. 6 und die neue Firma wird unter einer neuen Nummer eingetragen; bei dieser ist dann der Eintritt in Sp. 6 zu vermerken. Bei der bisherigen Stelle ist in Sp. Bemerkungen auf die neue und bei der neuen auf die alte Stelle zu verweisen (§ 30 AV. vom 7. Nov. 1899).

c) Erwirbt eine offene Handelsgesellschaft das Handelsgeschäft eines Einzelkaufmanns nebst Firma und wird die bisherige Firma fortgeführt, so ist eine von den Bestimmungen des § 25 Abs. 1 abweichende Bestimmung bei der bisherigen Firma ebenfalls in Sp. 6 einzutragen. Als nunmehriger Inhaber wird in Sp. 3 aber nicht die offene Handelsgesellschaft selbst, sondern es werden als die nunmehrigen Inhaber die einzelnen Gesellschafter registriert (Joh. 23 A 96).

d) Tritt ein neuer Gesellschafter in eine bestehende Gesellschaft ein, so haftet er gleich den andern Gesellschaftern für die vor seinem Eintritt begründeten Verbindlichkeiten der Gesellschaft ohne Unterschied, ob die Firma eine Änderung erleidet oder nicht.

Eine entgegenstehende Vereinbarung ist Dritten gegenüber unwirksam (§ 130 HGB.) und darf nicht eingetragen werden. Es ist hier also nur in Sp. 6 der Eintritt einzutragen (amtliches Formular Nr. 49), oder auch noch die Änderung der Firma und die neue Firma unter einer besonderen Nummer.

Beispiel: a) Im HR. A 333 steht eingetragen Nr. 1 Sp. 2:

Johann Müller
Stettin

und als Inhaber in Sp. 3: Johann Müller, Kaufmann, Stettin.

In sein Geschäft tritt ein: Karl Schulze, die Firma wird nicht geändert: die Verbindlichkeiten sollen nicht auf die Gesellschaft übergehen.

Dann ist einzutragen und zu verfügen:

Nr. 2 Sp. 3: Karl Schulze, Kaufmann, Stettin,
Johann Müller, " "

" 6: Offene Handelsgesellschaft:
Kaufmann Karl Schulze ist als persönlich haftender Gesellschafter in das Geschäft eingetreten. Die Gesellschaft hat am 1. Oktober 1913 begonnen. Der Übergang der im Betriebe des Geschäfts entstandenen Verbindlichkeiten des Johann Müller auf die Gesellschaft ist ausgeschlossen.

(Amtliches Formular R. S. Nr. 57).

b) Die Firma wird geändert, dann ist zu verfügen und einzutragen bei der bisherigen Firma 333

Sp. 6: Kaufmann Karl Schulze ist in das Geschäft als persönlich haftender Gesellschafter eingetreten.
Der Übergang usw.

" 8: Die Firma ist geändert in Johann Müller & Schulze vgl. HR. A Nr. 666.

Bei der neuen Firma ist einzutragen: Sp. 2 Johann Müller & Schulze, Stettin.

Sp. 3: Johann Müller, Kaufmann, Stettin,
Karl Schulze, Kaufmann, Stettin.
„ 6: Offene Handelsgesellschaft:
Kaufmann Karl Schulze ist als persönlich haftender Gesellschafter in das Geschäft eingetreten. Die Gesellschaft hat am 1. Oktober 1913 begonnen.
„ 8: Die Firma war bisher Johann Müller (vgl. HR. A Nr. 333).
(Amtliches Formular R. S. Nr. 58).

c) Die offene Handelsgesellschaft Schulze & Lehmann erwirbt das Einzelgeschäft des Johann Müller und führt dessen Firma fort mit oder ohne Nachfolgezusatz, dann ist einzutragen:

Sp. 2: die Firma lautet jetzt ....
„ 3: Karl Schulze, Kaufmann, Stettin,
August Lehmann, Kaufmann, Stettin.
„ 6: offene Handelsgesellschaft:
die Kaufleute Karl Schulze & August Lehmann haben das Geschäft vom Kaufmann Johann Müller erworben, die Gesellschaft hat am 1. Oktober 1913 begonnen, der Übergang der im Betriebe des Geschäfts begründeten Verbindlichkeiten des Johann Müller auf die Gesellschaft ist ausgeschlossen.
(Amtliches Formular R. S. Nr. 60).

d) Ein Gesellschafter tritt in eine bestehende Gesellschaft ein, die Firma wird nicht fortgeführt, es ist zu verfügen und einzutragen:

Bei der alten Firma:

Sp. 6: Der X. ist als persönlich haftender Gesellschafter in die Gesellschaft eingetreten.
„ 8: die Firma ist geändert in .... (vgl. Nr. ...... HR. A) (neue Nummer)

Bei der neuen Firma:

Sp. 2: die neue Firma und der Sitz,
„ 3: sämtliche Gesellschafter,
„ 6: offene Handelsgesellschaft:
die Gesellschaft hat am 1. Oktober 1913 begonnen, der X. ist als persönlich haftender Gesellschafter in die Gesellschaft eingetreten.
„ 8: die Firma war bisher .... (vgl. Nr. ...... HR. A) (alte Nr. ......)
(Amtliches Formular R. S. Nr. 50).

§ 23.

Weitere Eintragungen.

Nach der erfolgten Eintragung der offenen Handelsgesellschaft sind von sämtlichen Gesellschaftern ferner anzumelden:

eine Änderung der Firma, eine Verlegung ihres Sitzes an einen andern Ort, der Eintritt eines neuen Gesellschafters, das Ausscheiden eines bisherigen Gesellschafters (§ 107, § 143 Abs. 2 HGB.).

Eine Änderung der Firma kann mit Zustimmung sämtlicher Gesellschafter erfolgen, die neue Firma muß natürlich den gesetzlichen Vorschriften der §§ 18, 19, 30 HGB. entsprechen. Die Eintragung erfolgt in Sp. 2, wenn sonst in den Verhältnissen der Gesellschaft keine Änderung eintritt. § 20 Abs. 3 AV. vom 7. Nov. 1899.

Hinsichtlich der Sitzverlegung gilt dasselbe wie bei Einzelkaufleuten (s. oben § 19 III).

Beim Ausscheiden eines bisherigen oder beim Eintritt eines neuen Gesellschafters **kann** ungeachtet dieser Veränderung die bisherige Firma fortgeführt werden. Beim Ausscheiden ohne Firmenänderung ist nur in Sp. 6 das Ausscheiden einzutragen (amtliches Formular R. S. Nr. 51).

Beim Ausscheiden und der Änderung der Firma wird bei der **alten** Firma in Sp. 6 das Ausscheiden und in Sp. 8 die Firmenänderung und der Hinweis auf die neue Nummer eingetragen, und unter einer **neuen** Nummer die **neue** Firma unter Hinweis in Sp. 8 auf die frühere Firma und die frühere Nummer (amtliches Formular R. S. Nr. 54 [§ 24 HGB.]).

Beim Ausscheiden bedarf es zur Fortführung der Firma der Einwilligung des Gesellschafters oder seiner Erben, wenn sein Name in der Firma enthalten ist (§ 24 HGB.).

Auch der Ausscheidende hat bei der Anmeldung mitzuwirken. Ist das Ausscheiden eines Gesellschafters durch dessen Tod herbeigeführt, und wird die Gesellschaft mit dessen Erben nicht fortgesetzt, so brauchen die Erben bei der Anmeldung nicht mitzuwirken, wenn einer solchen Mitwirkung besondere Hindernisse entgegenstehen. Ob diese Voraussetzungen vorliegen, hat der Registerrichter zu prüfen.

Ist der neu eintretende Gesellschafter auch vertretungsberechtigt, so muß er die Firma nebst seiner Namensunterschrift zeichnen.

§ 24.

Auflösung der Gesellschaft.

Die Auflösung der Gesellschaft tritt ein aus einem der im § 131 HGB. aufgeführten sechs Gründen und durch gerichtliche Entscheidung gemäß § 136 HGB. Hierbei ist zu beachten, daß durch die Auflösung nur die produktive Seite der Gesellschaft aufgehoben wird, die Gesellschaft aber für den Zersetzungszweck bis zu dessen Erfüllung forterhalten bleibt. Daher kann auch, nach der Auflösung und Übernahme des Geschäfts nebst Firma durch einen Gesellschafter die Wiederherstellung der Gesellschaft beschlossen und eingetragen werden, solange die Gemeinschaft noch tatsächlich besteht (Joh. 25 A 78), und ebenso können unter dieser Voraussetzung nach Auflösung der Gesellschaft durch den Tod eines Gesellschafters dessen Erben die Fortsetzung mit den überlebenden Gesellschaftern vereinbaren (Joh. 26 A 220). Minderjährige Erben bedürfen hierzu der vormundschaftsgerichtlichen Genehmigung (Joh. 44 A 129). Die Auflösung — abgesehen von der durch Konkurseröffnung über das Vermögen der Gesellschaft — ist von **sämtlichen** Gesellschaftern zur Eintragung anzumelden, also auch von dem ausscheidenden, und den Erben eines verstorbenen Gesellschafters, nur wenn besondere Hindernisse entgegenstehen, kann von einer Mitwirkung der Erben gemäß § 143 Abs. 3 HGB. abgesehen werden. Die Eintragung erfolgt in Sp. 6 (amtliches Formular R. S. Nr. 61).

Es kann aber im Gesellschaftsvertrage auch bestimmt sein, daß beim Tode, bei Kündigung und Konkurseröffnung über das Vermögen eines Gesellschafters die Gesellschaft **unter den übrigen Gesellschaftern** fortbestehen soll (§§ 138, 139 HGB.). Dann ist nur das Ausscheiden des einen Gesellschafters anzumelden.

Die Konkurseröffnung wird vom Konkursgericht dem Registergericht mitgeteilt und ist von Amts wegen in Sp. 6 einzutragen, ebenso die Aufhebung des Eröffnungsbeschlusses, die Aufhebung oder Einstellung des Konkursverfahrens (§ 32 HGB.).

Wird das Konkursverfahren infolge eines Zwangsvergleichs aufgehoben oder auf Antrag des Gemeinschuldners eingestellt, so können die Gesellschafter die Fortsetzung der Gesellschaft beschließen; dies ist dann von sämtlichen Gesellschaftern anzumelden und in Sp. 6 einzutragen:

„Die Gesellschafter haben nach Aufhebung des Konkursverfahrens infolge Zwangsvergleichs die Fortsetzung der Gesellschaft beschlossen."

Da aus dem amtlichen Formular der Nachricht des Konkursgerichts nicht hervorgeht, ob ein solcher Fall vorliegt, so ist beim Konkursgericht anzufragen, ob das Konkursverfahren infolge Zwangsvergleiches aufgehoben oder auf Antrag des Gemeinschuldners eingestellt ist. Wird eine Fortsetzung in diesen Fällen nicht beschlossen, so tritt Liquidation ein und die Liquidatoren sind zur Eintragung anzumelden.

Weiter kann im Gesellschaftsvertrage vereinbart sein, daß beim Tode eines Gesellschafters die Gesellschaft mit dessen Erben fortgesetzt werden soll; es ist dann einzutragen in Sp. 6: Das Ausscheiden des verstorbenen Gesellschafters, und im Falle der Fortsetzung der offenen Handelsgesellschaft: in Sp. 3: der oder die Erben, und in Sp. 6: die Fortsetzung der Gesellschaft und der Eintritt des oder der Erben als persönlich haftende Gesellschafter. Sind die Erben vertretungsberechtigt, so ist ihre Zeichnung erforderlich. In diesem Falle kann auch der Erbe sein Verbleiben in der Gesellschaft davon abhängig machen, daß ihm gemäß § 139 HGB. die Stellung eines Kommanditisten eingeräumt wird. Wird der Erbe Kommanditist, so ist anzumelden und einzutragen, daß der Gesellschafter X. durch Tod ausgeschieden ist, und daß dessen Erben die Fortsetzung der Gesellschaft als Kommanditgesellschaft unter unveränderter Firma vereinbart haben (Joh. 26 A 219). Erklärt dagegen der Erbe sein Ausscheiden gemäß § 139 Abs. 2, so ist diese Tatsache anzumelden und einzutragen und ebenso, wenn innerhalb der Schwebefrist die Gesellschaft aufgelöst wird (§ 139 Abs. 4).

Eine Auflösung der Gesellschaft kann auch dadurch erfolgen, daß ein Einzelkaufmann — ein bisheriger Gesellschafter oder ein Dritter — das Geschäft erwirbt und unter unveränderter Firma unter ausdrücklicher Einwilligung nach § 24 Abs. 2 HGB. fortführt, oder daß bei einer nur aus zwei Gesellschaftern bestehenden Gesellschaft gemäß § 142 HGB. der eine Gesellschafter vom Gericht ermächtigt wird, das Geschäft ohne Liquidation mit Aktiven und Passiven zu übernehmen.

Dann ist in Sp. 6 die Auflösung der Gesellschaft einzutragen, in Sp. 5, daß der bisherige Gesellschafter X. der alleinige Inhaber der Firma ist und in Sp. 2 ein event. Nachfolgerzusatz (amtliches Formular R. S. 59,.

§ 25.

Die Liquidation.

Nach Auflösung der Gesellschaft tritt in der Regel die Liquidation ein als eine Art der Auseinandersetzung der Gesellschafter. Diese können auch eine andere Art der Auseinandersetzung vereinbaren, wie Verkauf des Geschäfts und Teilung des Erlöses, Übertragung des Vermögens an einen Gesellschafter.

Die Liquidation findet auch nicht statt, wenn das Konkursverfahren über das Vermögen der Gesellschaft eröffnet ist.

Bei Auflösung durch Kündigung des Gläubigers eines Gesellschafters nach § 135 HGB. oder durch Eröffnung des Konkursverfahrens über das Vermögen eines Gesellschafters darf sie nur mit Zustimmung des Gläubigers oder des Konkursverwalters unterbleiben (§ 145).

Liquidatoren sind in erster Linie die sämtlichen Gesellschafter; durch den Gesellschaftsvertrag oder einen Beschluß der Gesellschafter können einzelne Gesellschafter oder andere Personen dazu bestimmt werden. Mehrere Erben eines Gesellschafters haben einen gemeinsamen Vertreter zu bestellen. Auch durch das Gericht kann die Ernennung von Liquidatoren erfolgen. Hierzu ist erforderlich: der Antrag eines Beteiligten. Als Beteiligte gelten die Gesellschafter bezw. die Erben eines verstorbenen Gesellschafters, der Gläubiger, durch den die Kündigung erfolgt ist, und der Konkursverwalter im Konkursverfahren über das Vermögen eines Gesellschafters. Ein wichtiger Grund, etwa daß sonst das Liquidationsverfahren seinen Zweck nicht erfüllen würde. Ob ein solcher vorliegt, hat der Richter zu ermitteln und zu entscheiden. Es kann dabei in Betracht kommen ein feindseliges Verhältnis der Gesellschafter, Unfähigkeit zur Durchführung der Liquidationsgeschäfte.

Zuständig ist das Amtsgericht, in dessen Bezirk die Gesellschaft ihren Sitz hat und wenn mehrere Orte zu einem Registergericht gehören, dieses (§ 145 R. FrG.).

Streitig ist, ob die Ernennung und Abberufung von Liquidatoren auch durch einstweilige Verfügung des Prozeßgerichts angeordnet werden kann (dafür Staub Anm. 9 zu § 146, Brand S. 204 und Cohn S. 220 und Marcus in Holdheim 18, 21; dagegen aber OLG. Dresden in SeuffA. 63, 46; die erstere Ansicht ist die praktischere). Das Verfahren vor dem Registergericht ist das Beschlußverfahren, es kann auch mündliche Verhandlung angeordnet werden. Der Gegner des Antragstellers ist, wenn tunlich, gemäß § 146 Abs. 2 R. FrG. zu hören. Dies kann also unterbleiben, wenn wegen großer Dringlichkeit sofortige Entscheidung erforderlich ist. Als Gegner kommen die übrigen Beteiligten in Betracht.

In der Auswahl der zu ernennenden Personen ist das Gericht nicht beschränkt, in den meisten Fällen werden von den Beteiligten Vorschläge gemacht und eine Vereinbarung über die an den zu Ernennenden etwa zu leistende Vergütung getroffen werden. Das Registergericht ist zur Festsetzung einer solchen nicht befugt (Joh. 27 A 222).

In der Entscheidung kann auch bestimmt werden, daß die Genannten einzeln oder nur zusammen zu handeln berechtigt sind. Gegen die Entscheidung findet sofortige Beschwerde statt (§ 146 Abs. 2 R. FrG.).

Auch die Abberufung von Liquidatoren kann durch ein gleiches Verfahren erfolgen; das Verfahren findet auch Anwendung auf vor dem 1. Jan. 1900 gegründete offene Handelsgesellschaften (Joh. 32 A 129).

Die Eintragung gerichtlich bestellter Liquidatoren sowie die Eintragung der gerichtlichen Abberufung von Liquidatoren geschieht von Amts wegen nach Rechtskraft des Beschlusses. Sonst sind die Liquidatoren von sämtlichen Gesellschaftern zur Eintragung anzumelden. Für Geschäftsunfähige treten deren Vertreter ein, für einen im Konkurse befindlichen Gesellschafter ist aber nicht der Konkursverwalter dazu berechtigt (vgl. Goldmann § 148 Ziff. 8 und Cohn S. 220, abweichend von Staub Anm. 3 § 148). Miterben brauchen beim Vorhandensein besonderer Hindernisse nicht mitzuwirken. Ebenso ist die Änderung in den Personen der Liquidatoren und eine abweichende Bestimmung von der Regel des § 150 HGB., daß mehrere Liquidatoren nur zusammen handeln sollen, anzumelden. Die Anmeldung hat auch bei dem Gericht einer Zweigniederlassung zu erfolgen. Eine Beschränkung des Umfanges der Befugnisse der Liquidatoren darf aber nicht eingetragen werden und ist Dritten gegenüber unwirksam (§ 151 HGB.).

Die Liquidatoren haben die Firma nebst ihrer Namensunterschrift zur Aufbewahrung bei Gericht zu zeichnen; sie müssen die bisherige Firma als Liquidationsfirma bezeichnen und dieser ihren Namen beifügen. Die Eintragung der Liquidatoren unter der Bezeichnung als solche und unter Angabe des Namens, Vornamens, Standes und Wohnorts, der Bestimmung, daß sie einzeln handeln können, sowie der hierauf oder auf ihre Person sich beziehenden Änderungen erfolgt in Sp. 6 (amtliches Formular R. S. Nr. 61).

Bei Eintragung der Auflösung der Gesellschaft und der Liquidatoren ist es angebracht, eine geräumige Frist zu verfügen, denn nach Beendigung der Liquidation sind die Liquidatoren verpflichtet und nötigenfalls durch Ordnungsstrafen anzuhalten, das Erlöschen der Firma zur Eintragung anzumelden. Die Eintragung erfolgt in Sp. 6.

Eine Prüfung, ob tatsächlich die Liquidation beendet, ob die Schulden berichtigt sind und das Vermögen verteilt ist, liegt dem Registergericht nicht ob (Joh. 22 A 107). Die Firma kann auch ohne Liquidation erlöschen, z. B. wenn das Geschäft ohne Firma veräußert ist. Dann haben die Gesellschafter die Anmeldung zu bewirken.

Kann die Anmeldung nicht erzwungen werden, so erfolgt die Löschung gemäß § 31 HGB. von Amts wegen (hierüber oben § 5 I).

Ist das Erlöschen der Firma zu Unrecht eingetragen, etwa weil das Geschäft tatsächlich noch nicht aufgehört hat, so kann der Eintragungsvermerk gemäß § 142 R. FrG. wieder gelöscht werden (Joh. 28 A 42), z. B. „der unter Nr. ...... in Sp. 6 eingetragene Vermerk, daß die Firma erloschen sei, ist von Amts wegen wieder gelöscht am ......" (oben § 5 V). Nach Beendigung der Liquidation hat das Gericht, wenn sich die Gesellschafter nicht verständigen, den Gesellschafter oder einen Dritten zu bestimmen, dem die Bücher und Papiere der aufgelösten Gesellschaft gemäß § 44 HGB. in Verwahrung zu geben sind (§ 157 HGB.). Die Bestimmung erfolgt im Beschlußverfahren gemäß §§ 146, 148 R. FrG.

§ 26.

Die Kommanditgesellschaft.

Die Kommanditgesellschaft ist eine Abart der offenen Handelsgesellschaft; auch sie ist eine Gesellschaft mit dem Zweck, auf den Betrieb eines Handelsgewerbes unter gemeinschaftlicher Firma; jedoch mit der Besonderheit, daß mindestens ein Gesellschafter den Gesellschaftsgläubigern gegenüber unbeschränkt haftet, sogenannter Komplementar, während bei mindestens einem Gesellschafter die Haftung auf den Betrag einer bestimmten Vermögenseinlage beschränkt ist (Kommanditist).

Es finden auf sie die für die offene Handelsgesellschaft geltenden Vorschriften Anwendung mit den in §§ 162 ff. HGB. bestimmten Besonderheiten. Die Firma muß den Namen wenigstens eines persönlich haftenden Gesellschafters mit einem das Vorhandensein einer Gesellschaft andeutenden Zusatz enthalten; die Namen anderer Personen als der persönlich haftenden Gesellschafter dürfen in die Firma nicht aufgenommen werden, also nicht der eines Kommanditisten (§ 19 HGB.).

Kommanditist kann auch eine Aktiengesellschaft, eine offene Handelsgesellschaft, eine Kommanditgesellschaft sein, aber nicht eine Mehrheit von Personen, auch wenn sie in Erbengemeinschaft steht mit einer einheitlichen Vermögenslage (Joh. 37 A 145).

Dagegen ist es zulässig (?), daß eine Gesellschaft m. b. H. persönlich haftender Gesellschafter ist und die Gesellschafter dieser Gesellschaft m. b. H. Kommanditisten (RJA. 12, 28; Joh. 44 A 341).

Ein Minderjähriger bedarf nicht der Genehmigung des Vormundschaftsgerichts gemäß §§ 18, 22³, weil es sich nur um eine bloße Kapitalbeteiligung handelt (Kommentar d. Reichsgerichtsräte §§ 18, 22 Anm. 3 BGB. und Staub Anm. 6 zu § 161; anders Goldmann Ziff. 10 zu § 161 HGB.).

Die Vermögenseinlage der Kommanditisten muß dem Betrage nach bestimmt sein, also in einer bestimmten Geldsumme ausgedrückt sein; sie braucht aber nicht durch Barzahlung geleistet zu werden, sondern es können auch andere Vermögensgegenstände eingebracht werden (Staub Anm. 9 zu § 161; Cohn S. 229). Bis zur Höhe seiner Einlage haftet der Kommanditist den Gesellschaftsgläubigern unmittelbar (§ 171 HGB.); für die vom Geschäftsbeginn ab bis zur Eintragung der Gesellschaft begründeten Verbindlichkeiten der Gesellschaft haftet er aber gleich einem persönlich haftenden Gesellschafter, wenn er dem Geschäftsbeginn zugestimmt hat, es sei denn, daß seine Beteiligung als Kommanditist den Gläubigern bekannt war oder die Gesellschaft nach § 2 HGB. erst durch die Eintragung Kaufmannseigenschaft erlangt. Eine Herabsetzung seiner Einlage ist den Gläubigern gegenüber erst wirksam, wenn sie in das Handelsregister eingetragen war (§§ 176, 174 HGB.).

Beim Eintritt eines Kommanditisten in das Geschäft eines Einzelkaufmanns kommen die Vorschriften des § 28 HGB. in Anwendung (vgl. oben § 22). Beim Eintritt in eine bestehende Handelsgesellschaft ist eine abweichende Vereinbarung von der Regel des § 173 HGB., daß er für die vor seinem Eintritt begründeten Verbindlichkeiten der Gesellschaft haftet, Dritten gegenüber unwirksam und darf nicht eingetragen werden.

Die Anmeldung ist von sämtlichen Gesellschaftern, auch von den Kommanditisten, zu bewirken und muß außer den bei der offenen Handelsgesellschaft vorgeschriebenen Erfordernissen auch den Namen, Vornamen, Stand und Wohnort des Kommanditisten und den Betrag der Einlage eines jeden Kommanditisten enthalten. Zu zeichnen braucht der Kommanditist nicht, da er nach § 170 HGB. von der Vertretung der Gesellschaft ausgeschlossen ist.

Nach Prüfung der Anmeldung ist einzutragen:

Sp. 2: die Firma,

„ 3: nur die persönlich haftenden Gesellschafter,

„ 6: Kommanditgesellschaft;

die Gesellschaft hat am 6. Okt. 1913 begonnen, Kommanditist ist der Kaufmann X. in Berlin mit einer Vermögenseinlage von .... M.

Wird eine offene Handelsgesellschaft in eine Kommanditgesellschaft umgewandelt, entweder dadurch, daß ein bisheriger Gesellschafter Kommanditist wird, oder dadurch, daß jemand als Kommanditist in eine offene Handelsgesellschaft eintritt, so ist nur der Eintritt des Kommanditisten von sämtlichen Gesellschaftern einschließlich des neu Eintretenden anzumelden und einzutragen, denn es entsteht dadurch nicht eine neue Handelsgesellschaft (Joh. 26 A 219).

z. B. Sp. 6: Kommanditgesellschaft:

Der bisherige persönlich haftende Gesellschafter X. ist Kommanditist mit einer Einlage von .... M. geworden. Oder:

Der X. ist als Kommanditist mit einer Einlage von .... M. in die Gesellschaft eingetreten.

Auch das Ausscheiden eines Kommanditisten ist entsprechend von sämtlichen Gesellschaftern anzumelden und einzutragen, der Ausscheidende hat bei der Anmeldung mitzuwirken; ebenso die Erhöhung, auch Herabsetzung oder Erhöhung einer Einlage, ein Zwang und das Ordnungsstrafverfahren zur letzteren Anmeldung findet nicht statt; ist die Eintragung aber beim Registergericht der Hauptniederlassung einmal erfolgt, so muß sie auch bei dem einer Zweigniederlassung erfolgen und kann von diesem erzwungen werden.

Für die Auflösung der Kommanditgesellschaft ist nur zu beachten, daß der Tod eines Kommanditisten die Auflösung nicht zur Folge hat (§ 177 HGB.). Es sind nur dessen Erben, d. h. die Gesamtheit der Miterben (Joh. 44 A 133), anzumelden und einzutragen. Im übrigen kommen die Vorschriften für die offene Handelsgesellschaft auch hier in Betracht.

Außer der Bewirkung der Eintragung kann das Registergericht während des Bestehens der Kommanditgesellschaft auch die in § 166 Abs. 3 HGB. erwähnten Anordnungen im Beschlußverfahren treffen. Das Verfahren richtet sich nach §§ 145, 146 R. FrG. Der Gegner des Antragstellers ist zu hören. Gegen den Beschluß findet die sofortige Beschwerde statt.

§. 27.

Bekanntmachungen.

Die öffentlichen Bekanntmachungen haben für das HR. A und HR. B große Bedeutung, da die Eintragungen regelmäßig namentlich Dritten gegenüber erst mit dem Zeitpunkt der Bekanntmachung wirksam werden. Denn nach § 15 HGB. kann eine in das HR. einzutragende Tatsache, solange sie nicht eingetragen *und bekannt gemacht ist*, von demjenigen, in dessen Angelegenheiten sie einzutragen war, einem Dritten nicht entgegengesetzt werden, es sei denn, daß sie ihm bekannt gewesen ist, und andererseits muß ein Dritter, wenn die Tatsache eingetragen und bekannt gemacht ist, sie gegen sich gelten lassen, es sei denn, daß er sie weder kannte noch kennen mußte.

Die Bekanntmachungen erfolgen durch den Deutschen Reichsanzeiger und mindestens ein anderes Blatt. Das Registergericht bezeichnet das oder die anderen neben dem Reichsanzeiger bestimmten Blätter bis zum 4. Dezember eines jeden Jahres, der Gerichtsschreiber des Registergerichts zeigt sie dem Gerichtsschreiber des Oberlandesgerichts an und dieser übermittelt sie nach Prüfung dem Reichsjustizamt, von dem sie zusammenfassend bekannt gemacht werden (§§ 10, 11 HGB.; AV. vom 4. Dez. 1900; JMBl. 642; § 10 AV. vom 7. Nov. 1899; AV. vom 27. Okt. 1913).

Die Auswahl dieser andern Blätter wird unter dem Gesichtspunkt zu treffen sein, daß durch sie die Kenntnis der beteiligten Kreise am meisten gewährleistet wird; für Berlin ist z. Zt. die Vossische Zeitung und die Börsen-Zeitung bestimmt.

Die Eintragungen werden ihrem ganzen Inhalt nach veröffentlicht, soweit nicht das Gesetz etwas anderes vorschreibt. Die Bekanntmachung erfolgt in jedem Blatt nur einmal.

Mit dem Ablauf des Tages, an welchem das letzte der die Bekanntmachung enthaltenden Blätter erschienen ist, gilt die Bekanntmachung als erfolgt.

Wegen der Zeit der Bekanntmachungen, ihrer Fassung, Prüfung des vom Gerichtsschreiber zu entwerfenden, vom Richter zu genehmigenden Inhalts kann auf § 8 (S. 1099) verwiesen werden.

Eine Bekanntmachung kann unterbleiben bei Berichtigung von Schreibfehlern und ähnlichen offenbaren Unrichtigkeiten, wenn die Berichtigung einen offenbar unwesentlichen Punkt der Eintragung betrifft (§ 24 AV. vom 7. Nov. 1899).

Kraft besonderer Vorschrift ist nicht bekannt zu machen bei der Kommanditgesellschaft:

a) Name, Stand und Wohnort des Kommanditisten und der Betrag der Einlage, auch nicht beim Eintritt eines Kommanditisten in eine bestehende Handelsgesellschaft oder beim Ausscheiden eines Kommanditisten; sondern nur die Zahl der Kommanditisten;

b) nicht der Betrag der erhöhten oder herabgesetzten Einlage (§ 162, § 175 HGB.);

also z. B.: In unser HR. A ist heute unter Nr. .... die Kommanditgesellschaft in Firma .... mit dem Sitz in .... eingetragen worden. Persönlich haftender Gesellschafter ist X. Ein Kommanditist, die Gesellschaft hat am .... begonnen.

Berlin, den ....

Königliches Amtsgericht Berlin-Mitte.

oder: Ein Kommanditist ist in die Gesellschaft eingetreten.

oder: Die Einlage eines Kommanditisten ist erhöht.

Auf besonderen Antrag der Beteiligten ist bei Einzelfirmen, offenen Handelsgesellschaften und Kommanditgesellschaften auch der Geschäftszweig kurz zu veröffentlichen, doch muß ersichtlich gemacht werden, daß es sich hierbei um eine nicht eingetragene Tatsache handelt (AV. vom 12. Juni 1900; JMBl. 439),

z. B.: Nicht eingetragener Geschäftszweig: Handel mit Lederwaren.

Zur Bekanntmachung sind, soweit tunlich, vom Gerichtsschreiber auszufüllende Formulare zu benutzen. Die Zusendung erfolgt durch die Post, der Gerichtsschreiber hat die Bekanntmachung zu unterschreiben und in den Akten bei der gerichtlichen Verfügung zu vermerken, wem die Bekanntmachung zur Beförderung zu übergeben und wann die Übergabe erfolgt ist.

Jede Eintragung ist auch demjenigen, der sie beantragt hat, besonders bekannt zu machen, wenn nicht darauf verzichtet wird (§ 130 Abs. 2 R. FrG.). Danach ist nicht erforderlich, aber üblich, daß auch der Prokurist von Eintragung der Prokura benachrichtigt wird.

Gehört der Bezirk des Registergerichts zum Bezirk einer Handelskammer oder einer kaufmännischen Korporation, so ist auch diesen gemäß § 14 AV. vom 7. Nov. 1899 von der Eintragung Mitteilung zu machen.

Gehört ein Ort oder eine Gemeinde zu den Bezirken verschiedener Registergerichte, so hat jedes Registergericht den andern beteiligten Registergerichten von jeder neuen Eintragung, von jeder Änderung und Löschung der Firmen gemäß § 15 AV. vom 7. Nov. 1899 Mitteilung zu machen.

Beim Übergang einer Firma aus Abt. A in Abt. B ist die Firma in Abt. A zu löschen und in Abt. B einzutragen, an der bisherigen Stelle ist auf die neue Stelle und an dieser auf die bisherige Stelle in Sp. Bemerkungen zu verweisen. Ebenso bei einer Firma aus Abt. B in Abt. A (§§ 31, 35 AV. vom 7. Nov. 1899), z. B.: Die Firma ist übertragen nach HR. B Nr. . . . und hier gelöscht. Das ist aber nicht gleichbedeutend mit „Erlöschen" der Firma (Joh. 44 A 149).

Hinsichtlich der Einsicht des Registers, der Schriftstücke, Erteilung von Abschriften, Zeugnissen gilt das oben § 8 Gesagte.

Ein alphabetisches Verzeichnis der Namen und Firmen wird für beide Abteilungen des HR. gemeinschaftlich geführt. Nach der Löschung der Eintragung ist der Name oder die Firma zu röten, bezieht sich die Löschung nur auf eine von mehreren Registernummern aber nur der Hinweis auf die Registernummer. Im Falle des Bedürfnisses — dies wird bei größeren Registergerichten stets der Fall sein — können für beide Abteilungen gesonderte Verzeichnisse geführt werden; in diesem Falle ist bei einer Übertragung aus einer Abteilung in die andere in den Namen- und Firmenverzeichnissen auf den Übergang durch einen Vermerk hinzuweisen (§ 50 Abs. 13 Geschäftsanw. für d. Gerichtsschreibereien).

Es ist noch darauf hinzuweisen, daß nach § 6 des Reichsstempelgesetzes vom 3. Juli 1913 die Registerbehörden von allen Eintragungen, die Errichtung oder Kapitalerhöhung von Aktiengesellschaften, Kommanditgesellschaften auf Aktien oder Gesellschaften mit beschränkter Haftung, offenen Handelsgesellschaften oder Kommanditgesellschaften zum Gegenstande haben, oder die Verlegung des Sitzes einer ausländischen Gesellschaft nach dem Inlande, oder die Errichtung einer inländischen Zweigniederlassung durch eine Gesellschaft, den Steuerbehörden alsbald nach Bewirkung der Eintragung Nachricht zu geben haben.

Dasselbe gilt für die Behörden zur Führung des Genossenschaftsregisters.

Vgl. dazu die Bekanntmachung im JMBl. 1913 S. 341.

Handelsregister B.

§ 28.

Einrichtung.

Das Handelsregister B ist nach folgendem Muster eingerichtet:

1	2	3	4	5	6
Nummer der Eintragung	Firma und Sitz	Gegenstand des Unternehmens	Grund- oder Stamm-Kapital	Vorstand; persönlich haftende Gesellschafter; Geschäftsführer; Liquidatoren	Prokura

7	8	9	10
Gesellschaftsvertrag oder Satzung; Vertretungsbefugnis	Auflösung; Konkurs; Fortsetzung; Nichtigkeit; Erlöschen der Firma	Geschäftsnummer; Tag der Eintragung; Unterschrift	Bemerkungen

Für die eine Firma betreffenden Eintragungen sind zwei gegenüberstehende Seiten des Registers zu verwenden; für spätere Eintragungen sind die erforderlichen Seiten frei zu lassen. Welche Eintragungen in die einzelnen Spalten aufzunehmen sind, bestimmt im einzelnen § 32 AV. vom 7. Nov. 1899 und wird bei den einzelnen Gesellschaften hervorgehoben werden.

§ 29.

Die Aktiengesellschaft.

Begriff. Feststellung des Gesellschaftsvertrages.

Die Aktiengesellschaft ist die Form des wirtschaftlichen Großbetriebes.

Wesentliche Voraussetzungen einer solchen sind nach § 178 HGB.:
- daß ein Grundkapital vorhanden ist für Erreichung des Gesellschaftszweckes,
- daß dieses in Aktien zerlegt ist,
- daß sämtliche Gesellschafter mit Einlagen beteiligt sind, ohne persönlich für die Verbindlichkeiten der Gesellschaft zu haften.

Die Aktien brauchen nicht sämtlich über den gleichen Betrag zu lauten; sie können auf den Inhaber oder auf den Namen lauten; für einzelne Gattungen können verschiedene Rechte festgesetzt werden (Stammaktien und Vorzugsaktien).

Die Einlagen können in Barzahlung, Sacheinlagen, Übernahme von Anlagen und sonstigen Vermögensgegenständen bestehen; auch kann den Aktionären im Gesellschaftsvertrage die Verpflichtung zu wiederkehrenden, nicht in Geld bestehenden Leistungen auferlegt werden (§ 212), z. B. Waren an die Gesellschaft zu liefern, Dienste zu leisten, Rüben zu bauen (Rübenaktien). Später können solche Verpflichtungen nur mit Zustimmung sämtlicher, von der Verpflichtung betroffener Aktionäre begründet werden (§ 276 HGB.).

Die Aktionäre der Gesellschaft haften in dem einen Falle des § 217 HGB., soweit sie den Vorschriften des HGB. zuwider Zahlungen von der Gesellschaft empfangen haben.

Die Gründung einer Aktiengesellschaft geht in folgender Weise vor sich:

I. Es erfolgt zunächst die Feststellung des Gesellschaftsvertrages. Dazu gehört, daß:
   mindestens 5 Personen beteiligt sind, physische oder juristische, für Geschäftsunfähige deren Vertreter, in der Geschäftsfähigkeit Beschränkte mit Einwilligung ihres Vertreters,

fünf Personen Aktien übernehmen, jeder wenigstens eine,

der Betrag, und wenn verschiedene Gattungen von Aktien ausgegeben werden, die Gattung der von jedem übernommenen Aktien, angegeben wird,

diese Feststellung in gerichtlich oder notarieller Verhandlung erfolgt. — Beglaubigung genügt nicht.

Vertretung auf Grund einfacher, schriftlicher Vollmacht ist zulässig.

A. Der Inhalt des Gesellschaftsvertrages muß notwendig die in § 182 Abs. 2 HGB. aufgeführten sechs Erfordernisse enthalten:

1. Die Firma und den Sitz der Gesellschaft.

Die Firma ist nach § 20 HGB. in der Regel von dem Gegenstande des Unternehmens zu entlehnen und hat die Bezeichnung „Aktiengesellschaft" zu enthalten (Joh. 41 A 263). Es kann also auch eine Personenfirma gewählt werden. Eine Sachfirma braucht den Gegenstand nur anzudeuten, nicht vollständig wiederzugeben (Joh. 30 A 146). Der Zusatz „Aktiengesellschaft" muß zugefügt werden, auch wenn gemäß § 122 HGB. ein bestehendes Handelsgeschäft mit dem Firmenrecht erworben wird; er muß in deutscher Sprache ausgeschrieben sein. Erwirbt eine Aktiengesellschaft das Geschäft eines Einzelkaufmannes oder einer offenen Handelsgesellschaft mit der im HR. A eingetragenen Firma, so kann sie weder im HR. A als nunmehriger Inhaber eingetragen werden, noch darf sie die übernommene neben ihrer bisherigen Firma weiterführen. Die Aktiengesellschaft darf eben nur eine einzige Hauptniederlassung haben und für diese nur eine einzige Firma führen (Joh. 20 A 36).

Eine Ausnahme macht Art. 22 EG. z. HGB. für die am 1. Jan. 1900 bereits eingetragenen Aktiengesellschaften; diese brauchen den Zusatz nur aufzunehmen, wenn ihre Firma aus Personennamen zusammengesetzt ist und sich nicht erkennen läßt, daß eine Aktiengesellschaft Inhaberin ist z. B.: „Chemische Fabrik Friedrich Müller"; reine Sachfirmen dagegen, wie „Deutsche Bank", können fortgeführt werden. Im übrigen finden die Allgemeinen Vorschriften Anwendung. Der Sitz kann frei gewählt werden und braucht nicht der Ort der tatsächlichen Geschäftsführung und Verwaltung zu sein. Wird aber der Geschäftsbetrieb an einem anderen Orte ausgeübt, und befindet sich die Geschäftsstelle an einem anderen Orte als dem im Gesellschaftsvertrage als Sitz bestimmten, so muß für diesen anderen Ort eine Zweigniederlassung angemeldet und eingetragen werden, selbst wenn dieser andere Ort sich im Bezirk desselben Registergerichtes befindet, da eine Aktiengesellschaft nur einen Sitz haben kann (Joh. 39 A 117).

Der Sitz muß in Deutschland sein; es muß eine bestimmte Gemeinde sein (RGZ. 59, 108); cfr. auch § 14 a. Ende.

2. Den Gegenstand des Unternehmens: dieser braucht nicht im Betriebe eines Handelsgewerbes zu bestehen (§ 210 HGB.); die Aktiengesellschaft gilt dennoch als Handelsgesellschaft. Der Gegenstand darf aber nur ein gesetzlich zulässiger sein; er muß auch in gewisser Weise individualisiert sein und dem tatsächlich geplanten Unternehmen Rechnung tragen; sonst ist der Vertrag zwar nicht nichtig (RG. 62, 96), die Eintragung kann aber vom Registergericht abgelehnt werden (Joh. 34 A 149; 38 A 16) Die Angabe „Betrieb von Handelsgeschäften aller Art" würde danach nicht genügen (Staub Anm. 18 zu § 182; Brandt S. 219).

3. Die Höhe des **Grundkapitals** und der Aktien. Eine bestimmte Höhe des Grundkapitals ist nicht vorgeschrieben, da aber mindestens fünf Gründer vorhanden sein und die Aktien auf einen Betrag von mindestens 1000 M. — in Ausnahmefällen § 180 Abs. 2, 3 HGB. auf mindestens 200 M. — gestellt sein müssen, so ergibt sich daraus die Mindesthöhe des Grundkapitals von 5000 M. — in Ausnahmefällen von 1000 M. Die Höhe des Grundkapitals ist ausdrücklich anzugeben, es genügt nicht, daß sich die Höhe auf Grund des sonstigen Inhalts des Gesellschaftsvertrages berechnen läßt (Joh. 37 A 148).

4. Die Art der Bestellung und Zusammensetzung des **Vorstandes**; also wer den Vorstand zu bestellen hat, die Generalversammlung oder der Aufsichtsrat oder ein Dritter, ob er aus einer oder mehreren Personen bestehen soll. Nicht erforderlich, aber zulässig ist eine Bestimmung, daß für die Vorstandsmitglieder besondere Eigenschaften (als Aktionäre, Sicherheitsleistung durch Aktienhinterlegung u. dergl.) verlangt werden, daß er in einer besonderen Form zeichnen soll. Mitglieder des Aufsichtsrats können nicht zugleich Mitglieder des Vorstandes oder dauernd Stellvertreter von Vorstandsmitgliedern sein, nur für einen im voraus begrenzten Zeitraum kann der Aufsichtsrat einzelne seiner Mitglieder zu Stellvertretern von behinderten Mitgliedern des Vorstandes bestellen (§ 248 HGB.).

5. Die Form, in der die Berufung der **Generalversammlung** der Aktionäre geschieht, ob durch öffentliche Blätter, eingeschriebenen Brief; nicht notwendig ist eine Bestimmung über die Form der Unterzeichnung und den Vorsitz in der Generalversammlung (Goldmann Ziff. 33 zu § 182 HGB.).

6. Die Form, in der die von der **Gesellschaft** ausgehenden **Bekanntmachungen** erfolgen. Die Regel ist die durch öffentliche Blätter.

Bekanntmachungen, die durch öffentliche Blätter erfolgen sollen — nach Maßgabe des Gesellschaftsvertrages oder des Gesetzes z. B. (§§ 244, 265, 289 Abs. 2, 297 HGB.) — sind in den Deutschen Reichsanzeiger einzurücken, andere Blätter außer diesem müssen mit ihrer Bezeichnung (Namen) im Gesellschaftsvertrage bestimmt werden; „eine in Leipzig erscheinende Zeitung" genügt nicht; diese Bestimmung kann nicht einem anderen Organ der Gesellschaft übertragen werden. Es können auch zweckmäßig gleich im voraus Ersatzblätter für etwa ausfallende Blätter bestimmt werden.

Ergibt sich in einer Beziehung ein Mangel des Gesellschaftsvertrages oder der den Inhalt dieses feststellenden Verhandlung, so darf die Eintragung nicht erfolgen.

B. Neben diesen wesentlichen Punkten **können** einzelne Bestimmungen **fakultativ** durch freie Vereinbarung im Gesellschaftsvertrage geregelt werden, die dann bei der Anmeldung der Eintragung oder Veröffentlichung ebenfalls zu berücksichtigen sind.

Dahin gehören Bestimmungen, daß

1. die Aktien auf den Inhaber oder Namen lauten sollen und daß ihre Umwandlung zulässig ist (§ 183 HGB.). Ist in ersterer Beziehung nichts bestimmt, so sind sie auf Namen zu stellen;
2. die Aktien für einen höheren als den Nennbetrag ausgegeben werden (§ 184 HGB.) (eine Ausgabe unter dem Nennbetrag ist unstatthaft);

3. für einzelne Gattungen von Aktien verschiedene Rechte gewährt werden (§ 185 HGB.);
4. zu gunsten einzelner Aktionäre für ihre Person besondere Vorteile bedungen werden (§ 186 Abs. 1 HGB.);
5. a) von Aktionären Einlagen gemacht werden, die nicht in Barzahlung bestehen, sondern in andern Vermögensgegenständen, Sacheinlagen. Es sind dazu geeignet alle Gegenstände, die übertragbar sind und einen Vermögenswert haben, wie Grundstücke, Forderungen, Rechte, Patente u. dgl.; nicht aber Einrichtungen, die bloß die Hoffnung oder die Möglichkeit gewähren, künftig einmal als Vermögenswert in Betracht zu kommen;
   b) oder daß seitens der zu errichtenden Gesellschaft vorhandene oder herzustellende Anlagen oder sonstige Vermögensstücke gegen Vergütung übernommen werden „Sachübernahme". Es ist hierunter jedes Abkommen über den Erwerb durch die Aktiengesellschaft zu verstehen (§ 186 Abs. 2 HGB.; Joh. 25 A 85).

   Ein derartiges Abkommen, das nicht im Gesellschaftsvertrage festgestellt ist, ist der Gesellschaft gegenüber unwirksam. Eine solche Festsetzung über Sacheinlagen kann auch später bei Abänderung des Gesellschaftsvertrages nicht als erledigt gestrichen werden (Joh. 27 A 25). Die Gründer haben nicht das Recht zunächst als Bargründung zu gründen, um später im Wege der Nachgründung gemäß § 207 HGB. ein Geschäft zu übernehmen (Joh. 33 A 313).

   Im Falle des § 186 Abs. 2 HGB., der sog. qualifizierten Gründung, haben auch alle Gründer den Gründerbericht zu erstatten, eine schriftliche Erklärung über die Angemessenheit der für die eingelegten oder übernommenen Gegenstände gewährten Beträge, unter Angabe der vorausgegangenen Rechtsgeschäfte, der Erwerbs- und Herstellungspreise und der Betriebsergebnisse aus den letzten beiden Geschäftsjahren (§ 191 HGB.). Auch ist eine Prüfung durch besondere Revisoren und Erstattung eines Prüfungsberichts erforderlich (§ 192, § 193 HGB.);
6. an Aktionäre oder andere für die Gründung oder deren Vorbereitung eine Entschädigung oder Belohnung zu Lasten der Gesellschaft gewährt werden soll, der sog. „Gründerlohn", darunter fallen insbesondere Beträge für Reisen, Reklame, Anfertigungen von Zeichnungen, Erwerb von Patenten u. dgl. (§ 186 Abs. 3 HGB.);
7. der Vorstand, abweichend von der allgemeinen Regel der Gesamtvertretung in bestimmter Weise seine Willenserklärung abgeben und für die Gesellschaft zeichnen soll (§ 232 HGB.). Eine derartige abweichende Bestimmung ist dahin möglich, wenn der Vorstand aus mehreren Mitgliedern besteht:
   a) Jedem einzelnen Vorstandsmitgliede soll die selbständige Vertretung der Gesellschaft zustehen.
   b) Einem Mitglied oder einzelnen Mitgliedern soll die selbständige Vertretung der Gesellschaft, anderen aber nur die gemeinschaftliche Vertretung zustehen.
   c) Jedes nicht zur selbständigen Vertretung berechtigte Mitglied soll, sofern nicht mehrere zusammen handeln, in Gemeinschaft mit einem Prokuristen zur Vertretung befugt sein.

Auch kann der Aufsichtsrat ermächtigt werden, einzelnen Mitgliedern des Vorstandes die Befugnis zu erteilen, die Gesellschaft allein oder in Gemeinschaft mit einem Prokuristen zu vertreten.

Ist nur e i n Vorstandsmitglied vorhanden, so darf dessen Vertretungsbefugnis nicht durch die Mitwirkung eines Prokuristen beschränkt werden (Joh. 20 A 30); auch ist die Bestimmung unzulässig, daß bei mehreren Vorstandsmitgliedern jeder nur mit einem Prokuristen zusammen die Aktiengesellschaft vertreten kann (Staub Anm. 17 zu § 232; Goldmann Ziff. 13 Abs. 2 zu § 252 HGB.);

8. auch die Liquidatoren bei Willenserklärungen für die Gesellschaft nicht sämtlich mitzuwirken brauchen (§ 298 Abs. 3 HGB.);
9. die Zeitdauer der Gesellschaft beschränkt ist;
10. der Aufsichtsrat aus einer bestimmten Anzahl Personen bestehen und bei Anwesenheit von mindestens zwei Mitgliedern beschlußfähig sein soll (Joh. 42 A 164);
11. den Aktionären die Verpflichtung zu anderen nicht in Geld bestehenden Leistungen auferlegt wird (§ 212 HGB.; oben § 29).

§ 30.

Errichtung der Aktiengesellschaft.

Simultangründung. Sukzessivgründung.

Von der Feststellung des Gesellschaftsvertrages verschieden ist der Akt der Errichtung der Gesellschaft (Goldmann § 182 HGB.).

I. Die Gesellschaft gilt als errichtet mit Übernahme der Aktien, wenn die Gründer alle Aktien übernehmen, sog. Simultan- oder Einheitsgründung (§ 188 HGB.). Ist dies nicht der Fall, so hat der Errichtung der Gesellschaft die Zeichnung der übrigen Aktien vorherzugehen. „Sukzessiv"- oder „Zeichnungs"-Gründung (§ 189 HGB.), und die Errichtung vollzieht sich nach erfolgter Zeichnung durch einen Beschluß in der Errichtungsgeneralversammlung (§ 196 HGB.). Soweit bei der Einheitsgründung sämtliche Aktien noch nicht bei Feststellung des Gesellschaftsvertrages übernommen sind, kann die Übernahme des Restes der Aktien in einer besonderen gerichtlichen oder notariellen Verhandlung bewirkt werden; in dieser sind die Beträge, welche die einzelnen Gründer noch übernehmen, anzugeben (§ 188 Abs. 2 HGB.).

Bei der Zeichnungsgründung erfolgt die Zeichnung der übrigen, nicht von den Gründern übernommenen Aktien durch eine schriftliche Erklärung, aus der die Beteiligung nach der Anzahl, und falls verschiedene Aktien ausgegeben werden, nach dem Betrag oder der Gattung hervorgehen muß; Zeichnungsschein (§ 189 HGB.). Dieser ist doppelt auszustellen und muß einen bestimmten Inhalt haben, insbesondere auch etwaige Festsetzungen gemäß § 186 HGB. (oben B. 4, 5, 6) enthalten, wenn er nicht nichtig sein soll. Die Nichtigkeit kann unter bestimmten Voraussetzungen geheilt werden (§ 189 HGB.). Die Aufforderung zur Zeichnung ist eine Invitatio ad offerendum, die Zeichnung selber eine Offerte an die Gründer (Cohn S. 263 Anm. 60).

II. Sind sämtliche Aktien übernommen oder gezeichnet, so hat die Wahl des ersten Aufsichtsrats und des ersten Vorstandes zu erfolgen; da diese Organe jede Aktiengesellschaft haben muß.

1. Zur Bestellung des ersten Aufsichtsrats sind bei der Simultangründung die Gründer verpflichtet, die Bestellung kann gleichzeitig mit der Errichtung der Gesellschaft erfolgen oder in einer besonderen gerichtlichen oder notariellen Verhandlung.

Bei der Sukzessivgründung erfolgt die Wahl nach Zeichnung des Grundkapitals durch Beschluß einer Generalversammlung, welche von den Gründern zu diesem Zweck einzuberufen ist; die Berufung und Beschlußfassung erfolgt nach Maßgabe des Gesellschaftsvertrages und der gesetzlichen Vorschriften (§ 197 HGB.). Das Protokoll muß gerichtlich und notariell aufgenommen sein und den in § 259 HGB. vorgeschriebenen Inhalt haben.

2. Die Wahl des ersten Vorstandes erfolgt in derselben Weise; ist aber im Gesellschaftsvertrage bestimmt, daß die Bestellung des Vorstandes in anderer Weise als durch Wahl der Generalversammlung zu geschehen hat (durch Aufsichtsrat oder einen Dritten (§ 29 I A. 4), so ist diese Bestimmung maßgebend.

III. Es erfolgt dann die Einzahlung auf jede Aktie in Höhe von mindestens einem Viertel des Nominalbetrages, und im Falle einer Ausgabe der Aktien für einen höheren als den Nominalbetrag auch des Mehrbetrages (Agio). Die Einzahlung muß durch Barzahlung in deutschem Gelde, in Reichskassenscheinen sowie in gesetzlich zugelassenen Noten deutscher Banken erfolgen (§ 195 Abs. 3 HGB.); unzulässig ist jede andere Art der Zahlung, z. B. durch Überweisung eines Bankkontos.

IV. Schließlich ist eine Prüfung des Gründungsvorganges durch die Mitglieder des Vorstandes und des Aufsichtsrats vorzunehmen. Außerdem hat eine Prüfung durch besondere Revisoren dann stattzufinden, wenn ein Mitglied des Vorstandes oder des Aufsichtsrats zu den Gründern gehört, wenn sich ein Mitglied einen besonderen Vorteil oder einen Gründerlohn (§ 29 B. 4, 6) hat versprechen lassen, oder wenn Sacheinlagen oder Sachübernahmen festgestellt sind (B. 5 a b).

Die Bestellung dieser Revisoren erfolgt auf Antrag des Vorstandes durch die vertretungsberechtigten Organe des Handelsstandes (Handelskammer) in Ermangelung solcher durch das Registergericht gemäß § 145, § 146 R. FrG. Diese Prüfung der Revisoren hat sich auf den ganzen Gründungsvorgang zu erstrecken, auf die Richtigkeit und Vollständigkeit der Angaben hinsichtlich der Zeichnung, Einzahlung des Grundkapitals, der Festsetzungen aus § 186, der Gründererklärung, besonders darauf, ob bezüglich der Angemessenheit der für die eingelegten oder übernommenen Gegenstände gewährten Beträge Bedenken obwalten. Es ist ein schriftlicher Bericht zu erstatten und ein Exemplar davon den Organen des Handelsstandes einzureichen.

Bei Meinungsverschiedenheiten zwischen den Revisoren und den Gründern über den Umfang der von den Gründern zu gewährenden Aufklärungen und Nachweise entscheidet endgültig die Stelle, von der die Revisoren ernannt sind.

§ 31.

Anmeldung.

Nach Abschluß des Gründungsvorganges kann die **Anmeldung** erfolgen. Ein Zwang zur Herbeiführung der Anmeldung besteht nicht (§ 319 Abs. 2 HGB.); ohne Anmeldung kann die Eintragung nicht erfolgen.

Die Anmeldung erfolgt bei dem Gericht, in dessen Bezirk die Aktiengesellschaft nach Bestimmung des Gesellschaftsvertrages ihren Sitz hat, und ist von sämtlichen Gründern und Mitgliedern des Vorstandes und des Aufsichtsrats zu bewirken.

Als Gründer gelten nach § 187 HGB. die Aktionäre, welche den Gesellschaftsvertrag festgestellt haben, oder andere als durch Barzahlung zu leistende Einnahmen machen. Stellvertretung ist hierbei nicht zulässig, wegen § 246 Abs. 4 HGB., und weil in der Anmeldung noch die Erklärung abzugeben ist, daß auf jede Aktie, soweit nicht andere als durch Barzahlung zu leistende Einnahmen bedungen sind, der eingeforderte Betrag bar eingezahlt und im Besitze des Vorstandes ist (Joh. 28 A 228). Diese Erklärung bezieht sich nicht auf die Sacheinlagen (Goldmann Ziff. 30 zu § 195; Staub Anm. 20 zu § 195 HGB.). Wissentlich falsche Angaben sind unter Strafe gestellt (§ 313 Ziff. 1 HGB.). Die Mitglieder des Vorstandes — nur diese — haben ihre Namensunterschrift zur Aufbewahrung bei Gericht zu zeichnen. Die Form der Anmeldung und Zeichnung unterliegt den allgemeinen Regeln (s. oben § 7).

Der Anmeldung sind beizufügen:

1. Der Gesellschaftsvertrag, die Verhandlung über Feststellung des Gesellschaftsvertrages (§ 182 Abs. 1) und die Nachtragsverhandlung über Übernahme des Restes der Aktien bei der Simultangründung (§ 188 Abs. 2).
2. Im Falle des § 186 HGB. die Verträge über Sondervorteile einzelner Aktionäre, die Einlegungs- und Übernahmeverträge, die Verträge über Gewährung eines Gründerlohns, der Gründerbericht (§ 191 HGB.) und eine Berechnung des der Gesellschaft zur Last fallenden Gründungsaufwandes, in der die Vergütungen nach Art und Höhe und die Empfänger einzeln aufzuführen sind.
3. Im Falle der Sukzessivgründung: die Duplikate der Zeichnungsscheine und ein von den Gründern unterschriebenes Verzeichnis aller Aktionäre, das die auf jeden entfallenden Aktien sowie die auf diese geschehenen Einzahlungen angibt.
4. Die Urkunden über die Bestellung des Vorstandes und des Aufsichtsrats, also gemäß § 190 HGB. die gerichtliche oder notarielle Verhandlung, oder das Protokoll über die Generalversammlung nebst Belägen über deren ordnungsmäßige Berufung.
5. Die Prüfungsberichte der Mitglieder des Vorstandes und des Aufsichtsrats und der Revisoren gemäß § 193 HGB. nebst ihren urkundlichen Grundlagen (Gutachten, Taxen) und ev. die Bescheinigung, daß der Prüfungsbericht der Revisoren bei dem zur Vertretung des Handelsstandes berufenen Organ eingereicht ist.
6. Die Genehmigungsurkunde, wenn der Gegenstand des Unternehmens — nicht einzelner Anlagen — der staatlichen Genehmigung bedarf, wie bei dem Betrieb von Eisenbahnen, der Ausgabe von Banknoten, dem Versicherungsgeschäft, dem Betrieb von Schauspielunternehmungen und bei der Ausgabe von Kleinaktien gemäß § 180 Abs. 2 HGB.

Andererseits genügt eine Bescheinigung der zuständigen Verwaltungsbehörde, daß das Unternehmen keiner Konzession bedarf (Goldmann Ziff. 20 zu § 195; Cohn S. 274; Staub Anm. 14 zu § 195).

§ 32.

Prüfung, konstituierende Generalversammlung.

Die Anmeldung und der Gesamtbegründungsvorgang ist vom Registergericht zu prüfen. Hinsichtlich der Prüfungspflicht gilt im allgemeinen das im § 9 Gesagte. Hervorzuheben ist: Es sind stets die formellen Voraussetzungen zu prüfen und diese Prüfung hat sich auch auf die Gesetzlichkeit der der Anmeldung beigefügten Urkunden zu erstrecken (Joh. 31 A 158). Also namentlich, ob alle zur Anmeldung Verpflichtete dabei mitgewirkt haben und ob sie dazu legitimiert sind, ob die vorgeschriebenen Erklärungen abgegeben sind — nicht auch, ob sie der Wahrheit entsprechen —, ob die erforderlichen Urkunden sämtlich beigefügt sind und ob sie ihrem Inhalt nach den gesetzlichen Vorschriften entsprechen, ob der Gesellschaftsvertrag die wesentlichen notwendigen Bestimmungen enthält und ob seine sonstigen fakultativen Bestimmungen nicht dem Gesetz zuwider lauten, ob z. B. etwa ausbedungene Bauzinsen auch in bestimmter Höhe und bis zu einem bestimmten Zeitpunkt festgesetzt sind (§ 215 HGB.), ob die Berufung der Generalversammlung gemäß § 255 HGB. geordnet ist, ob für Vorlegung der Bilanz, der Gewinn- und Verlustrechnung und des Geschäftsberichts keine längere Frist als sechs Monate bestimmt ist (§ 260 Abs. 2 HGB.), ob die Regelung der Vertretungsbefugnis der Vorstandsmitglieder nicht gegen § 232 HGB. verstößt, ob die übrigen Urkunden, Gründerbericht, Prüfungsbericht, Beschluß der Generalversammlung über Bestellung des Vorstandes und des Aufsichtsrats ordnungsmäßig zustande gekommen sind, namentlich auch, ob die Generalversammlung nach § 190 HGB. ordnungsmäßig einberufen war (Joh. 31 A 158), ob alle Aktien übernommen oder gezeichnet sind, ob die Zeichnungsscheine den in § 189 HGB. vorgeschriebenen Inhalt haben und keine unzulässigen Beschränkungen enthalten und mit dem Aktionärverzeichnis übereinstimmen.

Ergeben sich bei der Prüfung Mängel, so hat der Richter, wenn sie heilbar sind, die Beteiligten zur Beseitigung dieser aufzufordern.

Vor Beseitigung braucht er auch die bei der Sukzessivgründung — nur bei dieser — noch erforderliche konstituierende Generalversammlung nicht einzuberufen (Joh. 31 A 158). Sind Mängel nicht oder nicht mehr vorhanden, so hat die Errichtungsversammlung bei der Sukzessivgründung der Eintragung vorauszugehen.

Die Berufung erfolgt durch den Richter an die im Verzeichnis aufgeführten Aktionäre nach den Vorschriften, die für die Gesellschaft nach der Eintragung maßgebend sind (§ 197), also in den in dem Gesellschaftsvertrage bestimmten Blättern unter Innehaltung der Frist, wie es im Gesellschaftsvertrage und Gesetz — § 255 HGB. — vorgeschrieben ist. Die Versammlung findet unter Leitung des Gerichts statt. Vorstand und Aufsichtsrat haben sich über die Ergebnisse der Prüfung zu erklären. Jedes Mitglied des Vorstandes und des Aufsichtsrats kann bis zur Beschlußfassung die Unterzeichnung der Anmeldung zurückziehen, dann wird die Verhandlung gegenstandslos. Ein der Errichtung der Gesellschaft zustimmender Beschluß setzt voraus: einmal die einfache Stimmenmehrheit der abgegebenen Stimmen, berechnet nach den Aktienbeträgen, dann, daß die zustimmende Mehrheit mindestens ein Viertel aller im Verzeichnis aufgeführten Aktionäre, nach der Kopfzahl berechnet, umfaßt, ferner, daß der Betrag der Anteile der zustimmenden Mehrheit mindestens ein Viertel des gesamten Grundkapitals ausmacht und endlich, daß bei den Voraussetzungen des § 186 (Sondervorteile einzelner Aktionäre, Sacheinlage, Sachübernahme, Gründerlohn) die Mehrheit der von den anderen Aktionären abgegebenen Stimmen sich nicht gegen die Errichtung erklärt. Fehlt eine dieser Voraussetzungen, gilt die Errichtung als abgelehnt.

Zur Beschlußfassung über Abänderung gewisser Bestimmungen des Gesellschaftsvertrages ist nach § 196 Abs. 5 HGB. die Zustimmung aller erschienenen Aktionäre erforderlich. Für Abfassung des Protokolls sind die Vorschriften des § 259 HGB. zu beachten. Die Zuziehung eines Protokollführers ist nicht notwendig, aber statthaft (Art. 2 Abs. 2 Pr. FrG.).

§ 33.

Eintragung.

Ist die Aktiengesellschaft errichtet, so besteht sie doch als solche nicht vor der Eintragung in das Handelsregister des Sitzes der Gesellschaft. Vorher ist sie ein nicht rechtsfähiger Verein im Sinne des § 54 BGB. (Goldmann Ziff. 2 zu § 200 HGB.).

Bei der Eintragung sind anzugeben:

in Sp. 2: die Firma und der Sitz,

„ „ 3: der Gegenstand des Unternehmens, wie ihn der Gesellschaftsvertrag bestimmt,

„ „ 4: die Höhe des Grundkapitals,

„ „ 5: die Mitglieder des Vorstandes nach Namen, Vornamen, Stand und Wohnort. Unter Stand ist der Beruf zu verstehen, selbst beigelegte Titel, wie „Generaldirektor", „Direktor", sind nicht einzutragen (Joh. 20 A 269). Stellvertreter der Vorstandsmitglieder sind ebenfalls einzutragen und als solche zu bezeichnen (§ 242 HGB., § 32 AV. vom 7. Nov. 1899; Joh. 25 A 194),

„ „ 6: eine etwaige Prokura,

„ „ 7: die Bezeichnung als „Aktiengesellschaft", der Tag der Feststellung des Gesellschaftsvertrages;

etwaige Bestimmungen über die Zeitdauer der Gesellschaft, und über die Befugnis der Mitglieder des Vorstandes und auch der Liquidatoren zur Vertretung der Gesellschaft, soweit sie von den gesetzlichen Vorschriften abweichen, z. B.:

Die Gesellschaft wird vertreten, wenn der Vorstand aus mehreren Personen besteht:

a) von demjenigen Vorstandsmitgliede selbständig, das hierzu ermächtigt ist oder

b) gemeinschaftlich von zwei Vorstandsmitgliedern oder von einem Vorstandsmitgliede und einem Prokuristen.

Das Vorstandsmitglied Johannes Möller ist zur selbständigen Vertretung der Gesellschaft ermächtigt oder: je zwei der Liquidatoren sind gemeinschaftlich zur Vertretung der Gesellschaft ermächtigt.

Es darf aber nicht eingetragen werden, daß die Vertretungsbefugnis des Vorstandes beschränkt ist etwa auf gewisse Geschäfte, für eine gewisse Zeit, für bestimmte Orte; denn eine solche Beschränkung ist Dritten gegenüber unwirksam (§ 235 HGB.). Nicht einzutragen ist auch eine Bestimmung: „Die Gesellschaft wird vertreten, wenn der Vorstand aus einer Person besteht, durch diese, oder überhaupt durch zwei Prokuristen", weil ersteres gesetzlich ist (§ 231 HGB.) und die Zuständigkeit der Prokuristen allein ohne Mitwirkung von Vorstandsmitgliedern in Sp. 6 gehört.

Ein Hinweis auf die Stelle der Registerakten, wo sich der Gesellschaftsvertrag befindet, in Sp. 10, ist bei der ersten Eintragung nicht erforderlich (vgl. das Muster der Verf. vom 7. Nov. 1899).

Werden einzelne Punkte versehentlich nicht eingetragen, so ist die Gesellschaft trotzdem noch nicht nichtig, sondern die fehlenden Punkte sind nachzuholen (Goldmann Ziff. 6, 7 zu § 198; Cohn S. 285).

§ 34.

Bekanntmachung.

Die Bekanntmachung ist umfangreicher als die Eintragung, denn es sind nach § 199 HGB. außer dem Inhalt der Eintragung und dem Tage der Eintragung (§ 130 R. FrG.) noch zu veröffentlichen:

1. Die Höhe der einzelnen Aktien.
2. Die Art der Bestellung und Zusammensetzung des Vorstandes.
3. Die Form, in der die Berufung der Generalversammlung der Aktionäre geschieht.
4. Die Form, in der die von der Gesellschaft ausgehenden Bekanntmachungen erfolgen.
5. Die Gesellschaftsblätter.
6. Eine etwaige Bestimmung über die Art der Aktien und über Umwandlung der Aktien auf Verlangen des Aktionärs.
7. Etwaige Vorzugsrechte für einzelne Gattungen von Aktien.
8. Etwaige Sondervorteile zugunsten einzelner Aktionäre.
9. Etwaige Sacheinlagen und Sachübernahmen unter Angabe des Gegenstandes, der Person und des Betrages der zu gewährenden Aktien oder Vergütung gemäß § 186 Abs. 2 HGB.
10. Etwaige Festsetzung eines Gründerlohns.
11. Der Betrag, zu dem die Aktien ausgegeben werden.
12. Name, Stand und Wohnort der Gründer, und die Angabe, ob sie sämtliche Aktien übernommen haben.
13. Name, Stand und Wohnort der Mitglieder des ersten Aufsichtsrats.

Zugleich ist bekannt zu machen, daß von den mit der Anmeldung der Gesellschaft eingereichten Schriftstücken, insbesondere von dem Prüfungsberichte des Vorstandes, des Aufsichtsrats und der Revisoren bei dem Gericht Einsicht genommen werden kann, und wenn die Revisoren durch das für die Vertretung des Handelsstandes bestimmte Organ bestellt sind, von dem Prüfungsbericht der Revisoren auch bei diesem Organ.

Die Bekanntmachung würde etwa dahin zu fassen sein:

In unser Handelsregister Abteilung B. ist heute eingetragen worden: Unter Nr. 12 680: Schaeffer-Pischon Aktiengesellschaft mit dem Sitze zu Berlin. Gegenstand des Unternehmens: Erwerb und Fortbetrieb der von den Firmen Carl Schaeffer in Barmen und C. H. Pischon Nachf. in Berlin betriebenen Fabriken zur Herstellung von Druckknöpfen aller Art sowie Betrieb sonstiger industrieller Unternehmungen und Beteiligung an solchen. Grundkapital: 1 500 000 Mark. Aktiengesellschaft. Der Gesellschaftsvertrag ist am 24. Juni 1913 festgestellt, am 11. Juli 1913 geändert. Nach ihm wird die Gesellschaft vertreten, wenn der Vorstand aus mehreren Personen besteht, a) von demjenigen Vorstandsmitgliede selbständig, das hierzu ermächtigt ist, oder b) gemeinschaftlich von zwei Vorstandsmitgliedern oder von einem Vorstandsmitgliede und einem Prokuristen. Zu Vorstandsmitgliedern sind ernannt der Fabrikant Friedrich Humburg in Barmen und der Fabrikant Erich Quincke in Berlin. Ein jeder derselben ist ermächtigt, selbständig die Gesellschaft zu vertreten. Prokuristen: 1. Emil Brück in Barmen, 2. Rudolf Küpper in Barmen, 3. August Prahlow in Berlin, 4. Luise Scheffler in Berlin, 5. Paul Grundmann in Berlin. Es sind ermächtigt, Brück und Küpper nur in Gemeinschaft miteinander, Prahlow, Scheffler und Grundmann je zu zweien gemeinschaftlich die Gesellschaft zu vertreten. Als nicht einzutragen wird veröffentlicht: Das Grundkapital zerfällt in 1500 Stück je auf den Inhaber und über 1000 Mark lautende Aktien, die zum Kurse von 110 vom Hundert ausgegeben werden. Diese Aktien dürfen in der Zeit bis 1. Juli 1917 nicht ohne Zustimmung aller Beteiligten veräußert werden zur Vermeidung einer Vertragsstrafe zugunsten der Gesellschaft von 5000 Mark für jede der Vereinbarung zuwider veräußerte Aktie. Der Vorstand besteht aus einer oder aus mehreren Personen; angestellt werden sie durch einen von dem Aufsichtsrate abzuschließenden Vertrag, der jederzeit widerruflich ist. Bestellung und Widerruf durch den Aufsichtsrat erfordern notarielles Protokoll. Hierzu ist die Zustimmung von mindestens 3 Mitgliedern des Aufsichtsrates erforderlich. Der Aufsichtsrat kann für Fälle des Bedürfnisses Stellvertreter der Vorstandsmitglieder ernennen und, wenn der Vorstand aus mehreren Personen besteht, einzelnen von ihnen die Befugnis erteilen, die Gesellschaft allein zu vertreten. Alle von der Gesellschaft ausgehenden Bekanntmachungen werden in dem Deutschen Reichsanzeiger veröffentlicht, je einmal, sofern nicht Gesetz, Satzung oder ein Generalversammlungsbeschluß eine Wiederholung anordnet: die des Aufsichtsrates tragen zu der Firma der Gesellschaft die Bezeichnung „Der Aufsichtsrat" und die Unterschrift des Vorsitzenden des Aufsichtsrates oder seines Stellvertreters hinzugefügt. Die Generalversammlung der Aktionäre wird durch öffentliche Bekanntmachung in dem Deutschen Reichsanzeiger einberufen, die außerordentliche von dem Vorstand oder dem Aufsichtsrat. So lange ein Veräußerungsverbot der Aktien besteht, kann die Generalversammlung einberufen und die Tagesordnung angekündigt werden auch durch eingeschriebene Briefe. Die Gründer der Gesellschaft, die sämtliche Aktien übernommen haben, sind: 1. Fabrikant Friedrich Humburg in Barmen, Inhaber der Firma Carl Schaeffer in Barmen, 2. Fabrikant Hans Eberhardt zu Charlottenburg, vertretungsberechtigter Teilhaber der offenen Handelsgesellschaft C. H. Pischon Nachf. zu Berlin, 3. Fabrikant Erich Quincke zu Berlin, vertretungsberechtigter Teilhaber derselben offenen Handelsgesellschaft, 4. Fabrikant Ernst Niepmann zu Elberfeld, 5. Rechtsanwalt Dr. jur. Richard Frowein zu Elberfeld. Von den Gründern bringen auf das Grundkapital in die neue Gesellschaft ein, wie diese übernimmt, nach näherer Maßgabe des Gesellschaftsvertrages: 1. Friedrich Humburg das ganze Vermögen des Geschäftes unter der Firma Carl Schaeffer zu Barmen mit dem Firmenrecht und mit allen Aktiven und Passiven nach Maßgabe der Aufzeichnung in Anlage I des Gesellschaftsvertrages vom 1. Mai 1913, 2. Hans Eberhardt das ganze Vermögen der offenen Handelsgesellschaft C. H. Pischon Nachf. zu Berlin mit dem Firmenrechte und mit den Aktiven und Passiven nach Maßgabe der Aufzeichnung in Anlage II des Gesellschaftsvertrages vom 1. Mai 1913. Eingebracht wird zu den Werten in Anlage I und II; die eingebrachten Geschäfte gelten als vom 1. Mai 1913 für Rechnung der Aktiengesellschaft geführt. Die Einbringenden und der Mitbegründer Erich Quincke, insoweit sein Geschäft in Frage kommt, stehen dafür ein, daß weitere Verbindlichkeiten als die aufgeführten nicht bestehen, und gewährleisten den Eingang der am angeführten Orte aufgeführten Geschäftsforderungen. Im einzelnen werden eingebracht:

— —

Als Entgelt für die Sacheinlage erhält Friedrich Humburg 750 Stück, Hans Eberhardt 747 Stück für vollgezahlt erachtete Aktien, indem Humburg noch erhält 16 962,54 Mark bar, Eberhardt hinzuzahlen hat 83 972,42 Mark. Den ersten Aufsichtsrat bilden die unter den Gründern benannten Hans Eberhardt, Dr. Richard Frowein und Ernst Niepmann, Eberhardt als Vorsitzender, Dr. Frowein als stellvertretender Vorsitzender. Die gesamten mit der Gründung verbundenen Kosten, einschließlich der Stempel und Steuer, sind von der neuen Gesellschaft aus den Erträgnissen des ersten Geschäftsjahres zu bestreiten. Von den mit der Anmeldung eingereichten Schriftstücken kann bei dem unterzeichneten Gerichte Einsicht genommen werden.

§ 35.

Zweigniederlassung.

Für Anmeldung, Eintragung und Bekanntmachung einer Zweigniederlassung sind in § 201 HGB. besondere Vorschriften gegeben.

Was unter einer Zweigniederlassung zu verstehen und wann eine solche als vorhanden anzunehmen ist, darüber siehe oben § 15 und Joh. 27 A 210. Ist die Aktiengesellschaft selber schon eingetragen, so kann die Eintragung der Zweigniederlassung von dem für letztere zuständigen Registergericht durch Ordnungsstrafen erzwungen werden.

Der Beschluß, eine Zweigniederlassung zu errichten, kann — falls der Gesellschaftsvertrag nicht entgegensteht — von der Generalversammlung oder vom Vorstande gefaßt werden, eine Satzungsänderung liegt darin nicht. Häufig wird ein solcher Beschluß des Vorstandes von der Zustimmung des Aufsichtsrats abhängig gemacht.

Die Firma der Aktiengesellschaft ist auch die Firma der Zweigniederlassung, da die Aktiengesellschaft nur einen Sitz und eine Firma haben kann. Für die Zweigniederlassung kann der Firma aber ein Zusatz gegeben werden, der ersichtlich macht, daß es sich um eine Zweigniederlassung handelt und daß diese aus einem von der Aktiengesellschaft erworbenen Geschäfte herrührt, z. B. Filiale Bromberg, vormals H. H. (Joh. 32 A 301; 44 A 339).

Ein Zusatz muß beigefügt werden, wenn an dem Orte der Zweigniederlassung bereits eine gleiche eingetragene Firma besteht (§ 30 Abs. 3 HGB.).

Ein besonderer Vorstand für die Zweigniederlassung kann nicht bestellt werden (Joh. 20 A 69), wohl aber ein Prokurist unter der Voraussetzung des § 50 Abs. 3 HGB., daß die Firmen verschieden sind.

Die Anmeldung erfolgt bei dem Gericht der Zweigniederlassung und ist durch sämtliche Vorstandsmitglieder zu bewirken, diese haben nachzuweisen, daß sie Vorstandsmitglieder sind, und daß die Aktiengesellschaft selber schon im Register ihres Sitzes eingetragen ist, am einfachsten durch eine beglaubigte Abschrift der Registereintragung.

Beizufügen ist nur der Gesellschaftsvertrag in Urschrift oder in öffentlich beglaubigter Abschrift, und zwar in seiner jetzigen Fassung, also die Urkunden, aus denen der jetzt geltende Gesellschaftsvertrag sich zusammensetzt (Joh. 26 A 225). Ein gedrucktes Exemplar der Satzung in geltender Gestalt mit Bescheinigung des Gerichts der Hauptniederlassung, daß es die jetzt geltende Satzung enthält, genügt auch.

Die Eintragung enthält dieselben Angaben wie bei der Hauptniederlassung gemäß § 198 HGB.

Die Veröffentlichung hat außer dem Inhalt der Eintragung noch zu enthalten die im § 182 Abs. 2, 3, § 183, § 185 bezeichneten Festsetzungen; es sind dies die vorstehend § 34, 1—7 bezeichneten.

Nur für den Fall, daß die Eintragung der Zweigniederlassung innerhalb der ersten zwei Jahre erfolgt, nachdem die Gesellschaft in das Handelsregister ihres Sitzes eingetragen ist, sind alle im § 199 HGB. bezeichneten Angaben zu veröffentlichen (oben

§ 34 unter 8 bis zum Schluß); in diesem Falle ist der Anmeldung auch ein Exemplar der für den Sitz der Gesellschaft ergangenen gerichtlichen Bekanntmachung beizufügen, z. B. die Bekanntmachung im Deutschen Reichsanzeiger. Die Eintragung wird beim Gericht der Hauptniederlassung vermerkt auf Grund der vom Gericht der Zweigniederlassung zu machenden Mitteilung von der Eintragung der Zweigniederlassung (§ 131 R. FrG.).

Auch für ausländische Aktiengesellschaften, d. h. solche, die ihren Sitz im Auslande haben, können Zweigniederlassungen eingetragen werden. Ob eine Gesellschaft eine Aktiengesellschaft ist, entscheidet sich nach dem Rechte des Heimatsstaates, erfüllt sein müssen aber mindestens die Vorschriften des § 178 HGB. (Zerlegung des Grundkapitals in Aktien) und des § 210 HGB. (Fähigkeit unter ihren Namen Rechte und Pflichten zu erwerben usw.); auch ein Vorstand muß vorhanden sein, ein Aufsichtsrat kann fehlen.

Wer als Vorstand anzusehen ist, muß nach dem Recht des Staats der Hauptniederlassung unter Anwendung des § 231 HGB. beurteilt werden, wer also berechtigt ist, die Gesellschaft zu vertreten und für sie zu zeichnen. Die inländische Niederlassung ist selbst dann eine Zweigniederlassung, wenn der Geschäftsbetrieb der Gesellschaft ausschließlich in dieser vor sich geht (Joh. 35 A 354). Die Anmeldung ist auch hier Sache der Vorstandsmitglieder (persönlich). Diese ist in Preußen für jede nicht deutsche Aktiengesellschaft vorgeschrieben. Ein inländischer Bevollmächtigter der Gesellschaft kann dazu nicht gezwungen werden; Vertretung durch Bevollmächtigte ist zulässig.

Bei der Anmeldung ist das Bestehen der Aktiengesellschaft und eine etwa erforderliche staatliche Genehmigung für den Betrieb im Inlande nachzuweisen. Diese ist in Preußen für jede nicht deutsche Aktiengesellschaft vorgeschrieben. Die Angaben, die veröffentlicht werden müssen, sind in die Anmeldung aufzunehmen, müssen aber auch im Gesellschaftsvertrage enthalten sein (Joh. 26 A 65).

§ 36.

Abänderung des Gesellschaftsvertrages.

Die Rechte der Aktionäre in den Angelegenheiten der Gesellschaft werden durch Beschlußfassung in der Generalversammlung ausgeübt (§ 250 HGB.).

Jeder Beschluß der Generalversammlung bedarf zu seiner Gültigkeit der Beurkundung durch ein über die Verhandlung gerichtlich oder notariell aufgenommenes Protokoll mit im § 259 HGB. genau und erschöpfend vorgeschriebenem Inhalt. Darüber hinausgehende Vorschriften im Gesellschaftsvertrage sind belanglos. Eine öffentlich beglaubigte Abschrift des Protokolls ist unverzüglich nach der Generalversammlung vom Vorstande zum Handelsregister — auch der Zweigniederlassung — einzureichen, und zwar nebst den notwendigen Anlagen (Joh. 34 A 142). Enthält das Protokoll Beschlüsse, die der Eintragung bedürfen, so sind diese noch besonders zur Eintragung anzumelden.

Für die Eintragung sind die dem Registergericht eingereichten Urkunden maßgebend. Diese sind daher daraufhin zu prüfen, ob sie nach Gesetz und Gesellschaftsvertrag die verlangte Eintragung rechtfertigen.

Liegt überhaupt ein Beschluß der Generalversammlung nicht vor, oder ist der Beschluß nichtig, so darf die Eintragung nicht erfolgen; ist der Beschluß bloß anfechtbar, so ist im allgemeinen den Beteiligten die Beseitigung des Mangels durch Anfechtungsklage innerhalb eines Monats gemäß § 271 HGB. zu überlassen, und die Eintragung kann erfolgen, falls kein öffentliches Interesse dagegen spricht (Joh. 34 A 136; 35 A 166). Auch Aussetzung gemäß § 127 R. FrG. ist zulässig. Ist ein Beschluß durch rechtskräftiges Urteil für nichtig erklärt, so ist dieses vom Vorstand unverzüglich zum Handelsregister einzureichen, damit entweder die Eintragung nicht erfolgt, oder wenn sie schon erfolgt war, auch das Urteil eingetragen und dessen Eintragung bekannt gemacht wird (§ 273 HGB.). Auf alle Fälle darf der Inhalt des Beschlusses nicht gegen das Gesetz oder die guten Sitten verstoßen, und müssen die Beurkundungsvorschriften des § 259 HGB. beachtet sein, insbesondere die Beläge über die ordnungsmäßige Berufung beigefügt oder ihrem Inhalt nach im Protokolle aufgeführt sein (Joh. 32 A 149).

Die Generalversammlung muß auch ordnungsmäßig berufen sein durch den Vorstand, den Aufsichtsrat, die Liquidatoren, die im Gesellschaftsvertrag oder im Gesetz bestimmten Personen (§§ 253, 246, 298 HGB.). Aktionäre, deren Anteile zusammen den 20. Teil des Grundkapitals erreichen, können die Berufung schriftlich unter Angabe des Zweckes und der Gründe vom Vorstande ev. dem Aufsichtsrate verlangen; wird dem Verlangen weder durch den Vorstand noch durch den Aufsichtsrat entsprochen, so kann der Registerrichter der Hauptniederlassung sie zur Berufung ermächtigen (§ 254 HGB.). Die Verpflichtung des Aufsichtsrats, eine Generalversammlung zu berufen, wenn dies im Interesse der Gesellschaft erforderlich ist, kann aber vom Registergericht im Ordnungsstrafverfahren nicht erzwungen werden (Joh. 42 A 167).

Die formellen und materiellen Voraussetzungen sind aber vorher unter Würdigung der Verhältnisse zu prüfen (Joh. 32 A 140). Bei der Einberufung muß dann auf die Ermächtigung Bezug genommen werden.

Die Berufung muß in der im Gesellschaftsvertrag bestimmten Weise erfolgen und unter Wahrung der vertraglich und gesetzlich (§ 255 HGB.) festgesetzten Frist. Die Innehaltung der Frist liegt im öffentlichen und im Interesse der Beteiligten und ist durch den Richter vom Amts wegen zu prüfen (Joh. 31 A 159). Ihre Verletzung schafft nur Anfechtbarkeit, keine Nichtigkeit.

Der Zweck der Generalversammlung *soll* bei der Berufung bekannt gemacht werden, und die beabsichtigte Änderung des Gesellschaftsvertrages *soll* ihrem wesentlichen Inhalte nach erkennbar gemacht werden.

Die Außerachtlassung dieser Ordnungsvorschrift läßt die Anfechtung aus § 271 HGB. zu (Joh. 34 A 136). Ein ordnungsmäßiger Beschluß liegt auch nur dann vor, wenn die erforderliche Mehrheit ihm zugestimmt hat. Sonst ist er nichtig (Staub Anm. 20 zu § 273 HGB.; Joh. 37 A 155). Dies ist vom Registerrichter zu prüfen (Joh. 34 A 198); anders das RG. 75 S. 239, welches einen solchen Beschluß nur für anfechtbar erklärt. Streitig ist, ob ein Aktionär mitstimmen darf, wenn es sich um seine Anstellung oder Abberufung als Mitglied des Vorstandes oder des Aufsichtsrats handelt. Die überwiegende Mehrheit neigt jetzt der Bejahung zu (Staub Anm. 26 zu § 252 HGB.; RG. 81 S. 37; RG. vom 15. Febr. 1911 in DJZ. S. 707). Im übrigen ist über die Ausübung des Stimmrechts zu vergleichen § 252 HGB. Die Ausübung des Stimmrechts darf nicht beschränkt, und mehr als schriftliche Vollmacht darf nicht verlangt werden (Goldmann Anm. 6 zu § 252; DJZ. 1905 S. 1053; Cohn S. 321 Anm. 99). Frauen darf die persönliche Ausübung des Stimmrechts nicht untersagt werden. In der Regel genügt einfache Majorität (§ 251); für Änderung des Gesellschaftsvertrages ist mindestens drei Viertel Mehrheit erforderlich, doch kann der Gesellschaftsvertrag darunter bis zur einfachen Majorität herabgehen (§ 275). Für wichtige Beschlüsse muß mindestens drei Viertel Mehrheit erreicht sein und es können nur schwerere Bedingungen im Gesellschaftsvertrage festgesetzt werden. So bei Abänderung des Gegenstandes des Unternehmens, bei Herabsetzung des Grundkapitals, Auflösung der Gesellschaft (§§ 275, 288, 292 HGB.).

Zumeist werden die Beschlüsse eine Abänderung des Gesellschaftsvertrages betreffen. Eine solche kann nur durch die Generalversammlung beschlossen werden. Die Vornahme von Änderungen, die nur die Fassung betreffen, kann durch Beschluß der Generalversammlung auch dem Aufsichtsrat übertragen werden (§ 274 HGB.). Die Abänderung ist zur Eintragung anzumelden und zwar durch den „Vorstand", d. h. in der Zusammensetzung, in welcher er auch sonst nach § 232 HGB. seine Willenserklärung abzugeben hat; ist er nicht vollständig, so muß vorher eine Ergänzung erfolgen, ein Ersatz durch Prokuristen findet nicht statt (Joh. 37 A 320). Für einzelne Fälle sind besondere Erfordernisse aufgestellt; so bei der Kapitalserhöhung und Kapitalsherabsetzung (§§ 280, 289 HGB.). Ein Zwang zur Anmeldung beim Register der Hauptniederlassung findet nicht statt (§ 319 Abs. 2 HGB.). Die Abänderung hat aber keine Wirkung, bevor sie in das Handelsregister der Hauptniederlassung eingetragen ist (§ 277 Abs. 3). Es ist aber zulässig, schon vor Eintragung eines Beschlusses auf Erhöhung der Zahl der Aufsichtsratsmitglieder die Zuwahl vorzunehmen, die nach Eintragung des Beschlusses in Kraft tritt (Joh. 28 A 216).

Die Abänderung kann sowohl die eingetragenen Punkte des Gesellschaftsvertrages betreffen, wie die nichteingetragenen. Hinsichtlich der einzelnen Änderungen ist zu bemerken:

1. Wird die Firma geändert, so muß die neue Firma nach ihrer Zulässigkeit ebenso geprüft werden wie die alte.

2. Der Sitz kann innerhalb desselben Registerbezirks oder in einen anderen Registerbezirk verlegt werden, nicht aber in das Ausland, denn das würde die Auflösung der Gesellschaft zur Folge haben. Die Sitzverlegung muß zunächst beim bisherigen Registergericht angemeldet und eingetragen werden (Joh. 21 A 265), wo auch der Beschluß über die Sitzverlegung zu prüfen ist. Die Eintragung erfolgt in Sp. 2 wie beim HR. A. Bei dem neuen Registergericht ist eine Anmeldung der Gesellschaft erforderlich, es ist der Gesellschaftsvertrag vorzulegen und der Nachweis der Eintragung der Gesellschaft und der Sitzverlegung nebst den übrigen Eintragungen beim bisherigen Registergericht. Auch die neue Zeichnung hält Staub für erforderlich (Staub Anm. 17 zu § 182). Vgl. auch Cohn S. 251; a. M. Goldmann Ziff. 7 zu § 277. In Joh. 21 A 269 ist für Genossenschaften eine förmliche Anwendung nicht für erforderlich, sondern ein „Antrag" auf Übernahme für ausreichend erachtet.

3. Bei einer Änderung des Gegenstandes muß der neue Gegenstand des Unternehmens gesetzlich zulässig und ebenfalls ein bestimmter sein, unterliegt er der staatlichen Genehmigung, so ist die Genehmigungsurkunde beizubringen. Doch ist dies nicht unbestritten (vgl. DJZ. 1910 S. 1415, 1911 S. 312).

4. Das Grundkapital kann erhöht oder herabgesetzt werden.

Eine Erhöhung durch Ausgabe neuer Aktien soll nicht vor der vollen Einzahlung des bisherigen Kapitals erfolgen. Für Versicherungsgesellschaften kann im Gesellschaftsvertrage etwas anderes bestimmt werden (§ 278 HGB.). Der Beschluß bedarf einer Mehrheit von mindestens drei Viertel des bei der Beschlußfassung vertretenen Grundkapitals und beim Vorhandensein mehrerer Gattungen von Aktien mit verschiedener Berechtigung einer gesonderten Abstimmung mit derselben Mehrheit der Aktiengattung, falls nicht der Gesellschaftsvertrag leichtere oder schwerere Erfordernisse aufstellt.

Zustimmung sämtlicher anwesenden Aktionäre bei nur einer Abstimmung genügt nicht (Joh. 35 A 162). Er muß enthalten den Betrag, um den das Grundkapital erhöht werden soll, es kann auch eine Höchstgrenze — bis zu — bestimmt werden (Joh. 29 A 102), den Mindestbetrag, unter dem die neuen Aktien nicht ausgegeben werden sollen, bei Sacheinlagen oder Übernahme von Sachen die genaue Festsetzung wie bei der ursprünglichen Gründung, ferner eine etwaige Ausschließung des Bezugsrechts der alten Aktionäre (§§ 278, 279 HGB.). Die Zusicherung von sog. Bauzinsen gemäß § 215 HGB. wie im ursprünglichen Gesellschaftsvertrage, ist bei Erhöhung des Grundkapitals unzulässig (Joh. 20 A 41; Staub Anm. 8 zu § 215). Das Reichsgericht hat aber durch Urteil vom 6. Nov. 1911 in Sachen Deutsche Bank in Berlin gegen Gesellschaft für elektrische Hoch- und Untergrundbahnen eine solche Zusicherung für zulässig erklärt (I. 471. 10.)

Die Anmeldung des Beschlusses ist durch sämtliche Mitglieder des Vorstandes und des Aufsichtsrats in seiner vollständigen Besetzung (Joh. 24 A 198) zu bewirken, nicht nur in der Zahl der tatsächlich vorhandenen. Vertretung ist unzulässig (Joh. 28 A 228). Dabei ist die Versicherung abzugeben, daß das bisherige Grundkapital eingezahlt ist oder daß weitere als die in der Anmeldung bezeichneten Beträge nicht rückständig sind. Bei dem Gericht der Zweigniederlassung ist diese Versicherung nicht abzugeben. Auch erfolgt hier die Anmeldung nur durch den Vorstand in derjenigen Zusammensetzung, in der er auch sonst seine Willenserklärungen abgibt. Auch ist hier die Gesetzmäßigkeit des Beschlusses nicht zu prüfen, wenn die Eintragung beim Gericht der Hauptniederlassung erfolgt ist (Joh. 31 A 175). Es erfolgt dann die Eintragung in Sp. 4: z. B.:

> „nach dem Beschlusse der Generalversammlung vom 10. Okt. 1913 soll das Grundkapital um 300 000 M. erhöht werden",

die Veröffentlichung, und dann die Durchführung des Erhöhungsbeschlusses durch Zeichnung der neuen Aktien gemäß § 281 und die Einzahlung.

Die erfolgte Erhöhung ist dann ebenfalls von sämtlichen Mitgliedern des Vorstandes und Aufsichtsrats anzumelden unter Beifügung der Duplikate der Zeichnungsscheine, die den in § 281 HGB. vorgeschriebenen Inhalt haben müssen, eines Verzeichnisses der Zeichner, der Einlage- oder Übernahmeverträge, einer Berechnung der Kosten und erforderlichenfalls auch der Genehmigungsurkunde. Auch ist die Erklärung über Einzahlung abzugeben wie bei der ersten Anmeldung (vgl. oben § 31).

Für die Zweigniederlassung genügt auch hier die Anmeldung durch den Vorstand; auch sind die Urkunden nicht beizufügen und ist die Erklärung über Einzahlung nicht erforderlich.

Die Eintragung erfolgt in Sp. 4 etwa dahin:

> „Das Grundkapital ist um 300 000 M. erhöht und beträgt jetzt: 1 300 000 M."

In die Bekanntmachung der Eintragung — auch der beim Register der Zweigniederlassung — ist der Betrag, zu welchem die Aktien ausgegeben werden (Agio), aufzunehmen.

Die Anmeldung und Eintragung der erfolgten Erhöhung kann mit der Anmeldung und Eintragung des Beschlusses über die Erhöhung verbunden werden (§ 285 HGB.).

Eine Herabsetzung des Grundkapitals kann ebenfalls nur von der Generalversammlung beschlossen werden, der Beschluß bedarf derselben Dreiviertelmehrheit (die Satzung kann nur Erschwerung anordnen) und gesonderten Abstimmung wie der Erhöhungsbeschluß, und muß außer dem Betrag noch den Zweck ergeben, zu dem die Herabsetzung erfolgt (z. B. zur teilweisen Rückzahlung des Grundkapitals, Amortisation von Aktien) und in welcher Weise die Maßregel durchzuführen ist.

Die Anmeldung erfolgt hier durch sämtliche Mitglieder des Vorstandes — nicht auch des Aufsichtsrats —, auch für die Zweigniederlassung ist keine Ausnahme gemacht.

Nach Eintragung und Bekanntmachung ergeht seitens des Vorstandes die Aufforderung an die Gläubiger sich zu melden, die sich Meldenden sind zu befriedigen oder sicherzustellen, und nach Durchführung der beschlossenen Maßregeln und Ablauf des Sperrjahres ist die erfolgte Herabsetzung des Grundkapitals von sämtlichen Mitgliedern des Vorstandes zur Eintragung anzumelden.

Zur Bewirkung dieser Anmeldung können die Vorstandsmitglieder durch Ordnungsstrafen angehalten werden (Goldmann Ziff. 5 zu § 291). Die Anmeldung der erfolgten Herabsetzung kann mit derjenigen des Beschlusses über Herabsetzung verbunden werden, wenn die Herabsetzung bereits nach Maßgabe des Beschlusses ausgeführt ist (Joh. 34 A 145).

5. Auch die Zeitdauer der Gesellschaft kann geändert werden, solange die etwa schon bestimmte Zeitdauer noch nicht abgelaufen und dadurch die Gesellschaft noch nicht aufgelöst ist. Ebenso das Verhältnis mehrerer Gattungen der Aktien mit verschiedener Berechtigung, wobei gemäß § 275 Abs. 3 HGB. noch gesonderte Abstimmung erforderlich ist; die Zahl der Aufsichtsratsmitglieder kann über drei hinaus erhöht werden (§ 243 HGB.).

Betreffen die Änderungen Bestimmungen, die gemäß § 198 HGB. eingetragen sind, so sind sie ihrem ganzen Inhalt nach einzutragen und zwar in die betreffende Spalte der ursprünglichen Eintragung; betreffen sie andere Änderungen, so genügt bei der Eintragung in Sp. 7 die Bezugnahme auf die bei dem Gericht eingereichten Urkunden (§ 277 Abs. 2 HGB.) und eine allgemeine Bezeichnung des Gegenstandes der Änderung; hierbei ist dann zugleich in Sp. Bemerkungen auf die beim Gericht eingereichten Urkunden sowie auf die Stelle der Registerakten, wo sich die Urkunden befinden, zu verweisen; z. B.:

Sp. 7: „Durch Beschluß der Generalversammlung vom 16. Okt. 1913 ist der Gesellschaftsvertrag hinsichtlich des Geschäftsjahres geändert."

Sp. Bemerk.: „Das Protokoll über den Beschluß der Generalversammlung vom 16. Okt. 1913 befindet sich Blatt 66 der Registerakten."

Die Bekanntmachung der Änderung des Gesellschaftsvertrages findet in Betreff aller Bestimmungen statt, auf welche sich die in §§ 199, 201 HGB. vorgeschriebene Veröffentlichung bezieht; also alle Angaben, die oben im § 34 Abs. 1 und 2 Nr. 1—13 aufgeführt sind.

Außerdem ist, wie bei der ersten Eintragung, der Vorstand zu benachrichtigen; auch empfiehlt sich eine Mitteilung an das Registergericht der Zweigniederlassung.

§ 37.

Änderung im Bestande und der Vertretungsbefugnis des Vorstandes.

a) Wie die Vertretungsbefugnis des Vorstandes im ursprünglichen Gesellschaftsvertrage geregelt werden kann, so kann sie auch später geändert werden. Es kann statt der jedem einzelnen Vorstandsmitgliede zustehenden selbständigen Vertretung eine Gesamtvertretung eingeführt werden oder umgekehrt. Hierin liegt dann eine Satzungsänderung.

b) Ohne solche ist eine Änderung der Vertretungsbefugnis aber auch zulässig, wenn der Gesellschaftsvertrag dies zuläßt, z. B. wenn der Aufsichtsrat oder die Generalversammlung über die Zusammensetzung des Vorstandes bestimmen soll. In beiden Fällen ist die Anmeldung erforderlich (§ 277 Abs. 3 und § 234 HGB.), ferner auch, wenn eine Änderung im Bestande des Vorstandes — nicht in seinen Personalien (Joh. 29 A 214) — eintritt, wie: Ausscheiden eines Vorstandsmitgliedes durch Tod, Abberufung und dgl. und Eintritt eines neuen.

Auch eine Anordnung des Aufsichtsrats, durch welche einzelnen Mitgliedern des Vorstandes die Befugnis erteilt wird, die Gesellschaft allein oder in Gemeinschaft mit einem Prokuristen zu vertreten, ist anzumelden und ebenso, wenn gemäß § 248 Abs. 2 HGB. ein Mitglied des Aufsichtsrats vorübergehend zum Stellvertreter eines behinderten Vorstandsmitgliedes bestellt wird.

Die Anmeldung erfolgt durch den Vorstand in der Zusammensetzung, wie er z. Z. zu Willenserklärungen ermächtigt ist. Die ausgeschiedenen Vorstandsmitglieder dürfen nicht mehr, die neubestellten müssen mitwirken, wenn sonst die erforderliche Anzahl zur Anmeldung nicht vorhanden ist. Beizufügen ist eine öffentlich beglaubigte Abschrift der Urkunden über die Änderung oder Anordnung; das ist in der Regel der Beschluß der Generalversammlung oder des Aufsichtsrats. Ein Beschluß des Aufsichtsrats selbst braucht nicht notariell aufgenommen oder beglaubigt zu sein, wenn dies nicht der Gesellschaftsvertrag für die Protokolle der Aufsichtsratssitzungen vorschreibt (Joh. 35 A 157). Der Anmeldung bei der Zweigniederlassung braucht eine solche Abschrift nicht beigefügt zu werden, da hier die Eintragung erst erfolgt, wenn sie im Register der Hauptniederlassung bewirkt ist (§ 13 HGB.). Es würde danach einzutragen sein in Sp. 7:

„Durch Beschluß der Generalversammlung vom 16. Okt. 1913 ist der Gesellschaftsvertrag hinsichtlich der Vertretungsbefugnis des Vorstandes geändert:

die Vertretung der Gesellschaft erfolgt durch je zwei Vorstandsmitglieder gemeinschaftlich",

oder Sp. 5:

„Karl Schulze, Kaufmann, Berlin"

und Sp. 7:

„Der Kaufmann Karl Schulze in Berlin ist noch zum Vorstandsmitgliede bestellt mit der Ermächtigung, zusammen mit einem anderen Vorstandsmitgliede die Gesellschaft zu vertreten."

§ 38.

Einreichungen zum HR.

Der Registerrichter hat auch darauf zu achten, daß die dem Vorstande gesetzlich obliegenden Bekanntmachungen erfolgen und die Belegsblätter und sonstige Schriftstücke eingereicht werden. Es betrifft dies:

1. Die Bekanntmachung jeder Änderung in den Personen der Mitglieder des Aufsichtsrats durch den Vorstand gemäß § 244 HGB., wenn die Wahlzeit des ersten und des später gewählten Aufsichtsrats abgelaufen ist, wenn eine Bestellung zum Aufsichtsratsmitgliede vor Ablauf seiner Wahlzeit widerrufen wird (§ 243 HGB.), wenn ein Aufsichtsratsmitglied gemäß § 248 HGB. für einen im voraus begrenzten Zeitraum zum Stellvertreter eines behinderten Vorstandsmitgliedes bestimmt wird. Eine solche Behinderung liegt auch vor beim Ausscheiden eines Vorstandsmitgliedes durch Tod (Joh. 20 A 164). Sonst können Aufsichtsratsmitglieder nicht zugleich Mitglieder des Vorstandes oder dauernd Stellvertreter sein (§ 248 Abs. 1 HGB.).

Die Bekanntmachung ist auch bei dem Gericht der Zweigniederlassung einzureichen (Joh. 28 A 46).

Eine Eintragung einer solchen Veränderung erfolgt — abgesehen von der Bestellung des Stellvertreters — nicht.

2. Die Aufstellung und Bekanntmachung der Bilanz, der Gewinn- und Verlustrechnung und Einreichung des Geschäftsberichts mit den Bemerkungen des Aufsichtsrats (§§ 260, 265 HGB.) und Auslegung dieser Vorlagen zur Einsicht der Aktionäre (§ 263).

Diese Vorschrift ist im öffentlichen Interesse gegeben zum Schutz der Aktionäre, der Gläubiger und aller derjenigen, die an der Gesellschaft ein Interesse haben (Joh. 29 B 11). Zum Handelsregister einer Zweigniederlassung findet diese Einreichung nicht statt.

Ein Prüfungsrecht, ob die Bilanz nebst Gewinn- und Verlustrechnung sachlich den gesetzlichen Forderungen entspricht, steht dem Registerrichter nicht zu (OLG. Hamburg in Joh. 23 D 19 Staub Anm. 5 zu § 266 und Goldmann Ziff. 7 zu § 265, anders Cohn S. 345).

3. Einreichung der Verträge und Berichte des Aufsichtsrats bei einer sog. Nachgründung nach Maßgabe des § 207 HGB. Auch hier findet eine Einreichung zum Register der Zweigniederlassung nicht statt.

4. Einreichung einer beglaubigten Abschrift des Protokolles jeder Generalversammlung (§ 259 HGB.). Zur Befolgung dieser Vorschriften unter 1—4 können die Vorstandsmitglieder durch Ordnungsstrafen gezwungen werden. Der Registerrichter wird daher zweckmäßig eine Frist verfügen, bis zu der die Einreichungen unter 1 und 2 spätestens zu erfolgen haben.

5. Werden gemäß § 266 HGB. von der Generalversammlung oder vom Registergericht Revisoren zur Prüfung der Bilanz oder eines Vorganges bei der Gründung, oder eines nicht länger als zwei Jahre zurückliegenden Vorganges bei der Geschäftsführung bestellt, so hat der Vorstand bei Vermeidung von Ordnungsstrafen den Revisoren die Einsicht der Bücher und Schriften der Gesellschaft und die Untersuchung des Bestandes der Gesellschaftskasse sowie der Bestände an Wertpapieren und Waren zu gestatten, und den Bericht als Gegenstand der Beschlußfassung der nächsten Generalversammlung anzukündigen.

Der Bericht selber ist von den Revisoren dem Handelsregister nur der Hauptniederlassung einzureichen.

Im Zusammenhang damit steht die Befugnis des Registerrichters bei Ansprüchen der Gesellschaft aus der Gründung gegen die Gründer oder aus der Geschäftsführung gegen die Mitglieder des Vorstandes und des Aufsichtsrats, die von der Minderheit, welche die Geltendmachung der Ansprüche verlangt hat, bezeichneten Personen als deren Vertreter zur Führung des Rechtsstreites zu bestellen (§ 268 HGB.).

Vor der Ernennung hat der Registerrichter nicht das Vorliegen der Prozeßvoraussetzungen des § 269 und auch nicht zu prüfen, ob die Klage Aussicht auf Erfolg hat (Joh. 21 A 80).

§ 39.

Auflösung. Liquidation. Erlöschen der Firma.

I. Die Aktiengesellschaft wird aufgelöst durch:

1. Zeitablauf. Eine stillschweigende Verlängerung über die bestimmte Zeitdauer hinaus gibt es nicht. Ein Beschluß auf Fortsetzung muß vorher gefaßt sein.
2. Beschluß der Generalversammlung mit mindestens drei Viertel Majorität des bei der Beschlußfassung vertretenen Grundkapitals, wenn der Gesellschaftsvertrag nicht noch schwerere Erfordernisse aufstellt.
3. Konkurseröffnung.
4. Veräußerung des Vermögens im ganzen (§ 303), auf Grund eines Beschlusses der Generalversammlung mit derselben Majorität wie zu 2.
5. Verstaatlichung (§ 304).
6. Fusion (§ 305).
7. Andere Gründe, wie: Amortisation sämtlicher Aktien, Entscheidung des Bezirksausschusses im Verwaltungsstreitverfahren, wenn sich die Gesellschaft rechtswidriger Handlungen oder Unterlassungen schuldig macht, durch welche das Gemeinwohl gefährdet wird (Art. 4 AG. zum HGB.).

Kein Auflösungsgrund ist die Vereinigung sämtlicher Aktien in einer Hand oder Entziehung der Befugnis zum Gewerbebetrieb (Goldmann Ziff. 13, 14 zu § 292 HGB.).

Die Auflösung ist durch den Vorstand, d. h. soviel Mitglieder als zur Vertretung erforderlich sind, zur Eintragung anzumelden; nur im Falle der Konkurseröffnung erfolgt die Eintragung auf die vom Konkursgericht zu machende Mitteilung von Amts wegen, und im Falle des Art. 4 AG. zum HGB. ebenso auf die von der Verwaltungsbehörde dem Registergericht zu machende Mitteilung. Die Anmeldung hat auch beim Gericht der Zweigniederlassung zu erfolgen. Die Vorstandsmitglieder können durch Ordnungsstrafen dazu angehalten werden.

II. Nach Auflösung der Gesellschaft findet die Liquidation statt, aber nicht im Falle des Konkursverfahrens und bei der Fusion und Verstaatlichung, wenn vereinbart ist, daß die Liquidation unterbleiben soll.

Bis zur Beendigung der Liquidation bleibt die Aktiengesellschaft als Liquidationsgesellschaft bestehen; die Generalversammlung und der Aufsichtsrat fungieren weiter. An Stelle des Vorstandes treten die Liquidatoren. Es sind dies die Vorstandsmitglieder, wenn nicht durch den Gesellschaftsvertrag oder Beschluß der Generalversammlung andere Personen dazu bestimmt werden. Auch das Registergericht kann auf Antrag des Aufsichtsrats oder von Aktionären, deren Anteile zusammen den 20. Teil des Grundkapitals erreichen und die glaubhaft machen, daß sie seit mindestens sechs Monaten Besitzer der Aktien sind, aus wichtigen Gründen Liquidatoren ernennen und abberufen (§ 295 HGB.). Über das Verfahren vgl. oben § 25.

Nicht vom Gericht bestellte Liquidatoren können durch die Generalversammlung jederzeit abberufen werden.

Die ersten Liquidatoren sind noch durch den Vorstand, jede Änderung in den Personen der Liquidatoren ist aber durch die Liquidatoren zur Eintragung anzumelden. Ist bei der Bestellung eine von der Regel der Gesamtvertretung des § 298 Abs. 3 HGB. abweichende Bestimmung getroffen, so ist auch diese anzumelden — eine im Gesellschaftsvertrage getroffene derartige Bestimmung ist schon bei der ersten Anmeldung der Aktiengesellschaft mit einzutragen (vgl. oben § 33) —. Eine Beschränkung des Umfanges ihrer Befugnisse ist Dritten gegenüber unwirksam und darf nicht eingetragen werden (§ 151, § 298 HGB.). Eine öffentlich beglaubigte Abschrift der Urkunde über die Bestellung oder Änderung ist — nicht auch für das Gericht der Zweigniederlassung — der Anmeldung beizufügen. Eine Bezugnahme auf die Bestellung im Gesellschaftsvertrage genügt. Die Eintragung der gerichtlichen Ernennung oder Abberufung geschieht von Amts wegen.

Die Liquidatoren haben die Firma nebst ihrer Namensunterschrift zur Aufbewahrung bei Gericht zu zeichnen, also anders als die Vorstandsmitglieder (§ 195 Abs. 4). Ihre Unterschrift haben sie in der Weise abzugeben, daß sie die bisherige Firma als Liquidationsfirma bezeichnen und dieser ihren Namen beifügen.

Die Bestellung eines Prokuristen ist mit dem tatsächlich zur Ausführung gekommenen Beschlusse der Auflösung und Liquidation unvereinbar, und deshalb ist die Bestellung von Prokuristen im Liquidationsverfahren unstatthaft (§ 298 Abs. 4 HGB.). Da aber auch die bestehenden Prokuren erlöschen (Staub Anm. 11 zu § 298; Goldmann Ziff. 7 zu § 298 HGB.), so ist gemäß § 53 Abs. 3 auch dieses anzumelden und einzutragen. Vor der Eintragung der Auflösung ist zu prüfen, ob die Auflösung und die Bestellung der Liquidatoren ordnungsmäßig erfolgt ist, und die beigebrachten Urkunden die formellen und gesetzlichen Voraussetzungen der verlangten Eintragung enthalten. Die Liquidatoren sind unter der Bezeichnung als solche in Sp. 5 nach Namen, Vornamen, Stand und Wohnort einzutragen, die Auflösung in Sp. 8, eine Bestimmung über ihre Vertretungsbefugnis in Sp. 7; z. B.:

Sp. 5: Liquidatoren sind: Karl Schulze, Kaufmann, Berlin,
August Müller, Bücherrevisor, Potsdam,
Wilhelm Meyer, Techniker, Berlin.

Sp. 6: Die Prokura des Hermann Werner ist erloschen.

Sp. 7: Jeder Liquidator ist zur selbständigen Vertretung der Gesellschaft ermächtigt.

Sp. 8: Durch Beschluß der Generalversammlung vom 17. Okt. 1913 ist die Gesellschaft aufgelöst.

III. Von den den Liquidatoren gesetzlich obliegenden Verpflichtungen kommen für den Registerrichter in Betracht:

1. Die Liquidatoren haben für den Beginn der Liquidation und weiterhin für den Schluß jedes Jahres eine Bilanz aufzustellen (§§ 299, 265 HGB.).

Die Bilanz, die Gewinn- und Verlustrechnung und der Geschäftsbericht sind dem Aufsichtsrate, und mit dessen Bemerkungen der Generalversammlung zur Genehmigung vorzulegen (Joh. 35 A 160). Die genehmigte Bilanz ist zu veröffentlichen und die Bekanntmachung ist dem Registergericht einzureichen.

Sie können der Aufforderung des Registergerichts zur Einreichung nicht den Einwand entgegensetzen, daß in der Liquidationsmasse nicht die dazu erforderlichen Mittel vorhanden seien (Joh. 30 A 125).

2. Sie haben jede Änderung in den Personen der Liquidatoren zur Eintragung anzumelden, haften aber nicht persönlich für die Kosten der durch die Anmeldung veranlaßten Tätigkeit des Registergerichts (Joh. 34 B 9).

3. Sie haben nach Beendigung der Liquidation und Legung der Schlußrechnung das Erlöschen der Gesellschaftsfirma zur Eintragung anzumelden. Das Registergericht hat das Vorliegen der sachlichen Voraussetzungen für die Liquidationsbeendigung, insbesondere den Ablauf des Sperrjahres, nicht zu prüfen (Joh. 28 A 51), sondern hat sich mit der Erklärung der Liquidatoren und Vorlegung des Protokolles über die Generalversammlung, in welcher die Schlußrechnung vorgelegt ist, zu begnügen.

Denn stellt sich nachträglich noch weiteres der Verteilung unterliegendes Vermögen heraus, so hat auf Antrag eines Beteiligten das Registergericht die bisherigen Liquidatoren erneut zu bestellen oder andere Liquidatoren zu berufen (§ 302 Abs. 4 HGB.; Johow 41 A 138). „Beteiligt" kann ein nichtbefriedigter Gläubiger, ein Aktionär oder auch ein früherer Liquidator sein.

Das Erlöschen der Firma ist in Sp. 8 einzutragen. Die Wiedereröffnung der Liquidation in Sp. 7 etwa dahin:

„Die Gesellschaft ist wieder in Liquidation getreten" oder „das Verfahren der Liquidation ist wieder eröffnet", „die bisherigen Liquidatoren sind erneut bestellt".

Das Erlöschen der Firma kann nötigenfalls auch von Amts wegen gemäß § 31 Abs. 2 HGB. eingetragen werden (R. FrG. § 141).

Nach Beendigung der Liquidation hat das Registergericht den Ort zu bestimmen (nicht wie in § 157 HGB. die Person), wo die Bücher und Papiere der Gesellschaft auf die Dauer von 10 Jahren aufzubewahren sind, und die Aktionäre und die Gläubiger können zur Einsicht der Papiere und Bücher vom Registergericht ermächtigt werden. Diese besondere Ermächtigung ist vorgeschrieben um die Vermögensverhältnisse nicht solchen Personen zu offenbaren, die kein berechtigtes Interesse an der Einsichtnahme dartun können.

§ 40.

Verstaatlichung und Fusion.

Besondere Vorschriften sind für den Fall der Verstaatlichung und der Fusion gegeben.

I. Verstaatlichung liegt vor, wenn das Vermögen der Aktiengesellschaft als Ganzes von dem Reiche, einem Bundesstaat, oder einem inländischen Kommunalverband übernommen wird; hier kann auch vereinbart werden, daß die Liquidation unterbleiben soll. Wird eine solche Vereinbarung nicht getroffen, so liegt der Fall des § 303 vor (oben § 39 I. 4). Es ist ein wegen § 311 BGB. gerichtlich oder notariell beurkundeter Vertrag mit dem Übernehmer erforderlich mit der zulässigen Vereinbarung, daß die Liquidation unterbleiben soll, und ein Zustimmungsbeschluß der Generalversammlung mit mindestens drei Viertel Mehrheit, wenn der Gesellschaftsvertrag nicht noch schwerere Bedingungen aufstellt, und dessen Eintragung in das Register, da er vorher keine Wirkung hat. Die

Anmeldung erfolgt durch den Vorstand, d. h. die vertretungsberechtigten Vorstandsmitglieder, unter Beifügung einer öffentlich beglaubigten Abschrift des Generalversammlungsbeschlusses, und der Urschrift oder einer öffentlich beglaubigten Abschrift des Vertrages.

Wird erst im Liquidationsverfahren der Vertrag abgeschlossen und die die weitere Liquidation ausschließende Vereinbarung getroffen, so liegt die Anmeldung den Liquidatoren ob (Goldmann Ziff. 5 zu § 304; vgl. aber Joh. 21 A 260).

Anzumelden und einzutragen ist die Auflösung der Gesellschaft, der Beschluß der Generalversammlung und das Erlöschen der Firma gemäß § 31 Abs. 2 HGB. (Goldmann Ziff. 6 zu § 304; a. M. Cohn S. 374), da diese mit der Eintragung des Beschlusses erlischt (§ 304 Abs. 5).

Der Veräußerungsvertrag und der Beschluß der Generalversammlung ist vom Registergericht auf seine Rechtsgültigkeit nach Form und Inhalt zu prüfen. Die Eintragung erfolgt in Sp. 8 etwa dahin:

„Durch Beschluß der Generalversammlung vom . . . . . . ist der Vertrag über Veräußerung des Vermögens der Gesellschaft an das Deutsche Reich genehmigt, die Gesellschaft ist aufgelöst. Mit Zustimmung der Generalversammlung laut Beschlusses vom . . . . . . ist vereinbart, daß die Liquidation unterbleibt."

Die Firma ist erloschen.

II. Eine F u s i o n — Verschmelzung — tritt ein, wenn das Vermögen einer Aktiengesellschaft als Ganzes an eine andere Aktiengesellschaft oder an eine Kommanditgesellschaft auf Aktien gegen Gewährung von Aktien der übernehmenden Gesellschaft übertragen wird. Bei Gewährung von anderen Vermögensgegenständen liegt keine Fusion vor (DJZ. 1911 S. 711).

Dies kann geschehen, entweder so, daß eine Liquidation der aufgelösten Gesellschaft stattfindet, oder so, daß eine Liquidation laut Vereinbarung nicht stattfindet. Dazu ist erforderlich: ein Veräußerungsvertrag zwischen den Gesellschaften in der Form des § 311 BGB., dessen Genehmigung durch die Generalversammlung der übertragenden Gesellschaft mit mindestens drei Viertel Mehrheit, und eine Kapitalserhöhung auf seiten der übernehmenden Gesellschaft, sowie ein Zustimmungsbeschluß der Generalversammlung der übernommenen Gesellschaft mit gleicher Mehrheit.

Praktisch wird nach Abschluß des Veräußerungsvertrages zunächst der Kapitalserhöhungsbeschluß von der übernehmenden Gesellschaft gefaßt und zur Eintragung angemeldet, und zwar von sämtlichen Mitgliedern des Vorstandes und des Aufsichtsrats.

Hierfür sind in § 306 Abs. 1 Erleichterungen zugelassen: Es ist nicht erforderlich, daß das bisherige Kapital voll eingezahlt ist; bei der Anmeldung ist nicht die Versicherung über Einzahlung des bisherigen Grundkapitals abzugeben; eine Zeichnung der neuen Aktien und die Beifügung der Duplikate der Zeichnungsscheine fällt fort, ebenso das Bezugsrecht der Aktionäre, die Erklärung über Einzahlung des geforderten Betrages ist nicht abzugeben.

Der Beschluß erlangt erst mit der Eintragung Wirksamkeit (§ 277 Abs. 3 HGB.).

Dann erfolgt der Zustimmungsbeschluß der übertragenden Gesellschaft und die Anmeldung und Eintragung der hierdurch herbeigeführten Auflösung der Gesellschaft und der Liquidatoren.

Ist die Kapitalserhöhung durch Übertragung des Vermögens durchgeführt, so ist dies von sämtlichen Mitgliedern des Vorstandes und des Aufsichtsrats — bei der Zweigniederlassung nur vom „Vorstande" — zur Eintragung anzumelden. Hierbei ist der von der Generalversammlung der aufgelösten Gesellschaft genehmigte Vertrag über die Vermögensübertragung in Urschrift oder in öffentlich beglaubigter Abschrift und das Protokoll der Generalversammlung der aufgelösten Gesellschaft, die die Verschmelzung genehmigt hat, beizufügen (§ 305 Abs. 2 HGB.). Endlich ist das Erlöschen der Firma der aufgelösten Gesellschaft anzumelden und einzutragen.

Die Prüfung des Registergerichts hat sich auf den ganzen Vorgang der Vereinigung, insbesondere auf den Inhalt der Vereinbarung und darauf zu erstrecken, ob das Verhältnis der Aktionäre der übertragenden Gesellschaft zu der übernehmenden Gesellschaft geregelt ist (Oberstes Landesgericht München in DJZ. 1911 S. 710).

Findet die Fusion ohne Liquidation der übertragenden Gesellschaft statt, so ist noch die Vereinbarung erforderlich, daß die Liquidation unterbleiben soll, entweder im Veräußerungsvertrage selber, oder auf Grund besonderer Festsetzung und Beurkundung. Vertrag und Vereinbarung bedürfen der Zustimmung der Generalversammlung der übertragenden Gesellschaft, und der Zustimmungsbeschluß über Unterbleiben der Liquidation zu seiner Rechtswirksamkeit auch der Eintragung.

Ist eine Erhöhung des Grundkapitals der übernehmenden Gesellschaft erforderlich, so muß der Erhöhungsbeschluß erst gefaßt und eingetragen sein, ehe der Zustimmungsbeschluß der übertragenden Gesellschaft gefaßt wird, weil durch letzteren die übertragende Gesellschaft aufgelöst wird (Goldmann Ziff. 4 Abs. 6, 7 zu § 306).

Andererseits kann die Anmeldung der durchgeführten Erhöhung erst erfolgen, wenn der Zustimmungsbeschluß der übertragenden Gesellschaft eingetragen worden ist, da er vorher keine Wirksamkeit hat.

Im übrigen gilt für die Anmeldung und Eintragung das Gleiche wie bei der anderen Art der Fusion — natürlich ohne Eintragung von Liquidatoren —.

§ 41.

Fortsetzung einer aufgelösten Aktiengesellschaft.

Eine aufgelöste Aktiengesellschaft kann fortgesetzt werden, wenn sie zum Zwecke der Veräußerung ihres Vermögens im ganzen oder zum Zwecke der Umwandlung in eine andere Gesellschaft aufgelöst worden ist und der beabsichtigte Zweck nicht erreicht wird, oder wenn das über ihr Vermögen eröffnete Konkursverfahren nach Abschluß eines Zwangsvergleichs aufgehoben oder auf ihren Antrag eingestellt worden ist.

Die Fortsetzung muß von der Generalversammlung beschlossen werden, dazu genügt einfache Stimmenmehrheit (Goldmann Ziff. 3 zu § 307 und Cohn S. 382; Staub Anm. 7 zu § 317), und die Fortsetzung muß vom „Vorstande" unter Vorlegung des Generalversammlungsbeschlusses in öffentlich beglaubigter Abschrift zur Eintragung angemeldet werden.

Geht aus der vom Konkursgericht dem Registergericht gemäß §§ 112, 163 KO. zu machenden Mitteilung nicht hervor, ob die Beendigung des Konkursverfahrens durch Zwangsvergleich oder auf Antrag erfolgt ist, so ist das Konkursgericht um Auskunft zu ersuchen. Denn wenn dann die Fortsetzung nicht beschlossen wird, so tritt Liquidation der durch die Konkurseröffnung aufgelösten Gesellschaft ein und die Liquidatoren sind zur Eintragung anzumelden.

Ist aber das Konkursverfahren durch Ausschüttung der Masse beendet, so hat die Gesellschaft aufgehört zu existieren und es ist mit der Eintragung der Aufhebung des Konkursverfahrens gemäß § 32 HGB., auch das Erlöschen der Firma einzutragen. Die Fortsetzung der Gesellschaft ist bekannt zu machen, nicht aber die sonst erfolgte Aufhebung des Konkursverfahrens.

§ 42.

Löschung von Amts wegen.

Eine Löschung von Amts wegen wegen Nichtigkeit kann erfolgen:

1. wenn eine einzelne Eintragung mangels einer wesentlichen Voraussetzung unzulässig war (§ 142 R. FrG.),
2. wenn ein eingetragener Beschluß der Generalversammlung durch seinen Inhalt zwingende Vorschriften des Gesetzes verletzt und seine Beseitigung im öffentlichen Interesse erforderlich erscheint (§ 144 R. FrG.),
3. und wenn die Gesellschaft selber unter den Voraussetzungen der §§ 309, 310 HGB. als nichtig angefochten werden kann. Über das Verfahren vgl. oben § 5. Ist die Gesellschaft oder ein Beschluß durch rechtskräftiges Urteil für nichtig erklärt, so ist das Urteil zum Register einzureichen und einzutragen (§§ 273, 309 HGB.).

Im Falle 1 erfolgt die Eintragung mittels des Vermerks „von Amts wegen gelöscht" in die betr. Spalte der zu löschenden Eintragung.

Im Falle 2 erfolgt die Eintragung mittels eines Vermerks, der den Beschluß als nichtig bezeichnet, in diejenigen Spalten des Registers, in welche der Beschluß eingetragen war.

Im Falle 3 erfolgt in Sp. 8 die Eintragung eines Vermerks, der die Gesellschaft als nichtig bezeichnet. Dasselbe gilt, wenn die Gesellschaft durch rechtskräftiges Urteil für nichtig erklärt ist (§§ 26, 33, 34 AV. vom 7. Nov. 1899).

4. Schließlich kann die Löschung der Firma gemäß § 141 R. FrG. auch von Amts wegen herbeigeführt werden. Nicht hierher gehört eine Löschung wegen eines Mangels in der Form der Anmeldung, z. B. wenn die Beglaubigung fehlt (Joh. 30 A 37; 35 A 367).

§ 43.

Die Kommanditgesellschaft auf Aktien.

Begriff, Feststellung des Gesellschaftsvertrages.

Die Kommanditgesellschaft auf Aktien ist eine Unterart der Aktiengesellschaft, eine Verschmelzung dieser mit der Kommanditgesellschaft. Die Voraussetzung einer solchen ist: mindestens ein Gesellschafter haftet den Gesellschaftsgläubigern unbeschränkt (persönlich haftender Gesellschafter, Komplementar), während die übrigen sich nur mit Einlagen auf das in Aktien zerlegte Grundkapital beteiligen (Kommanditisten).

Den Gesellschaftsgläubigern haften also die Kommanditisten nicht unmittelbar mit ihren Einlagen, sondern diesen haftet neben den Komplementären nur das durch die Einlagen der Kommanditisten gebildete Aktienkapital. Auch Komplementäre können sich mit Aktien beteiligen, haben aber auch dann kein Stimmrecht (§ 327 Abs. 1 HGB.).

Eine Beteiligung der persönlich haftenden Gesellschafter mit Einlagen ist nicht nötig, sie können aber Einlagen, die nicht auf das Grundkapital erfolgen, also nicht durch Aktien abgegolten werden, machen (§ 322 Abs. 2 HGB.).

Die persönlich haftenden Gesellschafter haben von der Aktiengesellschaft die im § 325 HGB. aufgeführten Befugnisse des Vorstandes, von der Kommanditgesellschaft aber die Befugnis zur Geschäftsführung und zur Vertretung (§ 320 Abs. 2 HGB.). Sie können auch nicht Mitglieder des Aufsichtsrats sein (§ 328 Abs. 4 HGB.).

Änderungen im Bestande der persönlich haftenden Gesellschafter haben in der Regel, wenn im Gesellschaftsvertrage nichts anderes bestimmt ist, Auflösung der Gesellschaft zur Folge, daher kann ein freiwilliges Ausscheiden nur erfolgen, soweit es im Gesellschaftsvertrage für zulässig erklärt wird (§ 330 Abs. 4 HGB.). Es muß aber mindestens ein persönlich haftender Gesellschafter übrig bleiben, weil dadurch der Bestand der Gesellschaft bedingt wird.

Die Generalversammlung ist nur ein Organ der Kommanditisten, um deren Interessen gegenüber den persönlich haftenden Gesellschaftern zu wahren. Die Beschlüsse der Generalversammlung werden durch den Aufsichtsrat ausgeführt, soweit nicht im Gesellschaftsvertrage etwas anderes bestimmt ist (§ 328 Abs. 1). Über die erforderliche Zustimmung der Komplementäre vgl. unter § 45.

Die Gründung der Kommanditgesellschaft auf Aktien kann wie bei der Aktiengesellschaft im Wege und in derselben Art der Simultan- oder Sukzessivgründung erfolgen. Es kann daher auf § 30 oben verwiesen werden.

Für Feststellung des Gesellschaftsvertrages ist auch hier gerichtliche oder notarielle Verhandlung und Beteiligung von mindestens fünf Personen vorgeschrieben, die persönlich haftenden Gesellschafter müssen sich sämtlich dabei beteiligen, außer ihnen können nur Personen mitwirken, die als Kommanditisten Aktien übernehmen; der Betrag der von jedem Beteiligten übernommenen Aktien ist anzugeben. Der Gesellschaftsvertrag muß außer der Firma und Sitz, Gegenstand des Unternehmens, Höhe des Grundkapitals und der einzelnen Aktien, Form der Berufung der Generalversammlung und der von der Gesellschaft ausgehenden Bekanntmachungen, noch den Namen, Vornamen, Stand und Wohnort jedes persönlich haftenden Gesellschafters enthalten.

Wenn ein persönlich haftender Gesellschafter eine Vermögenseinlage macht — an sich ist dies nicht erforderlich — und diese nicht auf das Grundkapital erfolgt, so daß er nicht Aktionär wird, so ist diese nach Höhe und Art im Gesellschaftsvertrage festzusetzen wegen §§ 121, 168 HGB., desgl. wenn zugunsten eines persönlich haftenden Gesellschafters, nicht nur eines Aktionärs (§ 186 HGB.), besondere Vorteile bedungen werden, sonst ist ein derartiges Abkommen außerhalb des Gesellschaftsvertrages der Gesellschaft gegenüber unwirksam (§ 322 Abs. 3, § 186 HGB.).

Die Firma ist ebenfalls in der Regel vom Gegenstande des Unternehmens zu entnehmen, und muß die Bezeichnung „Kommanditgesellschaft auf Aktien" enthalten.

Im Fall der Sukzessivgründung sind zur Teilnahme an der konstituierenden Generalversammlung auch die persönlich haftenden Gesellschafter berechtigt, haben aber kein Stimmrecht, die zustimmende Mehrheit muß mindestens ein Viertel der im Aktionärverzeichnis aufgeführten Kommanditisten begreifen, und der Betrag ihrer Anteile muß mindestens ein Viertel des nicht von den persönlich haftenden Gesellschaftern übernommenen Grundkapitals darstellen. Die Zeichnungsscheine müssen auch die Bezeichnung der persönlich haftenden Gesellschafter enthalten.

§ 44.

Anmeldung und Eintragung.

Die Anmeldung ist von sämtlichen Gründern — das sind nach § 321 Abs. 2 HGB. die Gesellschafter, welche den Inhalt des Gesellschaftsvertrages festgestellt haben oder andere als durch Barzahlung zu leistende Einlagen machen — von sämtlichen persönlich haftenden Gesellschaftern und Mitgliedern des Aufsichtsrats zu bewirken.

Die persönlich haftenden Gesellschafter haben ihre Namensunterschrift zur Aufbewahrung bei dem Gericht zu zeichnen, da sie die Stellung des Vorstandes bei der Aktiengesellschaft einnehmen.

Beizufügen sind dieselben Urkunden wie bei der Aktiengesellschaft (oben § 31), abgesehen von denen über Bestellung eines Vorstandes.

Der eingeforderte Betrag der durch Barzahlung zu leistenden Einlagen muß im Besitz der persönlich haftenden Gesellschafter sein und darauf muß sich die nach § 195 Abs. 3 HGB. abzugebende Erklärung richten (§ 323 Abs. 2 HGB.).

Die Eintragung erstreckt sich auf dieselben Bestimmungen wie bei der Aktiengesellschaft, an Stelle der Vorstandsmitglieder sind die persönlich haftenden Gesellschafter anzugeben.

Hinsichtlich ihrer Vertretungsbefugnis gilt nach § 125, § 320 Abs. 2, § 161 Abs. 2 HGB. die Regel, daß jeder persönlich haftende Gesellschafter zur Vertretung der Gesellschaft befugt ist. Davon abweichende Bestimmungen des Gesellschaftsvertrages sind ebenfalls einzutragen (§ 323 Abs. 4 HGB.).

Für die Bekanntmachung gilt das oben im § 34 Gesagte.

§ 45.

Beschlüsse der Generalversammlung.

Beschlüsse der Generalversammlung bedürfen der Zustimmung der persönlich haftenden Gesellschafter, soweit sie Angelegenheiten betreffen, für die bei der Kommanditgesellschaft das Einverständnis der persönlich haftenden Gesellschafter und der Kommanditisten erforderlich ist, also soweit sie Angelegenheiten der Gesellschaft betreffen und nicht nur solche der Kommanditisten (Goldmann § 327 Ziff. 3).

Persönlich haftende Gesellschafter haben — auch wenn sie Aktien besitzen — kein Stimmrecht. Die Beschlüsse sind zum Handelsregister erst einzureichen, wenn die notwendige Zustimmung der persönlich haftenden Gesellschafter erfolgt ist. Zur Bestellung von Revisoren gemäß § 266 HGB. (oben § 34[4]) bedarf es der Zustimmung der persönlich haftenden Gesellschafter nicht. Bei Beschlüssen, die in das Handelsregister einzutragen sind, ist diese Zustimmung in dem über die Verhandlung aufzunehmenden Protokolle oder in einem Anhange zu dem Protokoll zu beurkunden. Es ist dies namentlich bei Abänderungen des Gesellschaftsvertrages zu beachten. Solche sind von soviel persönlich haftenden Gesellschaftern zur Eintragung anzumelden, als zur Vertretung befugt sind.

Grundkapitalserhöhungen müssen aber von sämtlichen persönlich haftenden Gesellschaftern und Mitgliedern des Aufsichtsrats, Grundkapitalsherabsetzungen von sämtlichen persönlich haftenden Gesellschaftern angemeldet werden.

Jede Veränderung in der Vertretungsbefugnis der persönlich haftenden Gesellschafter ist nach § 325, § 234 HGB. von den vertretungsberechtigten Gesellschaftern zur Eintragung anzumelden; dagegen das Ausscheiden eines persönlich haftenden Gesellschafters von sämtlichen persönlich haftenden Gesellschaftern.

Das Ausscheiden eines persönlich haftenden Gesellschafters kann erfolgen: durch Ausschließung, gemäß § 140 HGB., durch Tod und sonst nur, soweit es im Gesellschaftsvertrage oder in einer späteren Abänderung dieses für zulässig erklärt ist.

Die vorgeschriebenen Einreichungen und Erklärungen zum HR. (vgl. oben § 38) liegen den persönlich haftenden Gesellschaftern ob (§ 325[1] HGB.).

§ 46.
Auflösung und Liquidation.

Die Auflösung erfolgt aus denselben Gründen wie bei der Kommanditgesellschaft und offenen Handelsgesellschaft (§ 330, § 161 Abs. 2, § 131 HGB.); durch:

1. Ablauf der Zeit.
2. Beschluß der Gesellschafter.
3. Eröffnung des Konkurses über das Vermögen der Gesellschaft.
4. Tod eines persönlich haftenden Gesellschafters — nicht eines Kommanditisten — (§ 177 HGB.).
5. Eröffnung des Konkurses über das Vermögen eines persönlich haftenden Gesellschafters — nicht eines Kommanditisten —.
6. Kündigung, wenn nicht der Gesellschaftsvertrag gemäß §§ 138, 161 Abs. 2 HGB. den Fortbestand der Gesellschaft in den Fällen zu 4., 5., 6. anordnet,

und durch gerichtliche Entscheidung.

Die Gläubiger eines Kommanditisten sind — abweichend vom § 135 HGB. — nicht berechtigt, die Gesellschaft zu kündigen. Ein einzelner Kommanditist kann nicht kündigen, und für die Kündigung durch die Gesamtheit der Kommanditisten, sowie für ihre Zustimmung zur Auflösung ist ein Beschluß der Generalversammlung mit mindestens drei Viertel Mehrheit des bei der Beschlußfassung vertretenen Grundkapitals erforderlich, die Zustimmung der persönlich haftenden Gesellschafter muß in dem Protokolle oder einem Anhange dazu beurkundet werden (Joh. 41 A 140), ebenso für den Antrag auf Auflösung durch gerichtliche Entscheidung; der Gesellschaftsvertrag kann noch andere Erfordernisse aufstellen (§ 330 Abs. 3 HGB.).

Die Anmeldung der Auflösung ist — abgesehen von Konkurseröffnung über das Vermögen der Gesellschaft, die von Amts wegen auf Mitteilung des Konkursgerichts einzutragen ist — von sämtlichen persönlich haftenden Gesellschaftern zu bewirken. Die Erben eines persönlich haftenden Gesellschafters brauchen bei besonderen Hindernissen nicht mit zu wirken (§§ 330, 143 Abs. 3 HGB. [vgl. oben § 23]).

Die Liquidation erfolgt, sofern der Gesellschaftsvertrag nichts anderes bestimmt, durch sämtliche persönlich haftende Gesellschafter und außerdem durch eine oder mehrere von der Generalversammlung der Kommanditisten gewählte Person.

Zum Antrage auf Ernennung oder Abberufung von Liquidatoren ist außer den in § 295 Abs. 2 HGB. genannten auch jeder persönlich haftende Gesellschafter befugt.

Sonst kommen die Vorschriften über Liquidation der Aktiengesellschaft in Anwendung (vgl. oben § 39).

§ 47.
Umwandlung in eine Aktiengesellschaft.

Die Kommanditgesellschaft auf Aktien kann in eine Aktiengesellschaft umgewandelt werden. Dazu ist erforderlich:

1. ein gerichtlich oder notariell beurkundeter Beschluß der Generalversammlung der Kommanditisten mit einer Mehrheit von drei Viertel des in der Versammlung vertretenen Grundkapitals, und einer Mehrheit von soviel zustimmenden Kommanditisten, daß deren Anteile mindestens ein Viertel des nicht auf Aktien der persönlich haftenden Gesellschafter fallenden Teiles des Grundkapitals darstellen.
2. Die Zustimmung aller persönlich haftenden Gesellschafter, welche in dem über die Verhandlung aufzunehmenden Protokolle oder in einem Anhange zu dem Protokolle zu beurkunden ist (§ 327 Abs. 4 HGB.) vgl. RG. 82, 360.
3. Die Festsetzung der zur Durchführung der Umwandlung erforderlichen Maßregeln im Umwandlungsbeschlusse, insbesondere die Festsetzung der Firma, die Art der Bestellung und Zusammensetzung des Vorstandes.
4. Die Aufstellung einer Bilanz für einen, höchstens zwei Monate vor der Anmeldung liegenden Zeitpunkt und Genehmigung dieser Bilanz durch die Generalversammlung.
5. Bestellung der Vorstandsmitglieder für die Aktiengesellschaft. Diese Urkunden sind bei der Anmeldung beizufügen, die öffentlich beglaubigte Abschrift über Bestellung des Vorstandes braucht bei der Anmeldung zur Eintragung in das Handelsregister einer Zweigniederlassung nicht beigefügt zu werden.
6. Die Anmeldung des Umwandlungsbeschlusses und der Vorstandsmitglieder ist von soviel persönlich haftenden Gesellschaftern zu bewirken, als zur Vertretung der Gesellschaft erforderlich sind.

   Ein Zwang zur Anmeldung beim Gericht der Hauptniederlassung findet nicht statt, ist die Eintragung aber hier erfolgt, so kann das Gericht der Zweigniederlassung die Anmeldung für sein Register erzwingen.

   Die Vorstandsmitglieder müssen ihre Unterschrift zur Aufbewahrung bei Gericht zeichnen.
7. Die Eintragung erfolgt gemäß §§ 332, 277, 198 HGB.

Da mit der Eintragung die persönlich haftenden Gesellschafter ausscheiden und die Gesellschaft fort besteht, so ist das Ausscheiden der persönlich haftenden Gesellschafter in Sp. 7 einzutragen (a. M. Cohn S. 423) und dort die Gesellschaft als „Aktiengesellschaft" zu bezeichnen; ebenso ist hier zu vermerken, daß durch Beschluß der Generalversammlung vom ..... die Gesellschaft in eine Aktiengesellschaft umgewandelt ist, auch sind etwaige Bestimmungen über die Zeitdauer der Gesellschaft oder über die Vertretungsbefugnis der Vorstandsmitglieder einzutragen. In Sp. 5 sind die Namen der persönlich haftenden Gesellschafter zu röten und dafür die der Vorstandsmitglieder einzutragen.

Die Firma muß fortan der einer Aktiengesellschaft entsprechen und ist in geänderter Form in Sp. 2 einzutragen; wird auch der Gegenstand geändert, so ist auch diese Änderung in Sp. 3 einzutragen und die früheren Bezeichnungen rot zu unterstreichen.

Bekannt zu machen ist alles das, was im § 277 Abs. 2 HGB. bei Abänderung des Gesellschaftsvertrages einer Aktiengesellschaft vorgeschrieben ist (vgl. oben § 36).

Nach der Eintragung hat der Vorstand die Bilanz zu veröffentlichen, die Gläubiger zur Meldung aufzufordern, zu befriedigen oder sicherzustellen.

Wegen der Benachrichtigungen vgl. oben § 27.

§ 48.

Juristische Personen.

Nach § 33 HGB. ist eine juristische Person, deren Eintragung in das HR. mit Rücksicht auf den Gegenstand oder auf die Art und den Umfang ihres Gewerbebetriebs zu erfolgen hat, von sämtlichen Mitgliedern des Vorstandes zur Eintragung anzumelden. Der Begriff der juristischen Person wird als bekannt vorausgesetzt (siehe insbes. Kommentar d. Reichsgerichts u. S. 18 und Planck).

I. Es kommen in Betracht 1. die inländischen juristischen Personen des öffentlichen Rechts (§ 89 BGB.) — für Unternehmen des Reiches, eines Bundesstaats oder eines inländischen Kommunalverbandes besteht jedoch der Anmeldungszwang nicht; diese brauchen nach § 36 HGB. nicht in das Handelsregister eingetragen zu werden — und 2. juristische Personen des Privatrechts: Vereine §§ 21—79 BGB. und Stiftungen §§ 80—89 BGB. Von den Vereinen scheiden von der Anwendung des § 33 HGB. aus die sog. Idealvereine des § 21 BGB., deren Zweck nicht auf einen wirtschaftlichen Geschäftsbetrieb gerichtet ist, und welche Rechtsfähigkeit durch die Eintragung in das Vereinsregister erlangen (einschränkend Staub Anm. 3 zu § 33; vgl. unten § 82).

Es sind ferner ausgeschlossen von der Bestimmung des § 33 HGB. diejenigen jur. Personen, welche kraft besonderer Bestimmung nicht in das Handelsregister einzutragen sind, wie die Reichsbank (§ 66 Bankges. vom 14. März 1875) und die Postverwaltungen des Reichs und der Bundesstaaten (§ 452 HGB.), sowie diejenigen juristischen Personen, welche ohne Rücksicht auf den Gegenstand oder die Art und den Umfang ihres Gewerbebetriebes kraft besonderer Bestimmungen einzutragen sind, wie Aktiengesellschaften, Gesellschaften mit beschränkter Haftung, Erwerbs- und Wirtschaftsgenossenschaften, Versicherungsvereine auf Gegenseitigkeit.

Es bleiben also übrig für die Anwendung des § 33 HGB. diejenigen Vereine, deren Zweck auf einen wirtschaftlichen Geschäftsbetrieb gerichtet ist und welche durch staatliche Verleihung Rechtsfähigkeit erlangt haben (§§ 22, 23 BGB.), ferner die Stiftungen (§ 80 BGB.), die Kolonialgesellschaften (§§ 11—13 Schutzgebietsgesetz vom 10. Sept. 1900), die Gewerkschaften (Goldmann S. 160); auch Vereine, die einem fremden Staate angehören, wenn sie nach dessen Gesetzen rechtsfähig sind und ihre Rechtsfähigkeit durch Beschluß des Bundesrats anerkannt ist (Art. 10 EG. z. BGB.).

Voraussetzung bleibt aber immer, daß der Gewerbebetrieb eine der im § 1 Abs. 2 HGB. bezeichneten Arten von Geschäften zum Gegenstande hat und über den Umfang des Kleingewerbebetriebes hinausgeht oder nach Art und Umfang einen in kaufmännischer Weise eingerichteten Geschäftsbetrieb erfordert (§ 2 HGB.). Liegen diese Voraussetzungen, daß eine derartige juristische Person als Vollkaufmann anzusehen ist, vor, so kann die Anmeldung gemäß § 14 HGB. erzwungen werden.

Auch diejenigen juristischen Personen, die gemäß § 3 Abs. 2 HGB. ein Nebengewerbe der Land- oder Forstwirtschaft betreiben, können ihre Eintragung bewirken (Goldmann I S. 160 Staub Anm. 6 zu § 33).

II. Der Anmeldung sind beizufügen: Die Satzung, wenn eine solche vorhanden ist, und die Urkunden über Bestellung des Vorstandes, beides in Urschrift oder in öffentlich beglaubigter Abschrift; letztere nicht bei der Anmeldung einer Zweigniederlassung. Die Mitglieder des Vorstandes haben ihre Unterschrift zur Aufbewahrung bei dem Gerichte zu zeichnen.

Wie der Vorstand zu bestellen ist, bestimmt sich nach den für die einzelne juristische Person in Betracht kommenden gesetzlichen Vorschriften; für Vereine des § 22 BGB. erfolgt sie durch die Mitgliederversammlung, falls nicht der Gesellschaftsvertrag ein anderes bestimmt; die Verwaltung einer Stiftung kann auch von einer öffentlichen Behörde geführt werden (§ 27, § 86 BGB.). Außer der ordnungsmäßigen Bestellung des Vorstandes ist vom Registerrichter zu prüfen, ob überhaupt eine juristische Person vorhanden ist. Daher ist die staatliche Verleihungsurkunde, die Urkunde über Genehmigung seitens des Bundesstaates oder Bundesrates (§§ 22, 23, 80 BGB.) beizubringen. Weiter ist zu prüfen, ob der Gegenstand des Unternehmens unter § 1 Abs. 2 HGB. fällt, oder die nach § 2, § 3 Abs. 2 erforderliche Art und der Umfang des Geschäftsbetriebes vorhanden ist, und es sich um ein Nebengewerbe der Land- oder Forstwirtschaft handelt, natürlich auch, ob die Satzung keine gesetzwidrigen Bestimmungen enthält.

III. Einzutragen sind die Firma, der Sitz, der Gegenstand des Unternehmens und die Mitglieder des Vorstandes.

Für die Firma sind keine besonderen Vorschriften gegeben, sie wird in der Regel der Name der juristischen Person sein, doch gelten auch für sie die Vorschriften des § 18 Abs. 2, §§ 22, 30 HGB. (Staub Anm. 10 zu § 33 HGB.).

Der Sitz kann ein freigewählter sein und braucht mit dem Ort der tatsächlichen Verwaltung nicht übereinzustimmen (vgl. oben § 29 I [1]).

Der Gegenstand muß erkennen lassen, um was für einen Gewerbebetrieb es sich handelt.

In Sp. 7 ist noch einzutragen die Bezeichnung als „juristische Person“, die Art der juristischen Person (z. B. Gewerkschaft, Kolonialgesellschaft), der Tag der Feststellung der Satzung, etwaige Bestimmungen über die Zeitdauer des Unternehmens und über die Befugnisse des Vorstandes zur Vertretung. Die Vertretungsmacht des Vorstandes kann gemäß § 26 BGB. mit Wirkung gegen Dritte beschränkt werden (vgl. § 86).

IV. Jede Änderung im Bestande des Vorstandes, der eingetragenen Tatsachen oder der Satzung in anderen Punkten muß angemeldet und eingetragen werden. Hier erfolgt die Anmeldung durch den „Vorstand“, also in der Zusammensetzung, wie er zur Vertretung berechtigt ist. Die Eintragung erfolgt wie bei der Aktiengesellschaft bei den einzelnen Eintragungen oder allgemein Sp. 7: Durch Beschluß der Generalversammlung vom ...... ist die Satzung hinsichtlich der Zeit der Generalversammlung geändert; wobei dann in Sp. Bemerkungen zu vermerken ist: Der Beschluß vom ...... befindet sich Blatt ...... der Registerakten.

V. Ebenso sind die Auflösung der juristischen Person, die ersten Liquidatoren und besondere Bestimmungen über ihre Vertretungsbefugnis durch den Vorstand anzumelden und einzutragen.

Die Auflösung kann erfolgen durch Beschluß der Mitgliederversammlung, durch Zeitablauf, durch die Behörde auf Grund des öffentlichen Vereinsrechts (§ 74 Abs. 3

BGB.; § 2 Vereinsges. vom 19. April 1908), wegen Unmöglichwerden des Stiftungszweckes (§ 87 BGB.). Die Eröffnung, Einstellung, Aufhebung des Konkursverfahrens wird von Amts wegen auf Mitteilung des Konkursgerichts eingetragen; auch die Eintragung gerichtlich bestellter Vorstandsmitglieder oder Liquidatoren erfolgt von Amts wegen.

Auch die Liquidatoren haben ihre Unterschrift zu zeichnen; spätere Änderungen im Bestande der Liquidatoren sind von diesen anzumelden. Eine Liquidation braucht nur dann nicht stattzufinden, wenn das Vermögen gemäß §§ 46, 47 BGB. an den Fiskus fällt.

Die Liquidation erfolgt durch den Vorstand, falls nicht andere Personen in der Satzung dazu bestimmt sind. Nach Beendigung der Liquidation ist das Erlöschen der Firma zur Eintragung anzumelden. Ein Erlöschen der Firma kann auch eintreten, wenn die juristische Person aufhört, Vollkaufmann zu sein.

VI. Wie schon erwähnt, brauchen handelsgewerbliche Unternehmungen des Reichs, eines Bundesstaats oder eines inländischen Kommunalverbandes, also nicht auch ausländische juristische Personen öffentlichen Rechts, nicht in das Handelsregister eingetragen zu werden, können es aber. Eine Eintragung wird erforderlich, wenn für ein derartiges Handelsgewerbe ein Prokurist bestellt wird, da Erteilung der Prokura anzumelden und in das HR. einzutragen ist (Goldmann Ziff. 2 zu § 36 HGB.; a. M. Staub Anm. 2 zu § 36). Erfolgt die Anmeldung, welche durch den Vorstand zu bewirken ist, ohne daß die Vorstandsmitglieder ihre Unterschrift zur Aufbewahrung zu zeichnen brauchen, so ist die Eintragung auf die Angabe der Firma des Sitzes des Unternehmens — also nicht der juristischen Person wie im Fall des § 33 Abs. 3 HGB. — und des Gegenstandes des Unternehmens zu beschränken.

Folgerichtig wird auch eine Änderung dieser Tatsachen anzumelden und einzutragen sein.

Ist die Eintragung einmal erfolgt, so steht es nicht im Belieben dieser öffentlichen Körperschaften, sich jederzeit wieder löschen zu lassen; die Löschung kann vielmehr nur auf Grund der allgemeinen Vorschriften erfolgen (Joh. 20 B 19).

Bekanntzumachen ist in den Fällen der §§ 33, 36 das, was eingetragen ist, nicht mehr und nicht weniger, nur die auf Mitteilung des Konkursgerichts erfolgten Eintragungen werden nicht veröffentlicht.

§ 49.

Die Gesellschaft mit beschränkter Haftung.

(Gesetz vom 20. April 1892 und vom 20. Mai 1898.)

Die Gesellschaft mit beschränkter Haftung ist eine sehr beliebte und häufig angewendete Gesellschaftsform, da sie sowohl der offenen Handelsgesellschaft wie der Aktiengesellschaft gegenüber Vorzüge im geschäftlichen Verkehr hat.

Denn sie kann zu jedem gesetzlich zulässigen Zwecke errichtet werden, nicht nur wie die offene Handelsgesellschaft zum Betriebe eines Handelsgewerbes, und gilt doch als Handelsgesellschaft (§ 105 HGB.; § 1, § 13 Abs. 3 Ges. vom 20. Mai 1898).

Eine persönliche Haftung der Gesellschafter für die Verbindlichkeiten der Gesellschaft den Gläubigern gegenüber tritt nicht ein, nur das Gesellschaftsvermögen haftet (§ 13 Abs. 2 Ges.).

Wenn aber vor Eintragung im Namen der Gesellschaft gehandelt ist, haften die Handelnden persönlich und solidarisch (§ 11 Abs. 2 Ges. vom 20. Mai 1898).

Tod eines Gesellschafters hat nicht die Auflösung zur Folge, wenn nichts anderes bestimmt ist; zur Vertretung ist nicht in erster Linie jeder Gesellschafter ermächtigt, sondern der besonders bestellte Geschäftsführer, der kein Gesellschafter zu sein braucht.

Von der Aktiengesellschaft unterscheidet sie sich unter anderem dadurch, daß die Stammeinlage jedes Gesellschafters nur mindestens 500 M. betragen kann, daß bei der Anmeldung nur mindestens 250 M. von jeder Stammeinlage eingezahlt zu sein brauchen, daß schon bei der Gründung eine Verschiedenheit der Geschäftsanteile zulässig ist, und daß vor allem keine Prüfung stattfindet, ob bei etwaigen Sacheinlagen oder Übernahme von Vermögensgegenständen der festgesetzte Geldwert oder die zu gewährende Vergütung angemessen ist, ferner dadurch, daß schon zwei Gesellschafter zur Gründung ausreichend sind (ein Ehepaar), daß kein Aufsichtsrat bestellt zu werden braucht und ein etwa bestellter von den in §§ 243 ff. HGB. gegebenen Vorschriften befreit werden kann (§ 52 Ges. vom 20. Mai 1898), daß eine Bilanz nur beim Betriebe von Bankgeschäften zu veröffentlichen ist (§ 41 Ges.).

Doch ist andererseits die Abtretung von Geschäftsanteilen dadurch erschwert, daß es dazu eines in gerichtlicher oder notarieller Form geschlossenen Vertrages bedarf, daß der Gesellschaftsvertrag noch weitere Voraussetzungen bestimmen kann, insbesondere die Genehmigung der Gesellschafter, und daß solche in schriftlicher Form stets erforderlich ist bei Abtretung von Teilen eines Geschäftsanteiles an Nichtgesellschafter. Nur für Veräußerung von Teilen eines Geschäftsanteils an andere Gesellschafter und für Teilung von Geschäftsanteilen verstorbener Gesellschafter unter deren Erben kann im Gesellschaftsvertrage bestimmt werden, daß eine Genehmigung der Gesellschaft nicht erforderlich ist (§§ 15, 17 Ges.).

Die G. m. b. H. besteht „als solche" erst mit der Eintragung, wenn auch schon vorher der Gesellschaftsvertrag abgeschlossen und dadurch im Rechtsverkehr eine Vereinigung geschaffen ist; aber „als solche" hat sie nach der Eintragung selbständig ihre Rechte und Pflichten und juristische Persönlichkeit. Der erstrebte Zweck muß nur gesetzlich zulässig sein, und darf nicht gegen ein gesetzliches Verbot verstoßen; auch dürfen besondere Reichs- oder Landesgesetze nicht entgegenstehen. So ist die Begründung einer Religionsgesellschaft in der Form einer G. m. b. H. unzulässig, weil nach Art. 13 Preuß. Verfass. Religionsgesellschaften nur durch besonderes Gesetz Korporationsrechte erlangen können (Joh. 30 A 129; 31 A 183).

Das Versicherungsgesetz vom 12. Mai 1901 schließt in § 6 Abs. 2 die G. m. b. H. vom Betriebe gewisser Versicherungsgeschäfte aus. Das Hypothekenbankgesetz vom 13. Juli 1899 untersagt den Gesellschaften m. b. H. in § 2 den Betrieb eines Hypothekenbankgeschäfts.

§ 50.

Errichtung. Inhalt des Gesellschaftsvertrages.

Die Errichtung einer G. m. b. H. erfolgt durch Abschluß eines Gesellschaftsvertrages entweder so, daß die Gesellschafter nur zur Einzahlung der Stammeinlagen verpflichtet werden, oder so, daß sie außerdem noch zu Nachschüssen, beschränkten oder unbeschränkten, verbunden sind (§ 26 Ges.).

Von der unbeschränkten Nachschußpflicht kann sich der Gesellschafter dadurch befreien, daß er seinen Geschäftsanteil der Gesellschaft zur Verfügung stellt, entweder ganz allgemein oder nur dann, wenn die Nachschüsse einen bestimmten Betrag überschreiten und dies im Gesellschaftsvertrage vorgesehen ist. Bei beschränkter Nachschußpflicht kann der Gesellschaftsvertrag ebenfalls diese Befreiungsmöglichkeit, das sog. Abandonrecht, anordnen.

Der Vertrag muß von sämtlichen ersten Gesellschaftern unterzeichnet sein; Sukzessivgründung, d. h. Errichtung des Statuts durch eine Person und nachheriger Beitritt anderer durch Zeichnung oder Übernahme von Einlagen, ist unzulässig.

Es können aber Antrag und Annahme besonders beurkundet werden (§§ 128, 152 BGB.), auch können die Beteiligten nacheinander vor dem Notar erscheinen (DJZ. 13 S. 1084). Abschluß unter Vorbehalt oder aufschiebender Bedingung läßt die Eintragung erst zu, wenn die Bedingung eingetreten ist (Staub-Hachenburg § 2 Anm. 34).

Der Gesellschaftsvertrag muß in gerichtlicher oder notarieller Form abgeschlossen sein. Beglaubigung der Unterschriften genügt nicht. Zur Beurkundung ist jedes Amtsgericht — nicht nur das Registergericht (Art. 31 R. FrG.) — und jeder Notar zuständig. Bevollmächtigung ist zulässig, doch muß die Vollmacht gerichtlich oder notariell errichtet oder beglaubigt sein; Generalvollmacht genügt.

Die Vertragschließenden können physische oder juristische Personen sein. Letztere müssen ordnungsmäßig vertreten sein und müssen das nachweisen.

Auch rechtsfähige, eingetragene Vereine können sich beteiligen, unter der wohl selten zu treffenden Voraussetzung, daß der Zweck der G. m. b. H. nicht auf einen wirtschaftlichen Geschäftsbetrieb gerichtet ist (§ 21 BGB.).

Für nichtverpflichtungsfähige physische Personen tritt deren Vertreter auf, die Genehmigung des Vormundschaftsgerichts aus § 1822 Nr. 3 BGB. ist zwar nicht erforderlich, weil die Vertragschließenden nicht das Erwerbsgeschäft selber betreiben wollen, sondern die G. m. b. H. als juristische Person, wohl aber ist sie erforderlich aus § 1822 Nr. 10 BGB. wegen Übernahme der Haftung gemäß § 24 Ges. für vollständige Einzahlung des Stammkapitals und gemäß § 31 Abs. 3, 4 Ges. wegen Erstattung des Betrages der entgegen § 30 Ges. gezahlt ist (Beschl. d. Kammerger. vom 31. Jan. 1913 in DJZ. 1913 S. 1140, Joh. 44 A 142; a. M. Staub § 2 Anm. 23 a).

Der Prokurist kann das von ihm vertretene Handelsgeschäft an einer G. m. b. H. beteiligen, ein Testamentsvollstrecker ist dazu nicht befugt (Joh. 33 A 135; a. M. Staub Anm. 10 zu § 2).

Inhalt des Gesellschaftsvertrages.

A. Der Gesellschaftsvertrag muß enthalten:

Firma und Sitz der Gesellschaft,
Gegenstand des Unternehmens,
Betrag des Stammkapitals,
Betrag der von jedem Gesellschafter auf das Stammkapital zu leistenden Einlage (Stammeinlage).

I. Die Firma kann eine Sachfirma oder eine Personenfirma sein. Im ersteren Falle muß sie vom Gegenstand des Unternehmens entlehnt sein, d. h. sie braucht den Gegenstand nicht vollständig anzugeben, muß aber eine Hinweisung und Andeutung darauf enthalten.

So läßt „Grundstücksgesellschaft“ in der Firma erkennen, daß es sich um Erwerb, Verwertung von Grundstücken handelt; „Fürstenbrunn“, daß das bekannte Mineralwasser hergestellt und vertrieben wird, „Kosmin“, daß eine Ware mit diesem Warenzeichen gehandelt werden soll. Auch eine von einem Wortzeichen der Waren entnommene Firma unter dem ein solcher Handel getrieben werden soll, ist zulässig, wenn dieses nachweislich zum Schutze bereits angemeldet ist (Marcus in Blätter für Rechtspflege 1912 Nr. 5). Eine bloße Phantasiebezeichnung, die mit dem Gegenstande in gar keiner Beziehung steht, allein als Firma ist aber unzulässig; höchstens als Zusatz (Joh. 20 A 267).

Die Personenfirma muß entweder die Namen aller Gesellschafter enthalten oder wenigstens den Namen eines Gesellschafters und einen das Vorhandensein eines Gesellschaftsverhältnisses andeutenden Zusatz: „wie Gesellschaft“, „und Co.“

Ein Vorname braucht nicht beigefügt zu sein, auch nicht bei Frauen (Joh. 39 A 114). Die Namen anderer Personen als der Gesellschafter dürfen in die Firma nicht aufgenommen werden. Ob ein in der Firma gebrauchter Name den „Namen einer Person“ darstellt, ist Tatfrage (cf. System „Berlitz“; Joh. 35 A 167).

Ist ein Gesellschafter eine juristische Person, etwa eine Aktiengesellschaft, so kann auch deren Namen in der Firma verwendet werden (z. B. „Siemens & Halske, Fabrik für Ferndruckapparate, Gesellschaft mit beschränkter Haftung“. (Bei Staub-Hachenburg § 4 Anm. 3 Abs. 3.)

Diese Vorschriften werden durchbrochen, wenn die Firma eine abgeleitete ist, wenn bei der Gründung ein Geschäft eines Vollkaufmanns mit Firma erworben wird. Dann kann gemäß § 22 HGB. die bisherige Firma mit oder ohne Nachfolgerzusatz fortgeführt werden, es kann also ein Gesellschafter sein Geschäft mit einer Firma, die garnicht seinen Namen, sondern den seines Rechtsvorgängers enthält, in die G. m. b. H. einbringen.

In allen Fällen aber bei Sach- und Personenfirmen, bei ursprünglichen und bei abgeleiteten Firmen muß die Firma den Zusatz „mit beschränkter Haftung“ enthalten, sonst ist die Firmenbezeichnung, und damit ein notwendiger Bestandteil des Gesellschaftsvertrages, nichtig. Der Zusatz lautet nur „mit beschränkter Haftung“, aber „Gesellschaft mit beschränkter Haftung“ ist nicht unzulässig; der Zusatz braucht nicht notwendig am Ende der Firma zu stehen. Vgl.: „Colla, Gesellschaft mit beschränkter Haftung zum Handel mit chemischen Produkten“.

Im rechtsgeschäftlichen Verkehr muß der Zusatz ausgeschrieben und darf nicht verkürzt werden (Joh. 36 A 127; anders OLG. Hamburg Joh. 39 A 102).

Außer diesem notwendigen Zusatz können gemäß § 18 HGB., der auch auf die G. m. b. H. Anwendung findet (Joh. 33 A 126), der Firma auch Zusätze zur Unterscheidung der Person oder des Geschäfts beigefügt werden, aber nicht solche, die geeignet sind, eine Täuschung über die Art oder den Umfang des Geschäfts oder die Verhältnisse des Geschäftsinhabers herbeizuführen. Alle wahrheitswidrigen Zusätze sind unzulässig (Joh. 29 A 212). Unzulässig ist z. B. die Bezeichnung als „Bank“ für ein Unternehmen, das nicht mit großem Kapital ausgestattet ist und nicht als Bankiergewerbe im eigentlichen Sinne betrieben wird (Joh. 33 A 122), „Werk“ bei kleinerem Betriebe (Joh. 41 A 109). Die Bezeichnung als „Finanzierungsgesellschaft“ ist unzulässig, wenn es sich nicht um wirkliche Finanzierung von Unternehmungen im kaufmännischen Sinne handelt. Näheres siehe oben § 14.

Auch der Grundsatz der Ausschließlichkeit gilt für die Firma der G. m. b. H. In Joh. 26 A 216 ist der Zusatz „Gesellschaft mit beschränkter Haftung" zu „Automat" als genügend unterscheidend angesehen von „Automat Aktiengesellschaft".

II. Der Sitz der Gesellschaft kann wie bei der Aktiengesellschaft frei gewählt werden, er braucht nicht notwendig der Ort sein, an dem das Geschäft und die Verwaltung geführt wird. Ist aber der nominelle Sitz von dem Orte der tatsächlichen Verwaltung verschieden, so muß für letzteren Ort eine Zweigniederlassung angemeldet werden, selbst wenn beide Orte im selben Registerbezirk liegen (Joh. 39 A 117). Mehr als ein Ort kann als Sitz nicht bestimmt werden, im übrigen gelten die allgemeinen Vorschriften.

III. Als Gegenstand des Unternehmens kann jeder Betrieb zu einem erlaubten Zwecke angegeben werden. Diese Angabe muß aber so spezialisiert werden, daß wenigstens erkennbar ist, welcher Art die zu betreibenden Geschäfte sind, insbesondere, ob auch Bankgeschäfte betrieben werden (wegen § 41[4] Ges.). Bei allgemeiner Bezeichnung „Handelsgeschäfte jeder Art" ist der Vertrag wohl nicht nichtig (RG. 62, 96), die Eintragung kann aber beanstandet werden (Joh. 34 A 149; anders Staub Anm. 9 zu § 113).

IV. Stammkapital ist das Grundkapital, die Gesamtheit derjenigen Werte, die die sämtlichen Gesellschafter eingelegt haben oder einzulegen haben. Das zur Erhaltung des Stammkapitals erforderliche Vermögen der Gesellschaft darf nicht an die Gesellschafter ausgezahlt werden, sondern soll den Gläubigern erhalten werden (§ 30 Ges.).

Der Betrag des Stammkapitals muß mindestens 20 000 M. sein und kann auch darunter nicht herabgesetzt werden. Die Stammeinlage ist das, was jeder einzelne Gesellschafter eingelegt oder einzulegen hat. Die Summe der Stammeinlagen ergibt das Stammkapital. Jede Stammeinlage muß mindestens 500 M. betragen; der Betrag kann für die einzelnen Gesellschafter verschieden sein, muß aber in Mark durch 100 teilbar sein.

Bei der Errichtung der Gesellschaft kann kein Gesellschafter mehrere Stammeinlagen übernehmen, auch nicht bei Erhöhung des Stammkapitals (§ 55 Abs. 4 Ges.). Es sollen nur soviele Mitgliedschaften entstehen als Gründer vorhanden sind. Anders bei der Aktiengesellschaft.

Ob umgekehrt mehrere Gesellschafter bei der Gründung einen Stammanteil gemeinsam übernehmen können, wird von Staub Anm. 27 zu § 2 bejaht, vom Kammergericht verneint (Joh. 33 A 135). Für die Leistung ihrer Stammeinlage haften die Gesellschafter der Gesellschaft gegenüber und subsidiär auch für die Leistung der Stammeinlagen der übrigen Gesellschafter (§§ 19, 20, 22, 24 Ges.), vgl. DJZ. 1914 S. 89.

Verschieden von der Stammeinlage ist der Geschäftsanteil: die Gesamtheit der sich aus der Übernahme der Stammeinlage ergebenden Rechte und Pflichten eines jeden Gesellschafters. Stammeinlage und Geschäftsanteil decken und bedingen einander gegenseitig. Ein jeder Gesellschafter kann nur einen Geschäftsanteil haben, doch kann er zu seinem ursprünglichen Geschäftsanteil einen andern selbständig hinzuerwerben (§ 15 Abs. 2), auch bei der Kapitalserhöhung (§ 55 Abs. 3 Ges.). Eine Teilung von Geschäftsanteilen findet nur im Falle der Veräußerung und Vererbung statt (§ 17 Abs. 6 Ges.; Joh. 35 A 175).

Im Falle der Veräußerung eines Geschäftsanteiles gilt der Gesellschaft gegenüber nur derjenige als Erwerber, dessen Erwerb unter Nachweis des Überganges bei der Gesellschaft angemeldet ist (§ 16 Ges.).

Ist über die Art der Einlagen nichts bestimmt, so müssen sie in Geld erfolgen; es sind aber auch noch andere Werte dazu geeignet, Sacheinlagen. Sollen aber solche gemacht werden, so muß dies im Gesellschaftsvertrage vorgesehen sein, und die Person des Gesellschafters, der die Sacheinlage macht, der Gegenstand der Einlage oder der von der Gesellschaft übernommenen Vermögensgegenstände, sowie der Geldwert, für den die Einlage angenommen, oder die für übernommene Gegenstände zu gewährende Vergütung festgesetzt werden.

Als Sacheinlage kann alles eingebracht werden, was Verzögerungswert hat und übertragbar ist: körperliche Sachen, Sachgesamtheit, eine Nachlaßmasse, Handelsgeschäfte, Forderungen, Rechte (RJA. 12, 58), auch immaterielle Rechte, wie Urheberrechte, Patentrechte, „Inseratenvertretung", wenn sie übertragbar ist (Joh. 44 A 146), Gebrauchs- und Geschmacksmuster, sogar Sachen, die dem Einbringenden zurzeit noch garnicht gehören.

Dagegen eignet sich nicht ein Gegenstand, der vielleicht einmal in Zukunft einen Vermögenswert haben kann, wie die Aussicht auf Anknüpfung und Ausnützung günstiger Geschäftsverbindungen. Es kann auch ausgemacht werden, daß die Gesellschaft einen Gegenstand gegen Vergütung übernimmt und diese auf die Stammeinlage angerechnet werden soll (Übernahmeverträge).

Die Einlagen müssen im Gesellschaftsvertrage so genau bezeichnet werden, daß hinsichtlich ihrer Identität kein Zweifel obwaltet (Joh. 38 A 161). Bei mehreren gleichartigen Gegenständen gehört dazu stets die Angabe der Zahl, nur bei Einbringung einer Sachgesamtheit genügt eine zusammenfassende Bezeichnung. Die Festsetzung des Geldwertes oder der Vergütung unterliegt lediglich dem Ermessen der Beteiligten, eine Prüfung der Richtigkeit und Angemessenheit wie bei der Aktiengesellschaft findet nicht statt, auch der Registerrichter ist nicht befugt, den Wert nachzuprüfen; selbst wenn die Einlagen als „faul" erscheinen (Joh. 44 A 148).

B. Weitere Bestimmungen, die gültig nur im Gesellschaftsvertrage getroffen werden können, sind namentlich: die Beschränkung des Unternehmens auf eine gewisse Zeit und die Auferlegung noch anderer Verpflichtungen der Gesellschafter außer der Leistung von Kapitaleinlagen.

Die Zeit braucht nicht kalendermäßig im voraus bestimmt sein, es kann auch ein der Zeit nach bestimmbar eintretendes Ereignis als Endpunkt bestimmt werden.

Mit Ablauf des festgesetzten Zeitpunktes wird die Gesellschaft von selber aufgelöst. Nachher ist ein Beschluß über Verlängerung der Gesellschaft nicht mehr zulässig, wohl aber kann vor Ablauf im Wege der Abänderung des Gesellschaftsvertrages eine Verlängerung oder die Auflösung der Gesellschaft beschlossen werden. Ein vor Ablauf der Zeit gefaßter Verlängerungsbeschluß muß aber auch vor Ablauf der Zeit in das Handelsregister eingetragen werden, weil er eine Abänderung des Gesellschaftsvertrages enthält und erst mit der Eintragung rechtliche Wirksamkeit erhält (Joh. 34 A 166; 32 A 154). Ein den Gesellschaftern eingeräumtes Kündigungsrecht steht der Beschränkung auf eine gewisse Zeit gleich (RG. 21. Juni 1912; JW. 878 Nr. 47).

Die anderen Verpflichtungen, die außer der Kapitaleinlage — eine solche muß also immer vorhanden sein — noch auferlegt werden können, können in allem bestehen, was Gegenstand eines Schuldverhältnisses sein kann, wie: Sachleistungen, Überlassung der von dem Gesellschafter hergestellten Waren an die Gesellschaft für einen bestimmten Preis, Leistung von Diensten, Verpflichtung, Rüben zu bauen und an die Gesellschaft abzuliefern (RG. 79, 333). Hierbei ist nicht, wie bei der Aktiengesellschaft (§ 212 HGB.), erforderlich, daß die Übertragung der Geschäftsanteile an die Genehmigung der Gesellschaft geknüpft ist.

Später ist eine Auferlegung oder Erschwerung derartiger Verpflichtungen nur mit Zustimmung des Belasteten möglich (§ 53 Abs. 3 Ges.). Auch sonst steht es den Gesellschaften frei, ihre Verhältnisse und die der Gesellschaft frei zu regeln, soweit nicht zwingende Gesetzesvorschriften entgegenstehen. Wie schon erwähnt, kann bestimmt werden, daß zur Abtretung von Geschäftsanteilen die Genehmigung der Gesellschaft erforderlich ist, daß die Veräußerlichkeit und Vererblichkeit der Geschäftsanteile gänzlich ausgeschlossen sein soll (RG. 80, 175), daß die Gesellschafter zu Nachschüssen verpflichtet sein sollen, daß ein Aufsichtsrat bestellt wird und seine Stellung abweichend von den Vorschriften der §§ 243, 244—248, 249 HGB. geregelt wird; weiter, daß die Verteilung des Reingewinns nach einem besonderen Maßstab erfolgen soll; Zinsen und Vorschüsse auf den Reingewinn dürfen aber nicht zugesichert werden (§ 29 Ges.). Denn die Gesellschafter haben nur Anspruch auf den Reingewinn. Es kann auch bestimmt werden, daß eine Amortisation von Geschäftsanteilen erfolgen kann, daß die Geschäftsführer ihre Willenserklärungen in einer bestimmten Form abzugeben haben, wie die von der Gesellschaft ausgehenden Bekanntmachungen erfolgen sollen, daß für den Beschluß auf Abänderung des Gesellschaftsvertrages noch weitere Erfordernisse als drei Viertel Mehrheit erfüllt sein müssen, daß die Auflösung der Gesellschaft aus noch anderen Gründen als den gesetzlichen erfolgen soll.

§ 51.

Der Geschäftsführer.

Nach § 6 Ges. muß die Gesellschaft einen oder mehrere Geschäftsführer haben; die Bestellung muß vor der Anmeldung erfolgen, entweder im Gesellschaftsvertrage selber, oder durch Beschluß der Gesellschafter, wenn nicht der Gesellschaftsvertrag eine andere Art der Bestellung vorsieht, z. B. durch den Aufsichtsrat. Die Bestellung im Gesellschaftsvertrage ist nicht ein Teil dieses und die Bestellung kann ohne formelle Abänderung des Gesellschaftsvertrages geändert werden (Joh. 21 A 161). Ist im Gesellschaftsvertrage bestimmt, daß sämtliche Gesellschafter zur Geschäftsführung berechtigt sein sollen, so gelten nur die der Gesellschaft bei Festsetzung dieser Bestimmung angehörenden Personen als die bestellten Geschäftsführer. Scheidet also ein derartiger Gesellschafter aus, so erlischt auch seine Eigenschaft als Geschäftsführer.

Die Bestellung außerhalb des Gesellschaftsvertrages setzt einen ordnungsmäßig, in einer ordnungsmäßig einberufenen Gesellschaftsversammlung zustande gekommenen Beschluß, oder die schriftliche Zustimmungserklärung sämtlicher Gesellschafter (§ 48 Ges.) voraus, oder einen Beschluß des Aufsichtsrats, oder des sonst zur Bestellung des Geschäftsführers bestimmten Organs. Der Geschäftsführer braucht nicht Gesellschafter zu sein, es kann aber nur eine physische Person dazu bestellt werden, auch Frauen sind geeignet. Geschäftsfähigkeit des zu Bestellenden ist erforderlich, es schadet aber nichts, wenn die Person in der Geschäftsfähigkeit beschränkt ist (Staub-Hachenburg Anm. 38 § 35). Der Gesellschaftsvertrag kann besondere Erfordernisse aufstellen. Auch das Registergericht kann in dringenden Fällen gemäß § 29 BGB. auf Antrag eines Beteiligten einen Geschäftsführer bestellen, wenn ein solcher nicht, oder nicht die erforderliche Anzahl vorhanden ist, oder rechtlich oder tatsächlich verhindert ist (Joh. 23 A 105). Das Verfahren richtet sich nach §§ 145, 146 R. FrG.

Der Geschäftsführer hat die Stellung eines gesetzlichen Vertreters der Gesellschaft. Sind mehrere bestellt, so gilt für sie die Regel der Kollektivvertretung (§ 35 Abs. 2 Ges.). Der Gesellschaftsvertrag kann jedoch für die Form ihrer Willenserklärungen und ihrer Zeichnungen besondere Bestimmungen treffen. Eine Übertragung dieser Befugnis an andere Organe, z. B. den Aufsichtsrat, wie bei der Aktiengesellschaft (§ 232 HGB.), ist unzulässig (Staub Anm. 20 zu § 35). Es ist dies aber nicht unbestritten.

Eine derartige Regelung kann dahin erfolgen, daß jedem einzelnen Geschäftsführer oder mehreren die Einzelvertretungsbefugnis eingeräumt wird, es ist auch zulässig, von zwei Gesellschaftern dem einen Alleinvertretung zu geben, während der andere nur mit jedem gemeinsam die Gesellschaft zu vertreten berechtigt ist (RJA. 11, 213), oder dahin, daß für einen oder mehrere Geschäftsführer gemeinschaftliche Vertretung mit einem Prokuristen angeordnet wird. Dagegen ist es nicht zulässig, daß, wenn nur e i n Geschäftsführer vorhanden ist, dessen Vertretungsbefugnis durch die Mitwirkung eines Prokuristen beschränkt wird (Joh. 20 A 30), oder daß von mehreren Geschäftsführern jeder einzelne nur zusammen mit einem Prokuristen vertretungsberechtigt sein soll (Joh. 29 A 95; Cohn S. 486; Staub Hachenburg Anm. 23 zu § 35). Auch ist die Bestimmung unzulässig, daß ein Geschäftsführer, der die Gesellschaft in Gemeinschaft mit einem Prokuristen vertritt, die Gesellschaft in einzelnen Geschäften, z. B. in allen den Grundstücks- und Hypothekenverkehr betreffenden Angelegenheiten allein vertreten könne (Joh. 42 § 170).

Eine Beschränkung des Inhaltes der Vertretungsbefugnis der Geschäftsführer hat nach außen, dritten Personen gegenüber, keine rechtliche Wirkung, insbesondere nicht eine Beschränkung auf gewisse Geschäfte, gewisse Arten von Geschäften, auf gewisse Zeit oder für gewisse Orte (§ 37 Abs. 2 Ges.). Eine derartige Bestimmung darf nicht eingetragen werden.

Die Bestellung ist jederzeit widerruflich, nur dahin kann im Gesellschaftsvertrage die Widerruflichkeit eingeschränkt werden, daß der Widerruf nur aus wichtigen Gründen — Pflichtverletzung, Unfähigkeit — erfolgen darf.

Ob derartige wichtige Gründe einen Widerruf rechtfertigen, hat nicht der Registerrichter zu prüfen, sondern der Prozeßrichter (Staub Anm. 6 zu § 38). Dem Geschäftsführer bleibt es überlassen, den seinen Widerruf aussprechenden Beschluß im Prozeßwege anzufechten. Er kann auch die Eintragung des erfolgten Widerrufs durch eine einstweilige Verfügung verhindern. Streitig ist, ob ein Gesellschafter bei der Beschlußfassung über seine eigene Ernennung zum Geschäftsführer und bei seiner Abberufung mitstimmen darf. Das Kammergericht hat jetzt diese Frage bejaht (Joh. 40 A 73). Dafür auch RG. 74, 277 hinsichtlich der Bestellung.

Die für Geschäftsführer geltenden Vorschriften finden auch Anwendung auf Stellvertreter. Auch sie sind als solche einzutragen (Joh. 24 A 194).

Es sei schon jetzt hervorgehoben, daß auch die Stellvertreter bei Anmeldungen die durch **sämtliche** Geschäftsführer zu erfolgen haben, mitwirken müssen. Jede Änderung in den Personen der Geschäftsführer sowie die Beendigung der Vertretungsbefugnis eines Geschäftsführers ist nach § 39 Ges. zur Eintragung anzumelden. Eine Änderung der Personen der Geschäftsführer kann eintreten durch Tod, Widerruf, Niederlegung des Amtes; eine Beendigung der Vertretungsbefugnis tritt ein, wenn die Art der Vertretung sich ändert, wenn allein vertretungsberechtigte Geschäftsführer fortan nur kollektiv vertre ungsberechtigt sein sollen, oder umgekehrt (Staub § 39 Anm. 1). Die Anmeldung hat durch so viele Geschäftsführer zu erfolgen, als zur Vertretung der Gesellschaft überhaupt nötig sind. Die ausgeschiedenen dürfen dabei nicht mehr mitwirken, die neubestellten müssen mitwirken und auch ihre Unterschrift zeichnen. Ist der einzige Geschäftsführer ausgeschieden, so muß der neubestellte seine Bestellung und das Ausscheiden des bisherigen anmelden. Sind nicht mehr so viele vorhanden, als zur Vertretung nötig sind, so ist vor der Anmeldung eine Ergänzung erforderlich. Eine Abschrift der Urkunde über die Bestellung oder die Beendigung der Vertretungsbefugnis ist der Anmeldung beizufügen, also des Beschlusses der Gesellschafter oder des dazu ermächtigten Aufsichtsrats. Bei der Anmeldung zum Register einer Zweigniederlassung ist die Beifügung der Urkunde nicht erforderlich.

Ist keine Urkunde vorhanden, wie bei mündlicher Erklärung der Amtsniederlegung, so genügt die Erklärung der Anmeldenden. Auch beim Tode eines Geschäftsführers ist im allgemeinen die Erklärung der Anmeldenden von dem erfolgten Tode ausreichend. Die Urkunden sind daraufhin zu prüfen, ob sich aus ihnen die angemeldeten Änderungen in den Personen der Geschäftsführer ergeben. Ist der Aufsichtsrat zur Bestellung der Geschäftsführer berechtigt, so muß, wenn nicht der Gesellschaftsvertrag anders bestimmt, sein Beschluß von der **Gesamtheit** der Mitglieder des Aufsichtsrats nach außen hin erklärt werden (Joh. 31 A 197).

§ 52.

Die Anmeldung.

Ein Zwang zur Anmeldung einer G. m. b. H. durch Ordnungsstrafen findet nicht statt; da aber die G. m. b. H. vor der Eintragung in das Register des Sitzes der Gesellschaft als solche nicht existiert, muß sie, soll sie zur Existenz kommen, zur Eintragung angemeldet werden. Doch darf die Eintragung erst erfolgen, nachdem von jeder Stammeinlage, soweit nicht andere als in Geld zu leistende Einlagen auf das Stammkapital gemacht sind, ein Viertel, mindestens aber der Betrag von 250 M. eingezahlt ist. Diese Anmeldung muß von **sämtlichen** Geschäftsführern bewirkt werden, also auch etwaigen Stellvertretern, nicht nur wie für andere Anmeldungen von „den Geschäftsführern", d. h. denjenigen und so vielen, die zur Vertretung nach § 35 Ges. befugt und ausreichend sind. Die Anmeldung hat bei dem zuständigen Gericht zu erfolgen, das ist dasjenige, in dessen Bezirk sie ihren im Gesellschaftsvertrag bestimmten Sitz hat.

Über die Form der Anmeldung siehe § 7.

Eine Stellvertretung durch Bevollmächtigte bei der Anmeldung muß, wie bei der Aktiengesellschaft, für unzulässig erachtet werden, weil die nach § 8 Abs. 2 abzugebende Versicherung persönlicher Natur ist (a. M. Staub). Der Anmeldung müssen beigefügt werden: der Gesellschaftsvertrag in Ausfertigung oder in gerichtlich oder notariell beglaubigter Abschrift, für den Fall, daß Bevollmächtigte bei Abschluß des Gesellschaftsvertrages aufgetreten sind, auch die gerichtlich oder notariell aufgenommenen oder beglaubigten Vollmachten oder beglaubigte Abschriften davon, die Legitimation der Geschäftsführer, sofern diese nicht im Gesellschaftsvertrage bestimmt sind, also Beschluß der Gesellschafter oder des Aufsichtsrats oder die Zustimmungserklärung sämtlicher Gesellschafter, eine von sämtlichen Geschäftsführern unterschriebene Liste der Gesellschafter, aus denen Name, Vorname, Stand und Wohnort eines jeden, sowie der Betrag der von einem jeden übernommenen Stammeinlage ersichtlich ist; nur der Betrag muß ersichtlich sein, nicht auch, daß es sich um Geld- oder Sacheinlagen handelt, dies geht aus dem Gesellschaftsvertrage hervor, endlich die Genehmigungsurkunde, wenn der Gegenstand des Unternehmens der staatlichen Genehmigung bedarf (vgl. hierzu oben § 31). Ist ein Aufsichtsrat bestellt, so muß, wenn der Gesellschaftsvertrag nichts anderes bestimmt, auch die Urkunde über die Bestellung des ersten Aufsichtsrats mit eingereicht werden (Joh. 41 A 142).

Auch ist die Versicherung abzugeben, daß auf jede Stammeinlage, soweit nicht andere als in Geld zu leistende Einlagen auf das Stammkapital gemacht sind, ein Viertel, mindestens aber der Betrag von 250 M. eingezahlt ist, und daß der Gegenstand der Leistungen sich in der freien Verfügung der Geschäftsführer befindet. Es ist nicht erforderlich, daß gerade das Wort „versichern" gebraucht wird, es genügt eine Erklärung, daß die Anmeldenden die Verantwortung für die Richtigkeit dieser Angaben übernehmen (RJA. 12, 43). Diese Versicherung muß sich auch auf die Sacheinlagen erstrecken (Joh. 35 A 171). Auch bei den gemischten, d. h. aus Sach- und Geldeinlagen bestehenden Einlagen muß auf den bar zu zahlenden Teil ein Viertel eingezahlt sein (RJA. 12, 129; anders DJZ. 07 S. 1324).

Die Geschäftsführer haben ihre Unterschrift zur Aufbewahrung bei Gericht zu zeichnen. Sind Prokuristen bestellt, so sind auch diese von den Geschäftsführern anzumelden. Die Bestellung von solchen ist Sache der Gesellschafter, Dritten gegenüber ist aber eine Bestellung auch wirksam, wenn sie nur von den Geschäftsführern ausgeht (RG. 75 S. 164). Der Registerrichter hat die Richtigkeit der Bestellung von Prokuristen nicht nachzuprüfen (Joh. 40 A 131). Ist ein minderjähriger Gesellschafter bei der Prokuraerteilung beteiligt, so ist vormundschaftsgerichtliche Genehmigung nicht erforderlich (KG. in DJZ. 1913 S. 1444). Auch wenn ein Geschäft mit Firma übernommen ist und der Übergang der Verbindlichkeiten ausgeschlossen ist, muß dies ausdrücklich zur Eintragung angemeldet werden. Es genügt nicht allein die Aufnahme des Ausschlusses in den Gesellschaftsvertrag (vgl. Staub Anm. 26 zu § 4).

§ 53.

Prüfung, Eintragung und Bekanntmachung.

Vor der Eintragung hat der Registerrichter zu prüfen, ob die beigebrachten Urkunden nach Form und Inhalt den gesetzlichen und statutarischen Vorschriften entsprechen und die verlangte Eintragung rechtfertigen, namentlich also, ob der Inhalt des Gesellschaftsvertrages nicht gegen die Gesetze oder die guten Sitten verstößt, ob er die essentiellen Erfordernisse enthält, und ob die fakultativen Bestimmungen nicht bindende Gesetzesvorschriften verletzen, ob etwaige Sacheinlagen hinreichend bezeichnet sind und ihr Gegenstand geeignet ist, als Sacheinlage zu dienen, ob das Stammkapital und die Stammeinlage die vorgeschriebenen Beträge erreichen, ob der Betrag der Stammeinlage durch hundert Mark teilbar ist, ob die Firma zulässig ist, ob die Legitimation der Vertreter von juristischen Personen, die Vertragschließende sind, geführt ist, ob eine erforderliche Genehmigung des Vormundschaftsgerichts erteilt ist, ob die Gesellschafterliste vollständig ist (vgl. Staub-Hachenburg Anm. 1 zu § 10).

Ergeben sich Anstände, so ist auf deren Beseitigung, soweit diese möglich ist, hinzuwirken, andernfalls die Eintragung unter Angabe der Gründe abzulehnen. Gegen die Beanstandung oder den Beschluß findet das Rechtsmittel der Beschwerde statt.

Der Inhalt der Eintragung ist in § 10 Ges. genau umschrieben. Mehr ist nicht einzutragen.

In Sp. 2 ist die Firma und der Sitz der Gesellschaft anzugeben,
in Sp. 3 der Gegenstand des Unternehmens,
in Sp. 4 der Betrag des Stammkapitals,
in Sp. 5 die Geschäftsführer und deren Stellvertreter mit Namen, Vornamen, Stand und Wohnort
(unter Stand ist auch hier der Beruf zu verstehen, so daß selbst zugelegte Titel unzulässig sind),
in Sp. 6 die Prokura,
in Sp. 7 die Bezeichnung als „Gesellschaft mit beschränkter Haftung", der Tag des Abschlusses des Gesellschaftsvertrages, Bestimmungen über die Zeitdauer der Gesellschaft, über ev. Kündigungen, besondere Bestimmungen über die Befugnis der Geschäftsführer oder der Liquidatoren zur Vertretung der Gesellschaft, auch eine Vereinbarung über Ausschluß des Übergangs der Geschäftsverbindlichkeiten und Forderungen gemäß § 25 HGB., nicht aber die gesetzliche Regel der Kollektivvertretung (a. M. Brand S. 297),
in Sp. 9 die Geschäftsnummer, Tag der Eintragung, Unterschrift des Gerichtsschreibers.

Bekannt zu machen ist der Inhalt der Eintragung, und falls Sacheinlagen gemacht sind oder Übernahmen erfolgen, auch die Person des Gesellschafters, der Gegenstand der Einlage oder Übernahme und der Geldwert, für den die Einlage übernommen, oder die Vergütung, welche für die übernommenen Gegenstände gewährt wird, und endlich eine etwaige Bestimmung des Gesellschaftsvertrages über die Form, in welcher öffentliche Bekanntmachungen der Gesellschaft erfolgen, z. B.:

In das HR. B des unterzeichneten Gerichts ist heute eingetragen worden:

Nr. 12 770. Waburf-Kessel-Fabrik Gesellschaft mit beschränkter Haftung. Sitz: Charlottenburg. Gegenstand des Unternehmens: Die Herstellung von Dampfkesseln und Dampfüberhitzern nach den Deutschen Reichspatenten des Kaufmanns Karl Löwe Stammkapital: 100 000 Mark. Geschäftsführer: Kaufmann Karl Löwe in Duroure bei Arles an der Rhone, Direktor Fritz Hammesfahr in Berlin-Westend. Die Gesellschaft ist eine Gesellschaft mit beschränkter Haftung. Der Gesellschaftsvertrag ist am 22. September 1913 abgeschlossen. Die Gesellschaft muß zwei Geschäftsführer haben. Jeder Geschäftsführer ist berechtigt, die Gesellschaft allein zu vertreten. Als nicht eingetragen wird veröffentlicht: Als Einlage auf das Stammkapital wird in die Gesellschaft eingebracht vom Gesellschafter Kaufmann Karl Löwe das Recht, das der Gesellschaft erteilt ist, Dampfüberhitzer nach Maßgabe des Patentes D. R.-P. 263 890 zu fabrizieren und zu vertreiben, wofür ein Wert von 10 000 Mark festgesetzt ist, unter Anrechnung in dieser Höhe auf dessen volle Stammeinlage. Öffentliche Bekanntmachungen der Gesellschaft erfolgen nur durch den Deutschen Reichsanzeiger.

Berlin, den 29. November 1913.

Königl. Amtsgericht Berlin-Mitte.

Wegen der Nachrichten vgl. oben § 27.

§ 54.

Zweigniederlassung.

Auch eine Zweigniederlassung ist beim Gericht ihrer Niederlassung von sämtlichen Gesellschaftern zur Eintragung anzumelden und diese Anmeldung kann durch Ordnungsstrafen erzwungen werden. Anzumelden ist der Ort der Zweigniederlassung, daß die Gesellschaft an diesem Orte eine Zweigniederlassung betreibt und unter welcher Firma.

Über den Begriff der Zweigniederlassung vgl. oben § 15.

Ihre Firma kann nur insofern anders lauten als die der Hauptniederlassung, als Zusätze in Frage kommen, die sie als Zweiggeschäft kennzeichnen (Joh. 40 A 64).

Der Anmeldung sind nur beizufügen eine vom Gericht der Hauptniederlassung beglaubigte Abschrift des Gesellschaftsvertrages und der Gesellschafterliste; eine Beglaubigung anderer Art, oder von einem anderen Gerichte genügt nicht, der Gesellschaftsvertrag ist in seiner jetzigen Fassung einzureichen, d. h. die Urkunden, aus denen der jetzt geltende Gesellschaftsvertrag sich zusammensetzt (Joh. 26 A 225). Auch die Liste muß den für die Zeit der Anmeldung vorliegenden Bestand aufweisen.

Der Nachweis, daß die Hauptniederlassung bereits eingetragen ist, muß erbracht werden, dazu eignet sich ein Auszug aus dem Handelsregister der Hauptniederlassung, die Geschäftsführer müssen auch hier ihre Unterschrift zeichnen.

Die Eintragung muß alles das enthalten, was beim Gericht der Hauptniederlassung eingetragen ist, und den Ort der Zweigniederlassung.

Auch die Veröffentlichung erfolgt ebenso wie bei der Hauptniederlassung, auch hinsichtlich der im Gesellschaftsvertrage bestimmten Form der Gesellschaftsbekanntmachungen; die Bestimmungen über Sacheinlagen und Übernahmen aber sind nur dann zu veröffentlichen, wenn die Eintragung der Zweigniederlassung innerhalb der ersten zwei Jahre nach der Eintragung in das Handelsregister der Gesellschaft erfolgt, weil später kein Interesse mehr für die Öffentlichkeit vorliegt zu erfahren, in welcher Art die Gesellschaft entstanden ist.

§ 55.

Gesellschafterversammlung, Abänderung des Gesellschaftsvertrages.

Die Rechte, die in den Angelegenheiten der Gesellschaft den Gesellschaftern zustehen, insbesondere in Bezug auf die Führung der Geschäfte und die Ausübung dieser, bestimmt in erster Linie der Gesellschaftsvertrag, soweit nicht zwingende Gesetzesbestimmungen entgegenstehen. Nur in Ermangelung besonderer Bestimmungen des Gesellschaftsvertrages finden die Vorschriften der §§ 46—51 Ges. Anwendung. Daraus ist für die Registerführung hervorzuheben, daß zu den Angelegenheiten, welche der Bestimmung der Gesellschafter unterliegen, auch die Bestellung und Abberufung von Geschäftsführern, Bestellung von Prokuristen gehört, daß die Beschlüsse der Gesellschafter in Versammlungen gefaßt werden, es einer solchen aber nicht bedarf, wenn sämtliche Gesellschafter schriftlich mit der zu treffenden Bestimmung oder mit der schriftlichen Abgabe der Stimmen sich einverstanden erklären, daß die Versammlung durch die Geschäftsführer mittels eingeschriebener Briefe mit mindestens einer Woche Frist unter Angabe des Zweckes einberufen werden soll, daß in der Regel die Mehrheit der abgegebenen Stimmen entscheidet, daß Gesellschafter in bestimmten Fällen nicht mitstimmen dürfen (§ 47 Abs. 4 Ges.). Ferner, daß, falls der Gesellschaftsvertrag nicht leichtere oder auch schärfere Vorschriften aufstellt (Staub-Hachenburg § 47 Anm. 16; RG. 80, 385), das Stimmrecht auch durch einen mit schriftlicher Vollmacht versehenen Vertreter ausgeübt werden kann, daß auch eine bestimmte Minderheit der Gesellschafter, deren Geschäftsanteile zusammen mindestens dem zehnten Teile des Stammkapitals entsprechen, die Berufung einer Versammlung oder die Ankündigung bestimmter Gegenstände zur Beschlußfassung verlangen, und wenn dem Verlangen nicht entsprochen wird, dies selber tun können, ohne daß es einer Ermächtigung durch das Gericht bedarf, wie bei der Aktiengesellschaft.

Eine bestimmte Form für die Beschlüsse im allgemeinen ist nicht vorgeschrieben, ebensowenig Einreichung einer beglaubigten Abschrift zum Handelsregister. Verletzt der Beschluß zwingende Vorschriften des Gesetzes, so ist er unwirksam, verstößt er nur gegen dispositive Gesetzesvorschriften oder gegen statutarische Bestimmungen, so kann er von jedem Gesellschafter angefochten werden. Für die Anfechtungsklage ist eine Frist nicht bestimmt.

Betrifft der Beschluß eine Abänderung des Gesellschaftsvertrages, so gelten die besonderen Vorschriften, daß er nur durch Beschluß der Gesellschafter erfolgen kann, also nicht einem anderen Organ, wie dem Aufsichtsrat, den Geschäftsführern übertragen und nicht durch diese herbeigeführt werden darf, daß schriftliche Stimmabgabe gemäß § 48 Abs. 2 nicht genügt (Staub-Hachenburg Anm. 6 zu § 53), daß er gerichtlich oder notariell beurkundet werden muß, und zwar nach den Vorschriften der §§ 53 ff. Pr. FrG., da es sich nicht um Beurkundung eines Rechtsgeschäfts handelt (§ 167 R. FrG.), daß er einer Mehrheit von drei Viertel der abgegebenen Stimmen bedarf, wenn nicht der Gesellschaftsvertrag noch andere, schwerere Erfordernisse aufstellt, und daß er zur Eintragung angemeldet werden muß (§ 53 Ges.). Ist die Versammlung nicht ordnungsmäßig berufen, so kann ein Beschluß nur gefaßt werden, wenn alle Gesellschafter anwesend sind. Schriftliche Vollmacht ist auch hier genügend. Ist nur ein Gesellschafter vorhanden, so kann auch dieser die Abänderung beschließen (Staub-Hachenburg Anm. 9 Abs. 2 zu § 53). Wenn die den Gesellschaftern nach dem Gesellschaftsvertrage obliegenden Leistungen (vgl. oben § 50) vermehrt, oder solche neu begründet werden sollen, so bedarf es der Zustimmung sämtlicher beteiligter Gesellschafter. Dies ist auch der Fall, wenn die den Gesellschaftern nach dem Gesellschaftsvertrage für Leistungen zustehenden Vergütung beseitigt oder herabgesetzt werden soll (Joh. 27 A 228), wenn die ursprünglich nicht vorgesehene Amortisation von Geschäftsanteilen für zulässig erklärt werden soll, wenn neu bestimmt werden soll, daß die Gesellschafter sich bei Ausübung des Stimmrechts nur durch andere Gesellschafter vertreten lassen dürfen und hierdurch nach den Umständen des Falles ein Teil der Gesellschafter gegenüber den anderen besonders benachteiligt wird (Joh. 25 A 258).

Die Abänderung kann alle Bestimmungen des Gesellschaftsvertrages betreffen, soweit nicht die wesentlichen Voraussetzungen der G. m. b. H. davon berührt werden, es kann z. B. nicht in der Abänderung des Gesellschaftsvertrages beschlossen werden, daß das Stammkapital unter 20 000 M., ein Stammanteil weniger als 500 M. betragen soll, daß die Gesellschaft keinen Geschäftsführer haben soll, daß die Auflösung nicht durch die Gesellschafter, sondern durch ein anderes Organ beschlossen werden soll (§ 60² Ges.).

Bei Abänderung der Firma, des Gegenstands des Unternehmens müssen die für die ursprüngliche Firma und den ursprünglichen Gegenstand aufgestellten Vorschriften beachtet werden, deshalb dürfen Zusätze zur Firma, die ursprünglich zulässig waren, in der geänderten Firma nicht mehr beibehalten werden, wenn sie den zurzeit der Änderung bestehenden Verhältnissen nicht mehr entsprechen (Joh. 41 A 110). („Werk" als Zusatz nicht mehr zulässig, nach erfolgter Herabsetzung des Stammkapitals und verkleinertem Betriebe.) Entspricht die Sachfirma nicht mehr dem geänderten Gegenstande des Unternehmens, so muß auch sie geändert werden.

Die ursprünglichen Bestimmungen über Sacheinlagen und Übernahmen dürfen bei einer späteren Änderung des Gesellschaftsvertrages nicht gestrichen werden (Joh. 27 A 225).

§ 56.

Anmeldung der Beschlüsse.

Die Abänderung des Gesellschaftsvertrages ist von den Geschäftsführern, d. h. so vielen als zur Vertretung der Gesellschaft ausreichend sind, beim Gericht der Haupt- und dem der Zweigniederlassung zur Eintragung anzumelden. Der Beschluß der Gesellschafter muß in Ausfertigung oder öffentlich beglaubigter Abschrift beigefügt werden.

Ein Zwang zur Herbeiführung der Anmeldung beim Gericht der Hauptniederlassung besteht nicht, wohl aber kann das Gericht der Zweigniederlassung nach erfolgter Eintragung beim Gericht der Hauptniederlassung die Anmeldung für die Zweigniederlassung erzwingen. Es ist daher zweckmäßig und üblich, daß dem Gericht der Zweigniederlassung von den Eintragungen beim Gericht der Hauptniederlassung Mitteilung gemacht wird, damit beide Register in Übereinstimmung erhalten werden. Die Abänderung hat keine rechtliche Wirkung, bevor sie in das Handelsregister des Sitzes der Gesellschaft eingetragen ist.

Da nicht eine Satzungsänderung eingetragen werden darf, die mangels einer gesetzlichen Voraussetzung wirkungslos bleiben würde, hat der Registerrichter nicht nur die Form der Anmeldung und des Beschlusses zu prüfen, sondern auch den materiellen Inhalt, insbesondere: ob die Änderung überhaupt zulässig ist, ob der Beschluß nicht gegen zwingende Gesetzesvorschriften verstößt, die neue Firma, der neue Gegenstand, die geänderte Vertretungsbefugnis gesetzlich zulässig ist, ob die erforderliche Mehrheit vorhanden war, die erforderliche Zustimmung der Beteiligten erklärt ist.

Dagegen können urkundliche Nachweisungen für alle tatsächlichen Voraussetzungen nicht gefordert werden, und eine Verletzung von Ordnungsvorschriften, die von den Beteiligten nicht gerügt ist, berechtigt den Registerrichter nicht zur Ablehnung der Anmeldung.

Belege über ordnungsmäßige Einberufung der Versammlung, Nachweise, daß die als Gesellschafter aufgeführten Personen auch tatsächlich Gesellschafter sind, daß die als Vertreter von anderen Gesellschaftern aufgeführten Personen zur Vertretung befugt waren, können nicht verlangt werden (Joh. 39 A 122).

Die Eintragung erfolgt in der Spalte der ursprünglichen Eintragung. Das Datum des Beschlusses ist anzugeben. Betrifft die Abänderung die Firma, den Sitz, den Gegenstand, die Vertretungsbefugnis, die Zeitdauer der Gesellschaft (§ 10 Abs. 1 u. 2 Ges.), so sind die Abänderungen vollständig einzutragen; z. B.:

Sp. 3: nach dem Beschlusse der Gesellschafterversammlung vom 16. Okt. 1913 ist jetzt Gegenstand des Unternehmens . . . .

Betrifft sie dagegen eine nicht eingetragene Tatsache, so ist in Sp. 7 die Tatsache der Abänderung einzutragen und in Sp. Bemerkungen auf den Beschluß zu verweisen; z. B.:

Sp. 7: durch Beschluß der Gesellschafter vom 16. Okt. 1913 ist der Gesellschaftsvertrag hinsichtlich der Form der von der Gesellschaft ausgehenden Bekanntmachungen geändert;

Sp. Bemerkungen: der Beschuß vom 16. Okt. 1913 befindet sich Bl. 107 der Registerakten.

Bekanntzumachen ist das, was bei der ersten Eintragung bekanntzumachen war (vgl. §§ 10, 12 Ges.; oben § 33).

Eine Sitzverlegung muß zunächst beim Handelsregister des bisherigen Sitzes angemeldet und eingetragen werden, weil der Beschluß vorher keine rechtliche Wirkung hat (§ 54 Abs. 3 Ges.). Dann muß die Gesellschaft beim Registergericht des neuen Sitzes angemeldet und eingetragen werden, unter Vorlegung des Gesellschaftsvertrages und des Nachweises, welche Eintragungen noch gültig sind — durch einen Registerauszug — (vgl. Staub-Hachenburg Anm. 7 zu § 3). Weiter geht das Prüfungsrecht des neuen Registerrichters nicht (RJA. 12, 136; Joh. 44 A 152).

§ 57.

Erhöhung und Herabsetzung des Stammkapitals.

Eine solche kann nur erfolgen in der Form einer Abänderung des Gesellschaftsvertrages durch die Gesellschafter.

Die Erhöhung kann auch vor der vollen Einzahlung des bisherigen Kapitals erfolgen (anders bei der Aktiengesellschaft [§ 278 HGB.]), aber nur durch Übernahme neuer Stammeinlagen, nicht durch Erhöhung bereits bestehender (Joh. 35 A 186). Die Stammeinlage muß auch hier mindestens 500 M. betragen, der Betrag kann von verschiedener Höhe sein, muß aber in Mark durch hundert teilbar sein. Der Betrag, um den das Stammkapital erhöht wird, muß im Beschlusse, daß eine Erhöhung erfolgen soll, angegeben werden, es ist auch zulässig, die angegebene Summe als Höchstgrenze zu bestimmen, so daß die Erhöhung hinter dem bezeichneten Betrage zurückbleiben darf, z. B. eine Erhöhung „von höchstens 10 000 M." — „bis zu 10 000 M." Außer dem Erhöhungsbeschlusse bedarf es zur Übernahme jeder auf das erhöhte Stammkapital zu leistenden Stammeinlage einer gerichtlich oder notariell aufgenommenen oder beglaubigten Erklärung des Übernehmers. Die Beurkundung des Notars allein, daß die Erklärung abgegeben ist, genügt nicht (RG. 73, 44).

Übernehmer können die bisherigen Gesellschafter oder andere Personen sein, die Gesellschafter haben kein gesetzliches Bezugsrecht (§ 282 HGB.).

Bei Nichtgesellschaftern sind in der Erklärung außer dem Betrage der Stammeinlage auch sonstige Leistungen ersichtlich zu machen, zu welchen der Übernehmende nach dem Gesellschaftsvertrage verpflichtet sein soll, da er durch die Übernahme seinen Beitritt zur Gesellschaft erklärt.

Die Übernahme ist ein Vertrag zwischen dem Übernehmer und der Gesellschaft, und die Übernahmeerklärung bedarf der Annahme durch die gesetzlichen Vertreter der Gesellschaft. Ein Bevollmächtigter bedarf zur Übernahmeerklärung einer gerichtlich oder notariell errichteten oder beglaubigten Vollmacht (Joh. 39 A 127), weil die Erhöhung wenigstens teilweise eine Neugründung unter Veränderung des Stammkapitals enthält.

Es ist auch hier unzulässig, mehrere Stammeinlagen auf einmal zu übernehmen. Sollen auf das erhöhte Stammkapital Sacheinlagen gemacht oder Vermögensgegenstände übernommen werden, so muß die Person desjenigen, welcher die Einlage zu leisten oder die Vermögensgegenstände zu überlassen hat, der Gegenstand der Einlage oder Überlassung und der Geldwert, für welchen die Einlage angenommen, oder die für den überlassenen Gegenstand zu gewährende Vergütung in dem Erhöhungsbeschlusse festgesetzt *und* in der Übernahmeerklärung angegeben werden (§ 56 Ges.).

Bei einer *Herabsetzung* des Stammkapitals, die erfolgen kann zum Zwecke der Beseitigung einer Unterbilanz, der Einziehung von Geschäftsanteilen, Bildung eines Reservefonds usw., darf dessen Betrag nicht unter 20 000 M. verringert werden, und der verbleibende Gesamtbetrag der Stammeinlagen muß mit dem Stammkapital übereinstimmen (§ 58 Abs. 2 Ges.). Der verbleibende Betrag der Stammeinlagen darf, wenn die Herabsetzung zum Zwecke der Zurückzahlung von Stammeinlagen oder zum Zwecke des Erlasses der auf diese geschuldeten Einzahlungen erfolgt, nicht weniger als 500 M. sein, muß in Mark durch hundert teilbar sein.

Der Beschluß auf Herabsetzung des Stammkapitals muß von den Geschäftsführern zu drei verschiedenen Malen in den Gesellschaftsblättern, oder wenn solche nicht bestimmt sind, in den für die gerichtlichen Bekanntmachungen bestimmten Blättern bekannt gemacht werden, zugleich mit der Aufforderung an die Gläubiger der Gesellschaft, sich zu melden. Die bekannten Gläubiger sind durch besondere Mitteilung zur Anmeldung aufzufordern.

Die Gläubiger, die sich melden und der Herabsetzung nicht zustimmen, sind wegen der erhobenen Ansprüche zu befriedigen oder sicher zu stellen. Dies bezieht sich indessen nur auf solche Gläubiger, deren Forderung vor der letzten öffentlichen Aufforderung, sich zu melden, entstanden sind (Joh. 37 A 162).

Die Anmeldung der Erhöhung oder Herabsetzung des Stammkapitals ist durch sämtliche Geschäftsführer zu bewirken, ein Zwang zur Anmeldung beim Gericht der Hauptniederlassung findet indessen nicht statt (§§ 78, 79 Ges.).

Die Erhöhung ist erst anzumelden, *nachdem* das erhöhte Stammkapital durch Übernahme von Stammeinlagen gedeckt ist (also anders als bei der Aktiengesellschaft; § 280 HGB.).

Die Erhöhung des Kapitals muß mit der Eintragung des Beschlusses abgeschlossen sein, die Durchführung darf nur in voller geschlossener Höhe, nicht zu einem Teilbetrage oder in mehreren Teilbeträgen nacheinander erfolgen (Joh. 29 A 266, 102).

Bei der Anmeldung der Erhöhung des Stammkapitals sind beizufügen: Der Erhöhungsbeschluß in Ausfertigung oder in gerichtlich oder notariell beglaubigter Abschrift, die sämtlichen Übernahmeerklärungen in Urschrift oder beglaubigter Abschrift, und eine von den Anmeldenden unterschriebene Liste der Personen, welche die neuen Stammeinlagen übernommen haben, aus ihr muß der Betrag der von jedem übernommenen Einlage ersichtlich sein, also nicht auch, ob Geld- oder Sacheinlagen gemacht sind.

Auch haben die Anmeldenden die Versicherung abzugeben, daß von jeder neuen Stammeinlage, soweit nicht andere als in Geld zu leistende Einlagen auf das Stammkapital gemacht sind, ein Viertel, mindestens aber der Betrag von 250 M. eingezahlt ist, und daß der Gegenstand der Leistung sich in der freien Verfügung der Geschäftsführer befindet.

Mit Rücksicht hierauf und wegen der Verantwortlichkeit für die Richtigkeit der abgegebenen Versicherung ist eine Vertretung durch Bevollmächtigte unzulässig (Joh. 28 A 229; a. M. Staub-Hachenburg Anm. 23 zu § 57).

Die Anmeldung der Herabsetzung des Stammkapitals darf nicht vor Ablauf eines Jahres seit dem Tage, an welchem die Aufforderung der Gläubiger in den öffentlichen Blättern zum dritten Male stattgefunden hat, erfolgen (sog. Sperrjahr). Die Belagsblätter über Bekanntmachungen des Beschlusses sind mit der Anmeldung einzureichen, auch haben die Geschäftsführer die Versicherung abzugeben, daß die Gläubiger, die sich bei der Gesellschaft gemeldet und der Herabsetzung nicht zugestimmt haben, befriedigt oder sichergestellt sind.

Vor Eintragung des Beschlusses hat er keine rechtliche Wirkung (§ 54 Abs. 3); der Registerrichter hat daher auch hier wie bei Abänderung des Gesellschaftsvertrages überhaupt die Voraussetzungen für die Eintragung in formeller und materieller Hinsicht zu prüfen; insbesondere noch: ob sämtliche erforderliche Urkunden beigefügt sind und sie den vorgeschriebenen Inhalt haben, ob die Übernahmeerklärungen ordnungsmäßig abgegeben sind (Joh. 39 A 132), ob etw. Vollmachten ordnungsmäßig ausgestellt sind, die Liste der neuen Gesellschafter vollständig und gehörig unterschrieben ist, ob das erhöhte Stammkapital vollständig gedeckt ist, ob das geänderte Stammkapital und die neuen Stammeinlagen den vorgeschriebenen Betrag aufweisen, ob etwaige Sacheinlagen zulässig und genau bezeichnet sind, ob das Sperrjahr abgelaufen ist und die Bekanntmachung erfolgt ist, ob widersprechende Gläubiger befriedigt oder sichergestellt sind, ob die Versicherungen richtig abgegeben sind (Staub-Hachenburg Anm. 37 zu § 58).

Die Eintragung erfolgt in Sp. 4, der Tag des Beschlusses ist anzugeben, da es sich um Abänderung des ursprünglichen Gesellschaftsvertrages handelt, und ebenso die Höhe des jetzigen Stammkapitals; es würde also einzutragen sein:

„durch Beschluß der Gesellschafter vom 1. Nov. 1913 ist das Stammkapital um 10 000 M. auf 40 000 M. erhöht".

Der frühere Betrag des Stammkapitals ist rot zu unterstreichen.

Die Bekanntmachung hat sich auf die Eintragung und etwaige Sacheinlagen oder Übernahmen zu erstrecken (vgl. oben § 53).

Ist die Eintragung beim Registergericht der Hauptniederlassung erfolgt, so kann vom Registergericht der Zweigniederlassung die Anmeldung zu letzterem Gericht durch Ordnungsstrafen erzwungen werden. Es braucht aber bei Erhöhung des Stammkapitals nur eine Liste der neuen Gesellschafter eingereicht zu werden, nicht auch die Übernahmeerklärung; und bei Herabsetzung des Stammkapitals brauchen die Belagsblätter über die Bekanntmachungen des Beschlusses nicht eingereicht zu werden; in beiden Fällen ist auch die bei der Anmeldung zum Gericht der Hauptniederlassung bereits von den Anmeldenden abgegebene Versicherung über die erfolgte Einzahlung und über Befriediguug oder Sicherstellung der Gläubiger nicht zu wiederholen.

Die Gesetzmäßigkeit der Beschlüsse hat der Registerrichter der Zweigniederlassung nicht nachzuprüfen (Joh. 31 A 175).

Die Bekanntmachung erfolgt auch vom Gericht der Zweigniederlassung, die Festsetzungen über Sacheinlagen und Übernahmen sind stets dann mit zu veröffentlichen, wenn die Eintragung in das Register der Zweigniederlassung innerhalb zweier Jahre nach der Eintragung des Erhöhungsbeschlusses in das Register des Sitzes der Gesellschaft erfolgt (§ 12 Abs. 2 Ges.).

§ 58.

Einreichungen zum Handelsregister.

Für die Einreichung von Urkunden während des Bestehens der Gesellschaft (vgl. oben § 38) ist nur vorgeschrieben:

1. Daß die Geschäftsführer alljährlich im Monat Januar eine von ihnen — d. h. so vielen als zur Vertretung erforderlich sind (Joh. 30 A 137) — unterschriebene Liste der Gesellschafter, aus welcher Name, Vorname, Stand und Wohnort der Gesellschafter, sowie ihre Stammeinlagen zu entnehmen sind, zum Handelsregister einzureichen haben, oder eine Erklärung, daß seit Einreichung der letzten Liste Veränderungen hinsichtlich der Person der Gesellschafter und des Umfanges ihrer Beteiligung nicht eingetreten sind. Die Liste bleibt bei den Registerakten, um über die Beteiligungsverhältnisse Aufklärung zu geben. Die Richtigkeit der Liste hat der Registerrichter nicht zu prüfen und kann es auch nicht, sondern nur, ob sie gehörig unterschrieben ist, ob die angegebenen Stammeinlagen den gesetzlichen Vorschriften über Betrag und Teilbarkeit entsprechen und in ihrem Gesamtbetrage dem Betrage des eingetragenen Stammkapitals entsprechen.

2. Bei Gesellschaften, deren Gegenstand des Unternehmens Betrieb von Bankgeschäften ist, muß nur die Bilanz, welche nebst Gewinn- und Verlustrechnung innerhalb der gesetzlichen oder statutarischen Frist (§ 41 Abs. 23) von den Geschäftsführern aufzustellen ist, durch die Gesellschaftsblätter bekannt gemacht, und diese Bekanntmachung zum Handelsregister eingereicht werden. Ein Prüfungsrecht hinsichtlich des Inhalts der Bilanz steht dem Registerrichter nicht zu (vgl. oben § 38²).

Die Bekanntmachung muß in deutscher Sprache erfolgen (Joh. 22 A 285, auch hinsichtlich des Begriffes „Bankgeschäft").

3. Hat die Gesellschaft einen Aufsichtsrat und ist im Gesellschaftsvertrage nicht abweichendes bestimmt, so muß gemäß § 52 Ges. § 244 HGB. auch die Bekanntmachung über Änderung in den Personen der Aufsichtsratsmitglieder zum Handelsregister eingereicht werden. Diese Einreichungen haben auch zum Register der Zweigniederlassung zu geschehen und können durch Ordnungsstrafen erzwungen werden.

Es empfiehlt sich in der Praxis für die Einreichungen zu 1 eine Kontrolliste anzulegen, in welcher die Gesellschaften, deren Geschäftsführer ihrer Verpflichtung nachgekommen sind, zu vermerken sind, so daß die säumigen Geschäftsführer Anfang Februar besonders zur Einreichung aufgefordert werden können, und für die Einreichung zu 2 und 3 bei jeder davon betroffenen Gesellschaft eine besondere Frist zu verfügen.

§ 59.
Auflösung und Liquidation.

Die Gesellschaft wird aufgelöst aus einem der in § 60 Ges. aufgeführten Gründe. Über Auflösung durch Zeitablauf vgl. oben § 50 unter B.

Der Beschluß auf Auflösung kann nur durch die Gesellschafter gefaßt werden, nicht ein anderes Organ, eine bestimmte Form ist nicht vorgeschrieben, er kann auch gemäß § 48 Abs. 2 durch schriftliche Zustimmungserklärung sämtlicher Gesellschafter gefaßt werden; das Erfordernis der Dreiviertelmehrheit der in der Gesellschafterversammlung abgegebenen Stimmen kann durch den Gesellschaftsvertrag verstärkt oder gemildert werden, unter Umständen kann auch die Zustimmung einzelner Gesellschafter erforderlich werden, die etwa ein Sonderrecht auf den Bestand der Gesellschaft bis zu einem gewissen Zeitpunkt haben (Staub Anm. 15 zu § 60).

Die gesetzlichen Auflösungsgründe können durch Vertrag nicht beseitigt werden, wohl aber können im Gesellschaftsvertrag noch andere Auflösungsgründe festgestellt werden, wie Tod eines Gesellschafters, Kündigungsrecht eines oder mehrerer Gesellschafter.

Kein Auflösungsgrund ist die Vereinigung sämtlicher Geschäftsanteile in einer Hand oder Einstellung des Gewerbebetriebes; der einzige Gesellschafter kann aber die Auflösung beschließen.

Durch die Auflösung hört die Gesellschaft nicht auf zu existieren, sie verwandelt sich nur in eine Liquidationsgesellschaft, die Vorschriften in Bezug auf die Rechtsverhältnisse der Gesellschaft und der Gesellschafter bleiben nach der Vorschrift des § 69 Ges. bestehen. Es können also auch im Liquidationsverfahren Gesellschafter-Versammlungen einberufen und Beschlüsse gefaßt werden, soweit solche dem Zweck des Liquidationsverfahrens nicht widersprechen.

Die Prokuren aber erlöschen (Staub Anm. 2 zu § 60) und das Erlöschen ist zur Eintragung anzumelden und einzutragen.

Die Auflösung der Gesellschaft ist bei Vermeidung von Zwangsmaßregeln, sofern nicht die Auflösung eine Statutenänderung enthält, zur Eintragung anzumelden, und zwar jede Art der Auflösung, auch die durch rechtskräftiges gerichtliches Urteil oder durch die Verwaltungsbehörde erfolgte, nur nicht die durch Konkurseröffnung. Hier geschieht die Eintragung von Amts wegen auf die Anzeige des Konkursgerichts gemäß § 32 HGB. und auch nur dahin:

„daß durch Beschluß des Königl. Amtsgerichts . . . . . . über das Vermögen der Gesellschaft am 3. Dez. 1913 1 Uhr das Konkursverfahren eröffnet ist“,

nicht aber, daß die Gesellschaft aufgelöst ist. Ebenso ist die Aufhebung oder Einstellung des Konkursverfahrens von Amts wegen einzutragen. Wird das Konkursverfahren nach Abschluß eine Zwangsvergleichs aufgehoben oder auf Antrag des Gemeinschuldners eingestellt, so können die Gesellschafter die Fortsetzung der Gesellschaft beschließen, dies ist dann zur Eintragung anzumelden und einzutragen (vgl. oben § 24). Wird eine Fortsetzung nicht beschlossen, so muß in diesen beiden Fällen nach Beendigung des Konkursverfahrens die Liquidation stattfinden. Eine solche findet nur dann nicht statt, wenn das Verfahren durch Ausschüttung der Masse beendet ist. Dann ist die Firma erloschen (Staub Anm. 18 zu § 63).

Die Anmeldung ist durch die Geschäftsführer zu bewirken, dafür spricht die gleiche Vorschrift in § 293 HGB. im § 74 Abs. 2 BGB. und die Erwägung, daß nach § 67 Ges. die Liquidatoren erst durch die Geschäftsführer zur Eintragung anzumelden sind, und vor deren Eintragung ein Zwang gegen die Liquidatoren nicht ausgeübt werden kann (a. M. Staub Anm. zu § 65).

Sind keine Geschäftsführer vorhanden, so kann gemäß § 29 BGB. die Bestellung durch das Registergericht erfolgen.

Die Beifügung der Urkunde über die Auflösung ist zwar im Gesetz nicht vorgeschrieben, wird aber gemäß § 12 R. FrG. verlangt werden.

Die Eintragung erfolgt in Sp. 8 unter Angabe des Grundes der Auflösung, z. B.:

„durch Gesellschafterbeschluß vom .... — durch rechtskräftiges Urteil des Königl. Landgerichts vom .... —"

ist die Gesellschaft aufgelöst.

Die Eintragung ist zu veröffentlichen.

Anmeldung, Eintragung und Veröffentlichung haben auch beim Gericht einer Zweigniederlassung zu erfolgen.

Die Auflösung der Gesellschaft hat die Liquidation zur Folge, außer im Falle des Konkursverfahrens.

Die Liquidation erfolgt durch die Geschäftsführer, wenn nicht im Gesellschaftsvertrage oder durch Beschluß der Gesellschafter, — nicht eines anderen Organs — andere Personen dazu bestimmt sind.

Das Amtsgericht, in dessen Bezirk die Gesellschaft ihren Sitz hat, kann aber gemäß § 66 Abs. 2 Ges. auf Antrag von Gesellschaftern deren Gesellschaftsanteile mindestens dem zehnten Teile des Stammkapitals entsprechen, aus wichtigen Gründen Liquidatoren ernennen oder abberufen (über das Verfahren siehe oben § 25). Es ist hierbei gleich, ob die Geschäftsführer kraft Gesetzes Liquidatoren geworden sind, oder ob im Gesellschaftsvertrage oder durch Gesellschafterbeschluß andere Personen als Liquidatoren bestellt sind. In dringenden Fällen können auch, soweit Liquidatoren fehlen, auf Antrag eines Beteiligten (Gesellschafters, Gläubigers) bis zur Hebung des Mangels vom Registergericht gemäß § 29 BGB. Liquidatoren bestellt werden (Joh. 23 A 105).

Die so Bestellten treten außer Funktion, wenn der Mangel gehoben wird, wenn also von den Gesellschaftern ordnungsmäßig später Liquidatoren bestellt werden.

Dagegen können die gemäß § 66 Abs. 2 Ges. vom Gericht ernannten Liquidatoren nicht durch Gesellschafterbeschluß abgesetzt werden. Die ersten Liquidatoren sind durch die Geschäftsführer, jede Änderung in den Personen der Liquidatoren sowie eine Beendigung ihrer Vertretungsbefugnis ist durch die Liquidatoren zur Eintragung anzumelden. Eine Abschrift der Urkunde über ihre Bestellung oder die Änderung ist beizufügen, aber nur für die Anmeldung beim Register der Hauptniederlassung, nicht dem der Zweigniederlassung. Beglaubigung der Abschrift ist nicht erforderlich.

Die Eintragung der gerichtlichen Ernennung oder Abberufung von Liquidatoren gemäß § 66 Abs. 2 Ges. und § 29 BGB. erfolgt von Amts wegen.

Sämtliche Liquidatoren, auch wenn es die früheren Geschäftsführer sind, und auch die gerichtlich bestellten müssen ihre Unterschrift bei dem Gericht zeichnen. Die Zeichnung geschieht in der Weise, daß die Liquidatoren der bisherigen, nunmehr als Liquidationsfirma zu bezeichnenden Firma ihre Namensunterschrift beifügen.

Kraft Gesetzes sind die Liquidatoren nur kollektiv vertretungsberechtigt, Abweichungen davon z. B., daß jeder einzelne vertretungsberechtigt sein soll oder mehrere von ihnen gemeinschaftlich, können im Gesellschaftsvertrage oder bei ihrer Bestellung durch Gesellschafterbeschluß oder gerichtlichen Beschluß getroffen werden. Enthält der ursprüngliche Gesellschaftsvertrag schon solche Abweichungen, so sind diese nach § 10 Abs. 1 Ges. bereits bei Eintragung der Gesellschaft mit einzutragen (vgl. oben § 33 zu Sp. 7). Werden solche Abweichungen von den gesetzlichen Vorschriften oder den Bestimmungen des Gesellschaftsvertrages erst später festgestellt, so sind sie mit der Bestellung der Liquidatoren zur Eintragung anzumelden (§ 68 Ges. Abs. 2) und in Sp. 7 einzutragen.

Die Liquidatoren selber, auch wenn es die bisherigen Geschäftsführer sind, werden unter der Bezeichnung als solche in Sp. 5 nach Namen, Vornamen, Stand und Wohnort eingetragen.

Z. B.: Die bisherigen Geschäftsführer sind Liquidatoren.

Oder: Zu Liquidatoren sind bestellt:

1. Wilhelm Schulze, Kaufmann, Berlin,
2. August Müller, Bücherrevisor, Berlin.

Die Eintragungen sind bekannt zu machen in der Regel mit der Eintragung der Auflösung der Gesellschaft.

Hinsichtlich der den Liquidatoren nach §§ 65 Abs. 2, 69—73 Ges. obliegenden Pflichten ist hervorzuheben, daß auch sie die im § 58 erwähnten Einreichungen zum Handelsregister zu bewirken haben.

§ 60.

Erlöschen der Firma. Aufbewahrung der Bücher. Nichtigkeit.

Nach Verteilung des Gesellschaftsvermögens und Ablauf des Sperrjahres ist die Beendigung der Vertretungsbefugnis der Liquidatoren und das Erlöschen der Firma von ihnen, d. h. soviel zur Vertretung erforderlich sind, zur Eintragung anzumelden. Es folgt dies aus § 67 Ges. und § 6, § 31 HGB., da die G. m. b. H. als Handelsgesellschaft (§ 13 Abs. 3 Ges.) den Vorschriften des HGB. untersteht.

Die Liquidatoren können durch Ordnungsstrafen dazu gezwungen werden.

In der Löschung der Firma liegt zugleich die Löschung der Beendigung der Vertretungsbefugnis der Liquidatoren (Joh. 35 A 189).

Die sachlichen Voraussetzungen für Beendigung der Liquidation hat der Registerrichter nicht zu prüfen, ist das Sperrjahr noch nicht abgelaufen, so kann die Eintragung des Erlöschens der Firma höchstens aus dem Gesichtspunkte beanstandet werden, daß wegen Verteilung des Vermögens Ersatzansprüche an die Liquidatoren bestehen und deshalb die Liquidation noch nicht beendet ist (Joh. 28 A 50).

Kann die Anmeldung des Erlöschens der Firma von den dazu Verpflichteten nicht durch Ordnungsstrafen herbeigeführt werden, so ist das Erlöschen von Amts wegen einzutragen (§ 31 Abs. 2, § 6 HGB.).

Ein Erlöschen der Firma tritt auch ein, wenn der Wille sie nicht mehr zu gebrauchen erkennbar kundgegeben ist (vgl. hierzu oben § 5 I und § 20).

Bei Aufhebung des Konkursverfahrens durch Ausschüttung der Masse ist gleichfalls das Erlöschen der Firma mit einzutragen. Das Erlöschen ist in Sp. 8 einzutragen.

Stellt sich später noch Vermögen der Gesellschaft heraus, das bei der Liquidation nicht berücksichtigt ist, so kann die Wiedereröffnung der Liquidation wie bei der Aktiengesellschaft (§ 302 HGB.) angeordnet werden. Der frühere Liquidator tritt wieder in Tätigkeit, wenn er sein Amt nicht niedergelegt hat, sonst können Liquidatoren entweder durch Gesellschafterbeschluß oder durch das Gericht gemäß § 66 Abs. 2 Ges. (§ 29 BGB.) bestellt werden. Die Vorschrift des § 302 Abs. 4 HGB., daß stets die erneute oder eine neue Bestellung von Liquidatoren erforderlich ist, ist eine Sondervorschrift für die Aktiengesellschaft (KGBeschl. vom 9. Mai 1913 I a X 482 13).

Die Bücher und Schriften der Gesellschaft sind nach Beendigung der Liquidation auf die Dauer von 10 Jahren einem Gesellschafter oder einem Dritten in Verwahrung zu geben. Hat der Gesellschaftsvertrag oder ein Beschluß der Gesellschafter über die Person keine Bestimmung getroffen, so wird diese Person durch das Gericht bestimmt.

Es erfolgt diese Bestimmung durch Beschluß gemäß §§ 146, 148 R. FrG. nach Anhörung eines etwa vorhandenen Gegners; die Gesellschafter und deren Rechtsnachfolger sind zur Einsicht berechtigt. Gläubiger der Gesellschaft erst nach Ermächtigung durch das Registergericht (§ 74 Ges.).

Eine Löschung von Amts wegen kann wegen Nichtigkeit erfolgen:

1. wenn eine Eintragung wegen Mangels einer wesentlichen Voraussetzung unzulässig ist, z. B. wenn eine Anmeldung nicht von den dazu berechtigten erfolgt ist (Joh. 28 A 229, § 142 R. FrG.).
2. wenn ein eingetragener Beschluß der Gesellschafter durch seinen Inhalt zwingende Vorschriften des Gesetzes verletzt und seine Beseitigung im öffentlichen Interesse erforderlich erscheint; darunter fallen nicht nur Beschlüsse, die eine Abänderung des Gesellschaftsvertrages zum Gegenstande haben, sondern auch solche über andere Angelegenheiten, wenn diese zur Zuständigkeit der Versammlung gehören und die Beschlüsse der Eintragung bedürfen. Die Löschung findet nicht statt, wenn die ordnungswidrige Art des Beschlusses, insbesondere die nicht gehörige Abstimmung oder Stimmenberechnung gerügt wird (Joh. 30 A 141).
3. wenn die Voraussetzungen der Klage auf Nichtigkeitserklärung der Gesellschaft aus § 75 Ges. gegeben sind und der Mangel nicht gemäß § 76 Ges. durch einstimmigen Beschluß der Gesellschafter geheilt wird (§ 144 R. FrG.).

Der Registerrichter kann also hier selbständig vorgehen, ohne die Erhebung der Nichtigkeitsklage abzuwarten. Er kann aber auch das Offizialverfahren gemäß § 127 R. FrG. aussetzen, wenn die Nichtigkeitsklage erhoben ist.

Über das Verfahren vgl. oben § 5.

Die Eintragung erfolgt zu 1 durch Eintragung des Vermerks „von Amts wegen gelöscht" in die betr. Spalte der Eintragung; z. B.

Sp. 6: die Prokura des X. X. ist von Amts wegen gelöscht.

Zu 2. Durch Eintragung eines Vermerks, der den Beschluß als nichtig bezeichnet, in die Spalte, in welche der Beschluß eingetragen war.

Zu 3. In Sp. 8 durch Eintragung eines Vermerks, der die Gesellschaft als nichtig bezeichnet (§§ 33, 34 AV. 9. Nov. 1899).

Liegt ein rechtskräftiges Nichtigkeitsurteil vor, so ist dieses gemäß § 75 Ges., § 273 HGB. von den Geschäftsführern zum HR. einzureichen und daraufhin erfolgt dann die

Eintragung des Vermerks über die Nichtigkeit ohne besondere Anmeldung (Staub-Hachenburg Anm. 27 zu § 75). Vorläufige Vollstreckbarkeit des Urteils genügt nicht (Joh. 41 A 144).

§ 61.

Umwandlung einer Aktiengesellschaft in eine G. m. b. H.

Eine Gesellschaft mit beschränkter Haftung kann auch in der Weise errichtet werden, daß eine Aktiengesellschaft zum Zwecke der Umwandlung in erstere sich auflöst und die Liquidation unterbleibt.

Die Anmeldung der neuen Gesellschaft m. b. H. muß aber spätestens binnen einem Monat nach Auflösung der Aktiengesellschaft von sämtlichen Geschäftsführern bewirkt werden. Ein Zwang zur Anmeldung findet nicht statt. Bei der Anmeldung müssen sowohl sämtliche Voraussetzungen der Eintragung einer Gesellschaft m. b. H. vorliegen, als auch noch die besonderen Bestimmungen des § 80 Ges. beobachtet sein. Diese letzteren sind:

daß das Stammkapital der neuen Gesellschaft nicht geringer ist als das Grundkapital der aufgelösten Gesellschaft, mindestens aber 20 000 M. beträgt,

daß den Aktionären durch öffentliche Bekanntmachung oder sonst in geeigneter Weise Gelegenheit gegeben ist, mit dem auf ihre Aktien entfallenden Anteil am Vermögen der aufgelösten Gesellschaft sich bei der neuen Gesellschaft zu beteiligen,

daß die Aktien der sich beteiligenden Mitglieder mindestens drei Viertel des Grundkapitals der aufgelösten Gesellschaft darstellen,

daß der auf jede Aktie entfallende Anteil am Vermögen der aufgelösten Aktiengesellschaft auf Grund einer Bilanz berechnet ist,

daß diese der Generalversammlung der Aktionäre zur Genehmigung vorgelegen hat und der Beschluß, durch welchen die Genehmigung erfolgt, mit einer Mehrheit von drei Viertel des in der Generalversammlung vertretenen Grundkapitals gefaßt ist.

Es muß also erst die Auflösung der Aktiengesellschaft zum Zwecke der Umwandlung in eine G. m. b. H. in einer ordnungsmäßig zu diesem Zwecke einberufenen Generalversammlung mit der im § 292 Abs. 2 HGB. vorgeschriebenen Mehrheit beschlossen sein und die Auflösung eingetragen und bekannt gemacht sein, auch müssen die Aktionäre vorher oder später auf ihre Beteiligungsmöglichkeit an der neuen G. m. b. H. hingewiesen werden.

Dann ist die Beteiligungsbilanz in derselben oder in einer besonderen Generalversammlung zu genehmigen.

Es folgt die Errichtung der neuen Gesellschaft nach den für eine solche im allgemeinen und in diesem Falle besonders aufgestellten Vorschriften, die Anmeldung innerhalb Monatsfrist, die Eintragung und Bekanntmachung. Vor der Eintragung ist zu prüfen, ob alle diese Vorschriften erfüllt sind, die Beschlüsse ordnungsmäßig gefaßt und beurkundet sind und den vorgeschriebenen Inhalt haben, ob die Frist gewahrt ist.

Alle diese Vorschriften sind zwingender Natur und die Eintragung der neuen Gesellschaft ist abzulehnen, falls auch nur eine von ihnen nicht beobachtet ist.

Nach Eintragung der neuen Gesellschaft ist das Erlöschen der Firma der aufgelösten Aktiengesellschaft, falls sie nicht als abgeleitete auf die neue Gesellschaft übergeht, vom

Vorstand anzumelden, einzutragen und bekannt zu machen (Cohn S. 392 Abs. b, a. M. Staub-Hachenburg Anm. 43 zu § 80).

Da die neue Gesellschaft unter einer neuen Nummer eingetragen wird, ist in Spalte Bemerkungen bei der früheren Gesellschaft auf die neue Nummer und bei der neuen Gesellschaft auf die frühere Nummer zu verweisen.

Z. B. Sp. 8: Durch Beschluß der Generalversammlung vom 6. Nov. 1913 ist die Gesellschaft zum Zwecke der Umwandlung in eine G. m. b. H. aufgelöst.

Die Firma ist erloschen.

Sp. Bemerk.: vgl. HR. B Nr. 1004.

Versicherungsvereine auf Gegenseitigkeit.

Gesetz vom 12. Mai 1901.

§ 62.

Begriff.

Eine Personenvereinigung, ein privater wirtschaftlicher Verein, welcher die Versicherung seiner Mitglieder nach dem Grundsatze der Gegenseitigkeit betreiben will, erlangt durch die von der Aufsichtsbehörde erteilte Erlaubnis zum Geschäftsbetrieb als „Versicherungsverein auf Gegenseitigkeit“ die Rechtsfähigkeit (§ 15 Ges.). Die öffentlichen Versicherungsanstalten unterstehen nicht diesem Gesetz.

Aufsichtsbehörde ist das kaiserliche Aufsichtsamt für Privatversicherung in Berlin, sofern der Geschäftsbetrieb durch die Satzungen oder die sonstigen Geschäftsunterlagen auf das Gebiet eines Bundesstaats beschränkt ist, aber die Landesbehörde, in Preußen der Regierungspräsident, in Berlin der Polizeipräsident (§ 70, § 2 Ges., V. vom 30. Juni 1901).

Von jeder Erteilung der Erlaubnis zum Geschäftsbetriebe hat die Aufsichtsbehörde dem Registergericht Mitteilung zu machen, und der Verein ist bei dem Gericht, in dessen Bezirk er seinen Sitz hat, von sämtlichen Mitgliedern des Vorstandes und des Aufsichtsrats zur Eintragung in das Handelsregister anzumelden (§ 30 Ges.).

Ausgenommen von der Eintragungspflicht sind die kleineren Vereine, d. h. solche, die bestimmungsgemäß einen sachlich, örtlich oder hinsichtlich des Personenkreises engbegrenzten Wirkungskreis haben (§ 53 Ges.). Ob diese Voraussetzungen vorliegen, entscheidet die Aufsichtsbehörde (§ 53 Abs. 4 Ges., § 73 Abs. 1 Z. 5).

§ 63.

Inhalt der Satzung.

Der Verein muß eine Satzung haben, welche gerichtlich oder notariell beurkundet sein muß. Beglaubigung genügt nicht.

Die Satzung muß enthalten:

1. Den Namen (Firma) und den Sitz des Vereins.

Die Firma soll den Sitz des Vereins erkennen lassen, und selber oder durch einen Zusatz ausdrücken, daß Versicherung auf Gegenseitigkeit betrieben wird.

Eine Abkürzung: a. G. genügt; z. B.:

Lebens-, Pensions- und Leibrenten-Versicherungs-Gesellschaft a. G. Iduna zu Halle a. S. (Joh. 26 A 69).

2. Bestimmungen über Bildung eines Gründungsfonds, der zur Deckung der Kosten der Einrichtung des Vereins sowie als Garantie- und Betriebsfonds zu dienen hat, (§ 22 Ges.) und über Bildung eines Reservefonds (§ 37 Ges.).

3. Bestimmungen darüber, ob die Deckung der Ausgaben erfolgen soll:

a) durch einmalige oder wiederkehrende Beiträge im voraus, und zwar mit Vorbehalt von Nachschüssen, oder unter Ausschluß von Nachschüssen, mit oder ohne Vorbehalt der Kürzung der Versicherungsansprüche,

b) durch Beiträge, die nach Maßgabe des eingetretenen Bedarfs umgelegt werden (§ 24 Ges.).

4. Bestimmung über die Form, in der die Bekanntmachungen des Vereins zu erfolgen haben.

Bekanntmachungen, die durch öffentliche Blätter erfolgen sollen, sind, wenn der Geschäftsvertrieb des Vereins sich über das Gebiet eines Bundesstaats hinaus erstreckt, in den Reichsanzeiger einzurücken, andernfalls kann die Landeszentralbehörde an Stelle des Reichsanzeigers ein anderes Blatt bestimmen (§ 28 Ges., V. vom 16. Mai 1902).

5. Bestimmungen über die Bildung des Vorstandes, eines Aufsichtsrats, und eines obersten Organs (Versammlung von Mitgliedern oder von Vertretern der Mitglieder) (§ 29 Ges.).

6. Bestimmungen über den Maßstab der Verteilung des Überschusses (§ 38 Abs. 2 Ges.).

Die Satzung s o l l außerdem festsetzen:

die einzelnen Versicherungszweige, auf welche sich der Geschäftsbetrieb erstreckt,

die Grundsätze für Anlegung des Vermögens,

die Merkmale, ob das Versicherungsgeschäft lediglich unmittelbar oder zugleich auch mittelbar (durch Rückversicherung) betrieben werden soll (§ 8 Ges.).

Beginn und Beendigung der Mitgliedschaft § 20.

Die Bedingungen, unter denen der Garantiefonds dem Vereine zur Verfügung steht (§ 22).

Die Voraussetzungen und die Art der Ausschreibung von Nachschüssen oder Umlagen und deren Einziehung (§§ 27 Ges., 35, 36 Ges.).

Vorschriften hinsichtlich des Aufsichtsrats und des obersten Organs.

Die Satzung k a n n auch andere, dem Gesetz nicht zuwiderlaufende Vorschriften enthalten, so insbesondere über die Dauer des Vereins, über die Befugnis der Mitglieder des Vorstands oder der Liquidatoren zur Vertretung des Vereins (§ 32 Abs. 2 Ges.). Gemäß § 34, § 47 Ges. finden die Vorschriften der §§ 231—239, 241, 242 HGB. auf den Vorstand, und die der §§ 295 Abs. 1 und Abs. 3 Satz 2, 296—299, 302 HGB. auf die Liquidatoren Anwendung, und es können daher wie bei der Aktiengesellschaft Abweichungen von der Regel der Gesamtvertretung bestimmt werden (vgl. oben § 29 B 7, 8).

Die Mitgliederbeiträge und die Vereinsleistungen dürfen nur nach gleichen Grundsätzen bemessen sein (Gleichheitsprinzip) (§ 21).

Der Verein darf gegen feste Prämie versichern nur soweit, als es die Satzung zuläßt (§ 21 Abs. 2).

Diese Vereine sind nicht schlechthin als Kaufleute anzusehen, aber ihre Geschäfte sind „Handelsgeschäfte", ihre Angelegenheiten „Handelssachen" (§ 16 Ges., Joh. 24 A 209).

§ 64.
Anmeldung.

Die im § 30 Ges. vorgeschriebene Anmeldung kann durch Ordnungsstrafen erzwungen werden; dem Aufsichtsamt für Privatversicherung steht k e i n Beschwerderecht zu bezüglich der Frage, ob ein Versicherungsverein auf Gegenseitigkeit in das Handelsregister einzutragen ist (Joh. 32 A 123).

Die Anmeldung erfolgt in der für das Handelsregister vorgeschriebenen Form, bei dem Registergericht in dessen Bezirk der in der Satzung bezeichnete Sitz des Vereins sich befindet, auch wenn die Verwaltung und Leitung von einem anderen Orte aus geschieht. Stellvertretung ist auch hier wie bei der Aktiengesellschaft für unzulässig zu erachten (vgl. oben § 31).

Der Anmeldung sind beizufügen:

1. Die Urkunde über die Erlaubnis zum Geschäftsbetriebe.
2. Die Satzung.
3. Die Urkunden über Bestellung des Vorstandes und des Aufsichtsrats.
4. Die Urkunden über die Bestellung des Gründungsfonds, nebst einer Erklärung des Vorstandes und des Aufsichtsrats darüber, inwieweit der Gründungsfonds durch Barzahlung gedeckt und in ihrem Bes tz ist.

Ist mit Erlaubnis der Aufsichtsbehörde gemäß § 23 Ges. die Bildung eines Gründungsfonds nicht erfolgt, so fällt die Einreichung der Urkunden und die Erklärung zu 4 fort, und es ist dafür die Erlaubnis der Aufsichtsbehörde beizubringen. Diese Schriftstücke werden bei Gericht in Urschrift oder beglaubigter Abschrift aufbewahrt.

Die Mitglieder des Vorstandes haben ihre Namensunterschrift zur Aufbewahrung bei Gericht zu zeichnen.

Der Inhalt der Satzung ist vom Registergericht n i ch t auf ihre Gesetzmäßigkeit zu prüfen, es ist nicht befugt, die Satzung oder eine Änderung der Satzung, nach Genehmigung durch die Aufsichtsbehörde wegen Gesetzwidrigkeit des Inhalts zu beanstanden (Joh. 26 A 69).

Die Prüfung hat sich nur darauf zu erstrecken, ob seine Zuständigkeit gegeben, die Anmeldung und Zeichnung von den dazu Verpflichteten in gehöriger Form erfolgt ist, die sämtlichen Urkunden beigebracht sind, und die Wahl des Vorstandes und Aufsichtsrats gehörig erfolgt ist.

Wird die Anmeldung zurückgewiesen, so entscheidet über die dagegen zulässige Beschwerde die Kammer für Handelssachen und nicht die Zivilkammer (Joh. 24 A 209).

§ 65.
Eintragung.

Die Eintragung erfolgt nach der Verfügung vom 20. Juni 1902 (JMBl. 1, 133) im HR. B. Sie hat keine konstitutive Wirkung, da die Vereine unabhängig von der Eintragung durch die Erlaubnis zum Geschäftsbetriebe Rechtsfähigkeit erlangen.

Es ist einzutragen:

in Sp. 2: Firma und Sitz,
in Sp. 3: die Versicherungszweige, auf welche sich der Betrieb erstrecken soll,
in Sp. 4: die Höhe des Gründungsfonds,

in Sp. 5: die Vorstandsmitglieder nach Namen, Vornamen, Stand und Wohnort und etwaige Stellvertreter,

in Sp. 7: Bezeichnung als „Versicherungsverein auf Gegenseitigkeit" der Tag, an dem die Erlaubnis zum Geschäftsbetrieb erteilt ist, etwaige besondere Bestimmungen über die Dauer des Vereins, über die Vertretungsbefugnis der Mitglieder des Vorstandes und der Liquidatoren.

Bekanntzumachen ist nach § 33 Ges., dasjenige was eingetragen ist und außerdem:

Die Angabe, ob die Deckung der Ausgaben durch Beiträge im Voraus oder im Umlageverfahren erfolgen soll, und im ersteren Falle, ob mit Ausschluß oder mit Vorbehalt von Nachschüssen, ob die Beitragspflicht beschränkt ist oder nicht, und ob eine Kürzung der Versicherungsansprüche vorbehalten ist (§ 24 Ges. siehe oben).

Die Bestimmungen über die Form der Bekanntmachungen des Vereins.

Die Art der Bestellung und Zusammensetzung der Vereinsorgane: Name, Stand und Wohnort der Mitglieder des ersten Aufsichtsrats; die Form, in der die Berufung des obersten Organs erfolgt.

§ 66.

Beschlüsse des „obersten Organs".

Die Rechte der Vereinsmitglieder werden durch Beschlußfassung in dem sog. „obersten Organ" ausgeübt.

Es ist entweder die Vollversammlung der Mitglieder, oder die Versammlung der Vertreter der Mitglieder (Ausschüsse); es kann aber auch aus mehreren, dem Vorstand und dem Aufsichtsrat übergeordneten Organen bestehen (Mitgliederversammlung und Vertreterversammlung) (§ 29 Ges.).

Auf dieses oberste Organ finden im allgemeinen die Vorschriften über die Generalversammlung bei Aktiengesellschaften Anwendung (§ 36 Ges., oben § 36) mit einigen Abweichungen:

Die Aufsichtsbehörde kann die Berufung des obersten Organs und die Ankündigung von Gegenständen zur Beratung und Beschlußfassung verlangen, oder nötigenfalls selbst vornehmen (§ 65 Abs. 3 Ges.), eine Minderheit der Mitglieder, die in der Satzung bestimmt sein muß, kann dieses Verlangen nur stellen, wenn das oberste Organ aus der Vollversammlung der Mitglieder besteht (§ 245 HGB., § 36 Abs. 2 Ges.), und kann ev. vom Registerrichter dazu ermächtigt werden.

Nur unter derselben Voraussetzung ist die Einberufungsfrist von 2 Wochen des § 255 HGB. innezuhalten; bei der Vertreterversammlung ist die Fristbestimmung freigegeben; die Form der Berufung bestimmt die Satzung (§ 36, § 33 Z. 5 Ges.), eine Hinterlegung oder Angabe der vertretenen Versicherungssumme findet nicht statt (§ 36 Z. 2 Ges.).

Eine Satzungsänderung kann nur von dem obersten Organ beschlossen werden und bedarf der gerichtlichen oder notariellen Beurkundung; dieses kann dem Aufsichtsrat die Vornahme von Änderungen, die nur die Fassung betreffen, übertragen, und auch die Vornahme von solchen Änderungen des Abänderungsbeschlusses die die Aufsichtsbehörde vor der Genehmigung des Abänderungsbeschlusses verlangt.

Hinsichtlich der erforderlichen Mehrheit sind in § 39 Abs. 4 Ges. besondere Bestimmungen getroffen, zu einem Beschluß, durch den ein Versicherungszweig aufgegeben oder ein neuer eingeführt werden soll, ist eine Mehrheit von drei Viertel der abgegebenen Stimmen erforderlich, wenn nicht die Satzung noch andere, schwerere Erfordernisse aufstellt.

Die Satzungsänderung bedarf der Genehmigung der Aufsichtsbehörde, und ist auf ihrer Gesetzmäßigkeit vom Registerrichter nicht nachzuprüfen.

Sie ist vom Vorstande unter Beifügung der Genehmigungsurkunde zur Eintragung anzumelden. Die Änderung hat keine Wirkung, bevor sie beim Gerichte in dessen Bezirk der Verein seinen Sitz hat, in das Handelsregister eingetragen ist (§ 40 Abs. 1 Z. 3 Ges.). Betrifft die Änderung schon eingetragene Tatsachen, so ist sie ihrem ganzen Inhalt nach einzutragen, sonst genügt die Bezugnahme auf die eingereichten Urkunden.

Bekanntzumachen ist die Eintragung, und was sonst gemäß § 33 Ges. bei der ersten Eintragung bekanntzumachen war (vgl. oben § 36).

§ 67.

Vorstand und Aufsichtsrat.

Da hinsichtlich des Vorstandes dasselbe gilt wie vom Vorstande einer Aktiengesellschaft, so kann auf §§ 33, 37 verwiesen werden, insbesondere ist auch jede Veränderung im Bestande und in der Vertretungsbefugnis zur Eintragung anzumelden; nur tritt an Stelle der Generalversammlung das oberste Organ.

Ebenso unterliegt der Aufsichtsrat den Bestimmungen der §§ 243—249 HGB.; ob für einen Beschluß des obersten Organs, durch den die Bestellung zum Mitgliede des Aufsichtsrats widerrufen wird, eine besondere Mehrheit erforderlich sein soll, hat die Satzung zu bestimmen (§ 35 Ges.).

Von den besonderen Pflichten des Vorstandes seien besonders hervorgehoben:

a) Einreichung einer öffentlich beglaubigten Abschrift des Protokolls über jede Versammlung des obsteren Organs zum Handelsregister (§ 259 HGB., § 36 Ges.). Hinsichtlich der Zweigniederlassungen ausländischer Unternehmungen vgl. Joh. 33 A 138.

b) Bekanntmachung der genehmigten Gewinn- und Verlustrechnung, sowie der Bilanz und Einreichung zum Handelsregister (§ 265 HGB., § 36 Ges.), bei Vermeidung des Ordnungsstrafverfahrens gemäß § 14 HGB. (König Anm. 12 zu § 36).

c) Gestattung der Einsicht in die Bücher und Schriften der Gesellschaft und Untersuchung des Bestandes der Gesellschaftskasse sowie der Bestände an Wertpapieren und Waren durch die Revisoren, die durch das oberste Organ bestellt sind. Eine Bestellung durch das Gericht findet nicht statt (§ 261 Abs. 1 HGB., § 36 Ges.).

Ihren Bericht haben die Revisoren selber zum Handelsregister einzureichen; der Vorstand muß aber den Bericht auf die Tagesordnung der nächsten Versammlung des obersten Organs setzen (§ 267 Abs. 1 und 2 HGB., § 36 Ges.).

d) Bekanntmachung jeder Änderung in den Personen des Aufsichtsrats und Einreichung der Bekanntmachung zum Handelsregister (§ 244 HGB., § 35 Ges.).

§ 68.

Auflösung und Liquidation.

Der Verein wird aufgelöst:

1. durch Ablauf der in der Satzung bestimmten Zeit (§ 42 Ges.),
2. durch Beschluß des obersten Organs mit einer Mehrheit von drei Viertel der abgegebenen Stimmen, sofern nicht die Satzung leichtere oder schwerere Erforder-

nisse aufstellt. Der Beschluß bedarf der Genehmigung der Aufsichtsbehörde, sie hat dem Registergericht von der Genehmigung Mitteilung zu machen (§ 43 Ges.),

3. durch Fusion, d. h. ein Übereinkommen, wodurch der Versicherungsbestand des Unternehmens in seiner Gesamtheit oder in einzelnen Zweigen mit den darauf bezüglichen Reserven und Prämienbeiträgen auf ein anderes Unternehmen übertragen werden soll.

   Das Übereinkommen bedarf der Genehmigung der für die beteiligten Unternehmungen zuständigen Aufsichtsbehörde (§§ 44, 14 Ges.).

4. Untersagung des Geschäftsbetriebes durch die Aufsichtsbehörde (§ 67 Ges.),

5. Eröffnung des Konkursverfahrens (§ 49 Ges.).

Außer diesen Gründen kann die Satzung von selbst wirkende Auflösungsgründe festsetzen, z. B. Herabsinken unter den satzungsmäßigen Mindestbestand der Versicherten, oder der Versicherungssummen (König Anm. 1 zu § 43).

Die Auflösung ist, abgesehen von den Fällen zu 4 und 5, vom Vorstand, d. h. soviel Vorstandsmitgliedern, als zur Vertretung nötig sind, zur Eintragung anzumelden, und zwar bei Vermeidung des Ordnungsstrafverfahrens. Die Genehmigungsurkunde im Falle 2 und 3 ist beizufügen.

In den Fällen zu 4 erfolgt die Eintragung von Amts wegen auf die Anzeige der Aufsichtsbehörde.

Im Falle zu 5 erfolgt die Eintragung auf die Anzeige des Gerichtsschreibers des Konkursgerichts, und zwar dahin, daß „das Konkursverfahren eröffnet ist", nicht, daß der Verein aufgelöst ist.

Wird das Konkursverfahren durch Zwangsvergleich beendet oder auf Antrag des Gemeinschuldners eingestellt, so kann die Fortsetzung des Vereins durch das oberste Organ mit einfacher Mehrheit beschlossen werden. Dies ist dann vom Vorstande, oder, wenn die Konkurseröffnung erst im Liquidationsstadium erfolgt ist, von den Liquidatoren zur Eintragung anzumelden. Wird die Fortsetzung nicht beschlossen, so tritt die Liquidation ein (vgl. oben § 41) und die Liquidatoren sind zur Eintragung anzumelden.

Die Eintragung der Auflösung, die Eröffnung, Einstellung und Aufhebung des Konkurses, und die Fortsetzung des Vereins wird in Sp. 8 eingetragen und bekannt gemacht, soweit sie nicht das Konkursverfahren betrifft.

Nach der Auflösung des Vereins findet die Liquidation statt, sofern nicht über sein Vermögen der Konkurs eröffnet ist (§ 46).

Die Liquidation erfolgt durch die Mitglieder des Vorstands, soweit nicht durch Beschluß des obersten Organs, oder durch die Satzung andere Personen dazu bestimmt sind. Der Aufsichtsrat hat das Recht zur Bestellung von Liquidatoren nicht. Auch sonst finden auf das Liquidationsverfahren die für Aktiengesellschaften geltenden Vorschriften Anwendung (§ 47 Ges.).

Es kann deshalb auf das oben § 39 unter II, III Gesagte verwiesen werden.

Auf Antrag des Aufsichtsrats, oder einer in der Satzung zu bestimmenden Minderheit von Mitgliedern kann aus wichtigen Gründen die Ernennung und Abberufung von Liquidatoren durch das Gericht erfolgen, in dessen Bezirk der Verein seinen Sitz hat (§ 47 Ges.). Es ist dies das Handels r e g i s t e r gericht (Joh. 24 A 209).

Das Verfahren regelt sich nach §§ 145, 146 R. FrG.).

Auch das Erlöschen der Firma ist nach Beendigung der Liquidation von den Liquidatoren zur Eintragung anzumelden; mit Beendigung des Konkursverfahrens durch Ausschüttung der Masse ist auch die Firma erloschen.

Hinsichtlich der Aufbewahrung der Bücher und Papiere der Gesellschaft und des Rechts zur Einsichtnahme findet § 302 HGB. Anwendung, ein Ordnungsstrafverfahren findet aber nicht statt, da die Vorschrift des § 319 Abs. 1 HGB. in § 4 Z. 7 Ges. nicht mit erwähnt ist (König Anm. 6 zu § 47 Ges.).

Das Genossenschaftsregister.

Ges. vom 1. Mai 1889 in der durch Art. 10 EG. z. HGB. geänderten Fassung vom 20. Mai 1898. Bekanntmachung des Reichskanzlers, betr. die Führung des GnR. und die Anmeldungen zu diesem Register vom 1. Juli 1899 (AV. über Führung des GnR vom 8. Nov. 1899).

§ 69.

Bedeutung des GnR.

Das Genossenschaftsregister (GnR.) ist ein selbständiges Register neben dem Handelsregister, nicht ein Teil dieses, und dazu bestimmt, die Rechtsverhältnisse einer eingetragenen Genossenschaft aufzunehmen und zur öffentlichen Kenntnis zu bringen. Es wird von dem zur Führung des Handelsregisters zuständigen Amtsgerichte geführt (§ 10 GenG.).

Die Eintragungen haben nicht die Bedeutung, daß durch sie die eingetragenen Tatsachen bewiesen werden, sondern nur den Zweck der Feststellung und öffentlichen Kundmachung von Erklärungen, die über gewisse tatsächliche und rechtliche Verhältnisse abgegeben werden (Joh. 18, 6, 180). Es können nicht beliebige Tatsachen eingetragen werden, sondern nur solche, deren Eintragung gesetzlich vorgeschrieben ist (Joh. 29 A 217).

§ 70.

Begriff der Genossenschaft.

Die Genossenschaften sind Personalgesellschaften (Joh. 36 A 136), nicht wie die Aktienges., Kapitalgesellschaften, sie beruhen wesentlich auf dem Mitgliederstande und dienen dem Mittelstande, ihre wirtschaftliche Bedeutung erhellt schon daraus, daß am 1. Jan. 1913 nach dem Jahrbuch des Allgemeinen Verbandes mehr als 33 600 eingetragene Genossenschaften vorhanden waren.

Was unter einer Genossenschaft zu verstehen ist, sagt das Gesetz im § 1:

„Gesellschaften von nicht geschlossener Mitgliederzahl zum Zweck der Förderung des Erwerbes oder der Wirtschaft ihrer Mitglieder mittels gemeinschaftlichen Geschäftsbetriebes.“ Die Zahl der Genossen muß nach § 4 GenG. mindestens 7 betragen, eine bestimmte Anzahl darf nicht festgesetzt werden, doch ist es zulässig, eine Minimal- und Maximalzahl vorzuschreiben, innerhalb welcher der Eintritt und Austritt frei steht (Parisius-Crüger § 1 Erl. 1.) Eine Beschränkung auf bestimmte Berufsarten oder Angehörige eines bestimmten Geschlechts ist zulässig. Nur die Mitglieder sollen gefördert werden; eine Ausdehnung des Geschäftsbetriebes auf Personen, die nicht Mitglieder sind, findet nur ausnahmsweise statt, und eine derartige Ausnahmebestimmung muß in das Statut aufgenommen werden (§ 8 [5] Ges.). Genossenschaften, bei denen die Gewährung von Darlehn Zweck des Unternehmens ist, dürfen keinesfalls in Verfolg dieses Zweckes die Darlehnsgewährung auf Nichtmitglieder ausdehnen, Konsumvereine dürfen im regelmäßigen Geschäftsverkehr Waren nur an ihre Mitglieder oder deren Vertreter verkaufen; eine Ausnahme findet nur für landwirtschaftliche Konsumvereine statt (§ 8 Abs. 2, 3, 4 Ges.).

Gesellschaften, die die Förderung der Lage von Nichtmitgliedern bezwecken, z. B. von Fabrikbesitzern zur Beschaffung billiger Lebensmittel für ihre Arbeiter, können als Genossenschaften nicht eingetragen werden.

Die Mitglieder sollen in ihrem Erwerbe, durch Vermehrung der Einnahmen oder Verringerung ihrer Ausgaben, oder in ihrer Wirtschaft durch Verminderung ihrer Ausgaben gefördert werden; es muß also in der Hauptsache ein wirtschaftlicher, nicht ein idealer Zweck verfolgt werden.

Zur Erreichung dieses wirtschaftlichen Zweckes muß ein gemeinschaftlicher Geschäftsbetrieb eingerichtet sein, an dessen Ergebnis sämtliche Mitglieder unmittelbar teilnehmen. Einem Dritten darf daher der Geschäftsbetrieb nicht übertragen werden.

Es genügt nicht, wenn durch einen Geschäftsbetrieb, der an sich mit dem Erwerb und der Wirtschaft der Mitglieder nichts zu tun hat (Betrieb einer Druckerei und eines Zeitungsverlags), ein selbständiger Vermögenserwerb erstrebt wird, der den Mitgliedern zufließen soll (Joh. 37 A 168).

Daher müssen auch die Mitglieder des Vorstandes und Aufsichtsrats Genossen sein oder werden (JMBl. 1899 S. 52), oder Mitglieder angeschlossener Genossenschaften (§ 9 Ges.), und ist die Bestellung von Prokuristen oder von Handlungsbevollmächtigten zum gesamten Geschäftsbetriebe unzulässig (§ 42 Abs. 2 Ges.).

Als Beispiele von eintragungsfähigen Genossenschaften sind in § 1 GenG. aufgeführt:

Vorschuß- und Kreditvereine, Rohstoffvereine, Absatzgenossenschaften, Magazinvereine, Produktivgenossenschaften, Konsumvereine, Baugenossenschaften, Werkgenossenschaften.

Nach Verschiedenheit der Haftpflicht der Genossen werden drei Arten der Genossenschaften unterschieden:

Die Haftpflicht der Genossen für die Verbindlichkeiten der Genossenschaft kann bestimmt sein entweder so, daß sie sowohl der Genossenschaft wie unmittelbar den Gläubigern dieser mit ihrem ganzen Vermögen haften (eingetragene Genossenschaft mit unbeschränkter Haftpflicht),

oder so, daß die Genossen zwar auch mit ihrem ganzen Vermögen haften, aber nicht unmittelbar den Gläubigern der Genossenschaft, sondern nur verpflichtet sind, der Genossenschaft die zur Befriedigung der Gläubiger erforderlichen Nachschüsse zu leisten (eingetragene Genossenschaft mit unbeschränkter Nachschußpflicht),

oder endlich derart, daß die Haftpflicht der Genossen für die Verbindlichkeiten der Genossenschaft sowohl dieser wie unmittelbar den Gläubigern gegenüber im Voraus auf eine bestimmte Summe beschränkt ist (eingetragene Genossenschaft mit beschränkter Haftpflicht).

Eine Pflicht zur Eintragung besteht nicht (Joh. 19 S. 24), doch hat die Genossenschaft vor der Eintragung in das Genossenschaftsregister ihres Sitzes die Rechte einer eingetragenen Genossenschaft nicht (§ 13 GenG.), sondern ist bis dahin ev. nur ein Personenverein (JW. 06 S. 773).

Nach der Eintragung hat die Genossenschaft als solche selbständig ihre Rechte und Pflichten, sie kann Eigentum und andere dingliche Rechte an Grundstücken erwerben, vor Gericht klagen und verklagt werden; die Genossenschaften gelten als Kaufleute im Sinne des HGB., soweit das GenG. keine abweichenden Vorschriften enthält (§ 17 GenG.).

§ 71.

Errichtung der Genossenschaft. Inhalt des Statuts.

Jede Genossenschaft muß ein Statut haben. Zur Feststellung dieses sind mindestens 7 Genossen erforderlich. Es können dies physische und juristische Personen sein, Minderjährige bedürfen der Genehmigung ihres Vertreters und der des Vormundschaftsgerichts (Joh. 30 A 149). Nicht rechtsfähige Vereine sind von der Mitgliedschaft ausgeschlossen (Joh. 36 A 134); zuzulassen sind aber rechtsfähige Vereine, andere Genossenschaften, Kommanditgesellschaften, offene Handelsgesellschaften und Aktiengesellschaften (RG. 60 S. 409), auch Landgemeinden, ohne daß sie in Preußen der behördlichen Genehmigung bedürfen (Joh. 31 A 193).

Privatschriftliche Form für Feststellung des Statuts ist erforderlich und genügend (§ 5 GenG.). Das Datum muß angegeben sein; das Statut muß von den Genossen unterzeichnet sein (§ 11 Abs. 2 Nr. 1 GenG.). Bekennen zu seinem Inhalt in besonderem Protokoll genügt nicht.

I. Für den Inhalt des Statuts sind eine Reihe von wesentlichen Bestimmungen vorgeschrieben, die es enthalten muß (§§ 6, 7 GenG.).

1. Firma und Sitz der Genossenschaft.

Die Firma muß vom Gegenstande des Unternehmens entlehnt sein, d. h. sie braucht den Gegenstand nicht erschöpfend wiederzugeben, muß ihn aber im wesentlichen erkennen lassen (vgl. oben § 50 A I).

Eine Bezeichnung als Maschinengenossenschaft ist unzulässig (Joh. 30 A 145).

Die bloße Bezeichnung als „Bank" ist nicht ausreichend. Es bedarf eines individualisierenden Zusatzes wie: Volksbank, Gewerbebank (Joh. 37 A 173).

Bloße Phantasiebezeichnungen sind unzulässig, Zusätze im Rahmen des § 18 HGB. sind gestattet. Erforderlich ist stets der Zusatz über die Art der Genossenschaft hinsichtlich der Haftpflicht: eingetragene Genossenschaft mit unbeschränkter Haftpflicht oder: eingetragene Genossenschaft mit beschränkter Haftpflicht, oder: eingetragene Genossenschaft mit unbeschränkter Nachschußpflicht; dieser Zusatz muß in deutscher Sprache und voll ausgeschrieben sein und am Ende der Firma stehen.

Der Name von Genossen oder anderen Personen darf in die Firma nicht aufgenommen werden, um die Annahme der Haftbarkeit einer bestimmten Person zu vermeiden.

Das Prinzip der Ausschließlichkeit der Firma ist besonders im Ges. § 2 hervorgehoben (vgl. oben § 14).

Der Sitz der Genossenschaft ist der Ort, von dem aus die geschäftliche Leitung der Genossenschaft erfolgt, wenn sich auch die Werkstätten oder einzelne Verkaufsgeschäfte anderswo befinden (vgl. oben § 22).

2. Gegenstand des Unternehmens.

Dieser ist nicht identisch mit dem Zweck der Genossenschaft, muß daher genau bestimmt sein, um erkennen zu lassen, ob die Förderung des Erwerbes oder der Wirtschaft der Genossen erstrebt wird.

3. Bestimmungen über die Form für die Berufung der Generalversammlung der Genossen, sowie für die Beurkundung ihrer Beschlüsse und über den Vorsitz in der Versammlung.

Die Berufung der Generalversammlung kann durch Bekanntmachung in öffentlichen Blättern, durch besondere Einladungen, durch eingeschriebene Briefe usw. erfolgen, die Beschlüsse der Generalversammlung sind nach § 47 GenG. in ein Protokollbuch einzutragen, dessen Einsicht jedem Genossen und der Staatsbehörde gestattet werden muß (Joh. 41 A 154), es ist daher zu bestimmen, wie sie einzutragen sind, ob notarielle Beurkundung oder privatschriftliche Abfassung erfolgen soll, und von wem sie zu unterzeichnen sind. Der Vorsitz wird gewöhnlich von einem Vorstands- oder Aufsichtsratsmitgliede geführt.

4. Bestimmungen über die Form, in welcher die von der Genossenschaft ausgehenden Bekanntmachungen erfolgen, sowie über die öffentlichen Blätter, in welche sie aufzunehmen sind; also durch welche öffentlichen Blätter, wie oft sie erfolgen sollen, wer sie zu veranlassen hat und wie sie zu unterzeichnen sind. Die Bekanntmachungen müssen in deutscher Sprache erfolgen (Joh. 22 A 288).

Die Bestimmung der öffentlichen Blätter muß im Statut erfolgen und kann keinem anderen Organe überlassen werden. Es ist angezeigt, schon ein Ersatzblatt für ein ev. wegfallendes Blatt zu bestimmen, weil sonst die Bestimmung eines anderen Blattes nur im Wege der Statutenänderung erfolgen kann.

5. Die Bestimmung, ob die Genossen der unbeschränkten Haftpflicht, oder der unbeschränkten Nachschußpflicht oder der beschränkten Haftpflicht unterliegen sollen; eine andere Regelung der Haftpflicht ist ausgeschlossen. Bei beschränkter Haftpflicht ist auch die Höhe der Haftsumme zu bestimmen, diese darf nicht niedriger sein als der Geschäftsanteil (§ 131 GenG.).

6. Der Betrag, bis zu welchem sich die einzelnen Genossen mit Einlagen beteiligen können (Geschäftsanteil), sowie die Einzahlungen auf den Geschäftsanteil, zu welchem jeder Genosse verpflichtet ist, diese müssen bis zu einem Gesamtbetrage von mindestens einem Zehnteile des Geschäftsanteils nach Betrag und Zeit bestimmt sein.

Der im Statut festgesetzte Geschäftsanteil bildet also den höchsten Betrag, bis zu welchem die Genossen sich durch Einlagen an der Genossenschaft beteiligen können, und der zehnte Teil dieser Summe den niedrigsten Betrag, bis zu welchem sie sich beteiligen müssen. Für diesen Minimalbetrag muß das Statut bestimmen, in welchen Teilen und Fristen er einzuzahlen ist, die Genossen sind nur verpflichtet, diese Einzahlungen auf den Mindestbetrag zu entrichten, darüber hinaus braucht das Statut eine Verpflichtung zu Einlagen nicht festzusetzen, es muß nur den Genossen die Möglichkeit gewähren, den Geschäftsanteil zu erreichen (Joh. 26 A 229). [Jahresbeitrag von 3 Mark bei einem Geschäftsanteil von 500 Mark].

Der Mindestbetrag muß bar eingezahlt werden, Sacheinlagen sind unzulässig (RG. 65, 224). Es darf nicht vorgeschrieben werden, daß Gewinnanteile der Genossen über ihre Geschäftsanteile hinaus einzubehalten, oder daß von den Genossen unkündbare Kapitaleinlagen, die nicht unter ihre Geschäftsanteile fallen, zu leisten sind (Joh. 34 A 175).

Der Geschäftsanteil muß für alle Genossen der Höhe nach gleich- und ziffernmäßig bestimmt sein (JW. 1901 S. 83, 1906 S. 774).

Bei Genossenschaften mit unbeschränkter Haftpflicht, und unbeschränkter Nachschußpflicht kann ein Genosse nur mit einem Geschäftsanteil beteiligt sein, weil er mit seinem ganzen Vermögen haftet, dagegen bei Genossenschaften mit beschränkter Haftpflicht kann das Statut den Erwerb mehrerer Geschäftsanteile durch einen Genossen unter Festsetzung ihrer höchsten Zahl zulassen (§ 134 GenG.).

Bei Genossenschaften mit beschränkter Haftpflicht darf, wie schon erwähnt, auch die Haftsumme nicht niedriger sein als der Geschäftsanteil (§ 131 GenG.).

Verschieden vom Geschäftsanteil ist das Geschäftsguthaben. Das ist der jeweilige Betrag, welchen die Einlagen eines Genossen erreichen mit den zugeschriebenen Dividenden und unter Abzug der etwa für Verlust abgeschriebenen Beträge; dieses bildet eine Forderung an die Genossenschaft.

7. Die Grundsätze für Aufstellung und Prüfung der Bilanz.

Hierfür kommen die Bestimmungen der §§ 39—41 HGB. in Betracht, da die Genossenschaft als Kaufmann gilt.

8. Bestimmungen über Bildung eines Reservefonds, welcher zur Deckung eines aus der Bilanz sich ergebenden Verlustes zu dienen hat, sowie die Art dieser Bildung, insbesondere den Teil des jährlichen Reingewinns, welcher in den Reservefonds einzustellen ist, und den Mindestbetrag des letzteren, bis zu dessen Erreichung die Einstellung zu erfolgen hat.

Wenn der Gewinn ganz und dauernd dem Reservefonds überwiesen wird, kann von Festsetzung eines Mindestbetrages abgesehen werden (Joh. 17 S. 21).

Der Mindestbetrag kann auch durch Prozente von anderen beweglichen Summen, vom Werte des Warenlagers der Immobilien, bestimmt werden (Joh. 15 S. 50).

II. Außer diesen können noch eine Reihe weiterer Bestimmungen getroffen werden, die aber dann ebenfalls der Festsetzung im Statut bedürfen.

Es sind als solche im § 8 GenG. aufgeführt, daß:

1. die Genossenschaft auf eine bestimmte Zeit beschränkt wird.

Mit Ablauf der Zeitdauer tritt die Auflösung der Genossenschaft von selber ein (§ 79 GenG.). Eine Fortsetzung über die bestimmte Zeit muß vor Ablauf im Wege der Statutenänderung geschlossen werden und eingetragen sein, eine stillschweigende Fortsetzung ist ausgeschlossen.

2. Erwerb und Fortdauer der Mitgliedschaft an den Wohnsitz innerhalb eines bestimmten Bezirks geknüpft wird.

3. Das Geschäftsjahr, insbesondere das erste, auf ein mit dem Kalenderjahr nicht zusammenfallendes Jahr, oder auf eine kürzere Dauer als auf ein Jahr bestimmt wird.

Sonst ist das Geschäftsjahr das Kalenderjahr. Auf länger als 12 Monate darf es nicht bemessen werden (§ 40 Abs. 2 HGB.). Das erste Geschäftsjahr beginnt mit der Eintragung der Genossenschaft.

4. Über gewisse Gegenstände die Generalversammlung, nicht durch einfache Stimmenmehrheit, sondern nur durch größere Stimmenmehrheit oder nach anderen Erfordernissen Beschluß fassen kann.

Schreibt schon das Gesetz eine bestimmte Mehrheit vor, wie in § 36 Abs. 2 für Abberufung von Aufsichtsratsmitgliedern, so darf diese Mehrheit nicht geändert werden (Parisius-Crüger § 36), läßt das Gesetz neben drei Viertel Mehrheit „noch andere Erfordernisse" zu, wie im § 78, § 16, § 132, § 144, so können dies nur schwerere Bedingungen sein, sonst darf auch keine geringere als einfache Stimmenmehrheit festgesetzt werden.

Die Beschlußfähigkeit kann von der Anwesenheit einer bestimmten Anzahl von Genossen abhängig gemacht werden, dann braucht aber das Statut keine weiteren Bestimmungen für den Fall zu treffen, daß diese Zahl nicht anwesend ist (Joh. 26 A 228).

5. Die Ausdehnung des Geschäftsbetriebs auf Nichtgenossen zugelassen wird (vgl. oben § 70 Abs. 3).

Das Verbot der gewerbsmäßigen Darlehnsgewährung an Nichtgenossen kann nach § 160 GenG. durch Ordnungsstrafen gegen den Vorstand durchgesetzt werden.

III. Weitere Bestimmungen, die das Statut treffen kann, sind im Gesetz für einzelne Fälle vorgesehen, so unter anderem über die Art der Bestellung (z. B. Wahl durch den Aufsichtsrat) und Zahl der Vorstandsmitglieder (§ 24 Ges.).

Über die Form der Willenserklärungen und Zeichnung des Vorstandes (§ 25) und der Liquidatoren (§ 85 GenG.).

Über die Zahl der Aufsichtsratsmitglieder über 3 hinaus (§ 36 GenG.), eine Angabe der Mindestzahl genügt (Joh. 34 A 176, § 19, § 20 GenG.).

Jedenfalls darf das Statut von den Bestimmungen des Gesetzes nur insoweit abweichen, als dies ausdrücklich für zulässig erklärt ist (§ 18 GenG.).

Unzulässig ist daher eine Bestimmung, daß die Mitgliedschaft vererblich sein soll (Joh. 30 A 153), oder daß das Geschäftsguthaben verstorbener Genossen der Genossenschaft verbleiben soll (Joh. 34 A 186), oder daß der Vorstand ermächtigt wird, den Genossen im Laufe des Geschäftsjahres Abschlagsdividenden auf den zu erwerbenden Jahresgewinn auszuzahlen (Joh. 36 A 142), oder daß die Kündigungsfrist für die Genossen nicht einheitlich sein soll (Joh. 36 A 264), oder daß andere Ausscheidungsgründe als die in §§ 65 bis 77 GenG. bestimmten zugelassen werden (Joh. 34 A 209).

§ 72.

Vorstand, Veränderungen im Bestande und der Vertretungsbefugnis.

Die Genossenschaft muß einen Vorstand und einen Aufsichtsrat haben. Es können dazu nur Genossen oder Mitglieder anderer Genossenschaften — nicht anderer Gesellschaften —, die der Genossenschaft als Mitglieder angehören, bestellt werden; es ist aber auch zulässig, daß der Beitritt zur Genossenschaft mit Annahme der Wahl verbunden wird (Parisius-Crüger S. 137, § 9). Die ersten Vorstandsmitglieder müssen jedoch das Statut mit unterzeichnet haben, weil vor Eintragung des Statuts die Mitgliedschaft nur hierdurch erworben werden kann. Mangels anderer Bestimmung im Statut beträgt die Mindestzahl der Vorstandsmitglieder zwei, und die der Mitglieder des Aufsichtsrats drei.

Es müssen physische Personen sein, die geschäftsfähig sind; das Statut kann die Wählbarkeit noch von anderen Voraussetzungen abhängig machen.

Wie der erste Vorstand und der erste Aufsichtsrat zu wählen ist, wird im Gesetz nicht bestimmt. Gewöhnlich wird er in derselben Versammlung, in der das Statut angenommen und unterschrieben wird, von den Personen, die das Statut unterschrieben haben, nach Maßgabe dieses Statuts gewählt. Die Wahl muß beurkundet werden. Bestellung auf Lebenszeit ist unzulässig, das Recht der Genossenschaft, die Bestellung jederzeit zu widerrufen (§ 24 GenG.), kann durch Vertrag nicht beseitigt werden.

Eine Annahme der erfolgten Wahl ist nur seitens der Aufsichtsratsmitglieder erforderlich, bei den Vorstandsmitgliedern liegt in der Anmeldung die Annahme der Wahl.

Die Anmeldung und Eintragung der Vorstandsmitglieder hat mit dem Beginn ihres Amtes zu erfolgen; sie sind nach Familiennamen, Vornamen, Beruf und Wohnort einzutragen, ebenso die für den Fall der Behinderung von Vorstandsmitgliedern bestellten Stellvertreter unter der Bezeichnung als solche (§ 35 GenG., § 18 Bek. 1. Juli 1899).

Ebenso ist jede Änderung des Vorstandes, d. h. in dessen Bestande — nicht mehr eine Wiederwahl — und die Beendigung der Vertretungsbefugnis eines Vorstandsmitgliedes alsbald anzumelden und einzutragen. Dazu gehört auch die einstweilige Enthebung von Vorstandsmitgliedern durch den Aufsichtsrat (§ 40 GenG.).

Die Anmeldung hat durch sämtliche Vorstandsmitglieder persönlich oder in beglaubigter Form zu erfolgen. Die ausgeschiedenen Vorstandsmitglieder dürfen nicht mehr, die neuen müssen dabei mitwirken. Zur Beglaubigung sind nach § 8 Abs. 1 Bek. 1. Juli 1899 neben dem Richter und Notar auch der Gemeindevorsteher und die Polizeibehörde befugt. Eine einfache Abschrift der Urkunden über die Bestellung oder über die Beendigung der Vertretungsbefugnis ist beizufügen; sie brauchen nur das Wahlergebnis zu enthalten und müssen den gesetzlichen und statutarischen Vorschriften über die Beurkundung entsprechen (Joh. 34 A 200). Eine etwaige Bestimmung des Statuts über die Form, in welcher der Vorstand seine Willenserklärungen kundgibt und für die Genossenschaft zeichnet, ist ebenfalls einzutragen.

Die Regel ist Gesamtvertretung, ist die Mitgliederzahl des Vorstandes größer als 2, so kann die Vertretung anders geregelt werden, aber mindestens 2 müssen für die Gesamtvertretung bestimmt werden. Eine Beschränkung der Vertretungsbefugnis des Vorstandes hat Dritten gegenüber keine rechtliche Wirkung und darf nicht eingetragen werden (§ 27 GenG., § 18 Abs. 3 Bek. 1. Juli 1899). Bei der Bekanntmachung ist der Beruf der Vorstandsmitglieder nicht mit zu veröffentlichen, eine Verteilung der Vorstandsämter ist weder einzutragen noch bekanntzumachen, auch nicht die Bezeichnung eines Vorstandsmitgliedes als „Vorsteher" (Joh. 44 A 154).

Die Bekanntmachung kann kurz dahin gefaßt werden: „für den ausgeschiedenen Carl Schulze ist Hermann Müller in Neukölln als Vorstandsmitglied gewählt".

§ 73.
Anmeldung. Prüfung.

Die Anmeldung behufs Eintragung liegt dem Vorstande ob, d. h. sämtlichen Vorstandsmitgliedern (§ 11, § 157 Ges.) und zwar in derjenigen Anzahl, die nach dem Statut vorhanden sein muß; nicht in derjenigen, die zur Abgabe von Willenserklärungen genügt (Joh. 35 A 364).

Sämtliche Vorstandsmitglieder oder Liquidatoren müssen überhaupt mitwirken bei den Anmeldungen, die im Gesetz als solche bezeichnet sind (§ 6 Bek. 1. Juli 1899). Eine Anmeldung durch einen Bevollmächtigten ist ausgeschlossen.

Für sonstige Anzeigen und Erklärungen zum Genossenschaftsregister oder zur Liste der Genossen bedarf es der Mitwirkung sämtlicher Vorstandsmitglieder oder Liquidatoren nicht; sind jedoch solche Anzeigen und Erklärungen mit rechtlicher Wirkung für die Genossenschaft verbunden, wie bezüglich des Beitritts und Ausscheidens von Genossen, bezüglich der Beteiligung von Genossen auf weitere Geschäftsanteile, so müssen sie in der für die Willenserklärungen des Vorstandes oder der Liquidatoren vorgeschriebenen Form unter Mitwirkung der erforderlichen Anzahl erfolgen (§ 7 Bek. 1. Juli 1899).

Die Anmeldungen sind persönlich zu bewirken oder in beglaubigter Form einzureichen; sie können auch zu Protokoll des Gerichtsschreibers des Registergerichts erfolgen (§§ 124, 147 R. FrG., vgl. oben § 7).

Auch der Notar, falls er eine Anmeldung beurkundet hat, ist berechtigt, die Eintragung für die Verpflichteten zu beantragen (vgl. oben § 7).

Für die Einreichung der Anmeldung in beglaubigter Form genügt die Beglaubigung der Unterschriften, und es können außer den Notaren und den sonst zuständigen Behörden und Beamten auch der Gemeindevorsteher und die Polizeibehörde die Beglaubigung der Unterschriften bewirken (§ 8 Bek. 1. Juli 1899).

Der Anmeldung behufs Eintragung der Genossenschaft sind beizufügen:

1. Das Statut, welches von den Genossen unterzeichnet sein muß und eine Abschrift davon; unter „Abschrift" ist, falls nichts anderes vorgeschrieben, eine einfache Abschrift zu verstehen (§ 8 Abs. 2 Bek. 1. Juli 1899).

2. Eine Liste der Genossen. In diese sind nur diejenigen Genossen aufzunehmen, die das Statut unterzeichnet haben, denn sonst kann die Mitgliedschaft nur gemäß § 15 Ges. erworben werden; es müssen in ihr auch die Mitglieder des Vorstandes und Aufsichtsrats stehen.

Die Unterzeichner des Statuts sind nach Familiennamen, Vornamen, Stand und Wohnort zu bezeichnen, da sie als erste Mitglieder in die vom Gericht zu führende Liste eingetragen werden (§ 29 Abs. 2 Bek. vom 1. Juli 1899).

3. Eine Abschrift der Urkunden über die Bestellung des Vorstandes und des Aufsichtsrats. Die Mitglieder des Vorstandes, d. h. sämtliche haben zugleich ihre Unterschrift vor dem Gericht zu zeichnen. Die Firma ist nicht zu zeichnen. Für die Zeichung gilt dasselbe wie für die Anmeldung.

Vor der Eintragung hat der Registerrichter zu prüfen, ob deren Voraussetzungen alle in formeller und materieller Hinsicht gegeben sind, insbesondere, ob der Sitz der Genossenschaft in seinem Registerbezirk sich befindet; — für Berlin und Vororte ist durch Verfügung des Justizministers vom 19. April 1906 (JMBl. 123) die Führung des GnR. dem Amtsgericht Berlin-Mitte übertragen. — Ob alle Vorstandsmitglieder in der gehörigen Form angemeldet und gezeichnet haben, ob sie und die anderen Unterzeichner des Statuts in der Liste aufgeführt sind, ob die erforderlichen Urkunden beigefügt sind, ob das Statut von mindestens 7 Genossen unterschrieben ist, ob der Vorstand und Aufsichtsrat ordnungsmäßig gewählt ist (Cohn S. 601, Parisius-Crüger § 10 Erl. 4 c).

Nach § 15 Bek. 1. Juli 1899: ob das Statut den Vorschriften des Gesetzes genügt, insbesondere, ob die in dem Statute bezeichneten Zwecke der Genossenschaft den Voraussetzungen des § 1 des Gesetzes entsprechen, und ob das Statut die erforderlichen Bestimmungen (§§ 6, 7, 36 Abs. 1 — mindestens 3 Aufsichtsratsmitglieder — § 131 Abs. 2 Satz 1 — Höhe der Haftsumme —) enthält.

Das Statut darf auch nicht gegen die Bestimmungen des GenG. oder eines anderen Gesetzes verstoßen (a. M. Parisius-Crüger § 10 Erl. 4).

Versicherungsvereine auf Gegenseitigkeit können nicht in der Form einer Genossenschaft begründet werden, sondern unterliegen dem Gesetz vom 12. Mai 1901 (Joh. 32 A 164).

Bedarf der Gegenstand des Unternehmens der staatlichen Genehmigung, so ist die Eintragung von dem Nachweise dieser Genehmigung abhängig zu machen (Joh. 24 A 205, abweichend Parisius-Crüger § 10 Erl. 5 S. 61).

Dagegen ist die Wahrheit der angemeldeten Tatsachen nicht zu prüfen, auch nicht die Echtheit der Unterschriften (§ 29 Abs. 4 Bek. 1. Juli 1899).

Ergeben sich bei der Prüfung Anstände, so ist auf Beseitigung dieser hinzuwirken, oder die Eintragung abzulehnen. Eine Abänderung des Statuts ist von sämtlichen Personen zu unterschreiben, die das ursprüngliche Statut unterzeichnet haben; die Vorlegung eines Protokolls über die Abänderung genügt nicht (Joh. 25 A 263).

Die Entscheidung, durch welche die Eintragung abgelehnt wird, ist mit Gründen zu versehen (§ 3 Bek. 1. Juli 1899), gegen sie findet das Rechtsmittel der Beschwerde und weiteren Beschwerde statt, wie in Handelsregistersachen (§ 19 R. FrG., vgl. oben § 10).

§ 74.

Eintragung. Einrichtung des GnR.

Das GnR. wird in Preußen gemäß AV. vom 8. Nov. 1899 nach folgendem Muster geführt:

Nummer der Genossenschaft .....

1	2	3	4	5
Nummer der Eintragung	Firma und Sitz	Gegenstand des Unternehmens	Bei Genossenschaften mit beschränkter Haftpflicht: Haftsumme; höchste Zahl der Geschäftsanteile	Vorstand; Liquidatoren
1.	Vorschußverein, eingetragene Genossenschaft mit beschränkter Haftpflicht; Berlin-Schöneberg.	Betrieb von Bankgeschäften zum Zwecke der Beschaffung der im Gewerbe und in der Wirtschaft der Mitglieder nötigen Geldmittel.	300 M 10 Geschäftsanteile.	Karl Schulze, Tischler; Wilhelm Müller, Gastwirt; beide: Berlin-Schöneberg.

6	7	8	9
a) Statut; b) Form der Bekanntmachungen; c) Zeitdauer; d) Geschäftsjahr; e) Form für die Willenserklärungen des Vorstandes und der Liquidatoren; f) Vertretungsbefugnis	Auflösung; Konkurs; Fortsetzung; Nichtigkeit	Geschäftsnummer; Tag der Eintragung; Unterschrift des Gerichtsschreibers	Bemerkungen
a) Statut vom 20. November 1913; b) Bekanntmachungen erfolgen unter der Firma im Berliner Lokalanzeiger; c) die Dauer der Genossenschaft ist bis 31. Dezember 1920 festgesetzt; d) das Geschäftsjahr läuft vom 1. April bis 31. März; e) die Willenserklärungen des Vorstandes erfolgen durch mindestens zwei Mitglieder; die Zeichnung geschieht, indem zwei Mitglieder der Firma ihre Namensunterschrift beifügen.		88 GnR. 1618 1. 30. November 1913. N. N.	Statut befindet sich Bl. 2 der Reg.-Akten.

Jede Genossenschaft ist auf einem besonderen Blatte einzutragen, die für spätere Eintragungen noch erforderlichen Blätter sind frei zu lassen.

Als Blatt gelten zwei gegenüberliegende Seiten des Registers. Das Register trägt als Überschrift rechts oben die Nummer der Genossenschaft.

Die Überschriften der Spalten ergeben, welche Eintragungen in die einzelnen Spalten zu erfolgen haben.

Auf die Führung finden die Vorschriften für Führung des HR. entsprechende Anwendung.

Jeder Eintragung ist außer der Angabe des Tages der Eintragung und der Unterschrift des Registerführers eine Verweisung auf die Stelle der Registerakten beizufügen, wo sich die zugrunde liegende gerichtliche Verfügung befindet.

Die erfolgte Eintragung ist bei der gerichtlichen Verfügung zu vermerken.

Die Eintragungen erfolgen auf Grund einer Verfügung des Registerrichters; werden die Geschäfte des Registergerichts nicht von einem Richter wahrgenommen, wie in Preußen, so soll die Verfügung für das GnR. den Wortlaut, für die Liste der Genossen den Inhalt der Eintragungen feststellen. Die Eintragungen sind unverzüglich zu bewirken (§ 2, § 14 Bek. 1. Juli 1899).

Jede Eintragung in das GnR. ist vom Registerführer zu unterzeichnen — nicht auch eine solche in die Liste.

Eine Eintragung, die durch eine spätere Eintragung ihre Bedeutung verloren hat, ist rot zu unterstreichen.

Die Eintragung des Statuts in das Register erfolgt durch Aufnahme eines Auszuges.

Die Eintragung muß enthalten:

1. Datum des Statuts Sp. 6 a.
2. Firma — und zwar ungekürzt — und Sitz der Genossenschaft Sp. 2.

3. Den Gegenstand des Unternehmens wörtlich, wie er im Statut angegeben ist: Sp. 3.
4. Die Form, in welcher die Bekanntmachungen der Genossenschaft erfolgen Sp. 6 b.
5. Namen und Wohnort und Beruf der Mitglieder des Vorstandes — aber ohne Angabe der einzelnen Vorstandsämter — Sp. 5.

Bei Genossenschaften mit beschränkter Haftpflicht:

6. Auch die Höhe der Haftsumme, Sp. 4.

Falls das Statut Bestimmungen darüber enthält auch

7. Die Zeitdauer der Genossenschaft Sp. 6 c.
8. Das Geschäftsjahr Sp. 6 d.
9. Die Form, in welcher der Vorstand seine Willenserklärungen kundgibt und für die Genossenschaft zeichnet, selbst dann, wenn das Statut dieselbe Form feststellt, welche das Gesetz für den Fall vorschreibt, daß das Statut nichts darüber bestimmt (Parisius-Crüger § 12 Erl. 4) [Sp. 6 e] und bei Genossenschaften mit beschränkter Haftpflicht auch die Beteiligung der Mitglieder auf mehrere Geschäftsanteile, falls dies das Statut vorsieht, und die höchste Zahl der Geschäftsanteile, auf welche sich ein Genosse beteiligen kann (Sp. 4).

In Sp. 5 sind auch die Stellvertreter von Vorstandsmitgliedern unter der Bezeichnung als solche einzutragen (Art. 3 Nr. 5 AV. vom 8. Nov. 1899), und in Sp. 9 ist auf die Stelle der Akten zu verweisen, an welcher das Statut sich befindet.

Nicht eingetragen werden die Aufsichtsratsmitglieder.

Die Abschrift des Statuts wird vom Gericht beglaubigt und mit der Bescheinigung der erfolgten Eintragung versehen zurückgegeben; die übrigen bei der Anmeldung eingereichten Schriftstücke werden bei dem Gericht aufbewahrt.

Von der Eintragung ist der Vorstand zu benachrichtigen, ohne Förmlichkeiten durch einfache Postsendung (§ 3 Bek. 1. Juli 1899).

Auf die Art und den Inhalt der Bekanntmachungen in GnR.-Sachen ist besondere Sorgfalt zu verwenden, weil im Interesse der Genossenschaft die durch überflüssige, nicht knapp gefaßte Bekanntmachungen entstehenden Kosten zu vermeiden sind.

Die Bekanntmachungen erfolgen auf jeden Fall durch den Deutschen Reichsanzeiger, und außerdem können für größere Genossenschaften ein oder mehrere Blätter vom Gericht bestimmt werden, die mit den für Bekanntmachungen aus dem HR. bestimmten nicht übereinzustimmen brauchen (§ 156 Ges.); eine überflüssige Ausdehnung der Bekanntmachungen ist zu vermeiden (AV. 9. Mai 1902 JMBl. S. 110); für kleinere Genossenschaften darf außer dem Reichsanzeiger nur ein Blatt bestimmt werden, muß es aber auch selbst, wenn eine kleinere Genossenschaft noch nicht existiert; bei Auswahl dieses Blattes ist hauptsächlich auf dessen Verbreitung im Gerichtsbezirke Rücksicht zu nehmen. Vor jeder Bekanntmachung ist zu prüfen, ob die Eintragung etwa eine kleinere Genossenschaft betrifft, bei der Entscheidung hierüber ist sowohl die Zahl der vorhandenen Mitglieder und die Größe des Genossenschaftsvermögens als die Art und der Umfang des Geschäftsbetriebes zu berücksichtigen (§ 5 Bek. 1. Juli 1899).

Es empfiehlt sich auch, die Genossenschaft selber hierüber sich äußern zu lassen (DJZ. 1902 S. 78).

Die Genossenschaft hat gegen die Bestimmung über Auswahl der Blätter kein Beschwerderecht (Joh. 31 A 367). Über die Bekanntmachung der ausgewählten Blätter vgl. oben § 27; der Registerrichter selber darf die Auswahl nicht bekanntmachen.

Hört eines der Blätter im Laufe des Jahres auf zu erscheinen, so hat das Gericht unverzüglich ein anderes zu bestimmen (§ 5 Abs. 2 Bek. 1. Juli 1899).

Für Fassung der Bekanntmachungen sind die Vorschriften über das HR. zu beachten (Art. 5 AV. 8. Nov. 1899, § 12 AV. 7. Nov. 1899, vgl. oben § 8 und JMBl. 1893 S. 111).

Die Bekanntmachung ist alsbald zu veranlassen, sobald die Eintragung bewirkt ist, ohne daß eine andere Eintragung abgewartet werden darf.

Die Bekanntmachung des Statuts muß nach § 12 enthalten die Angaben unter 1, 2, 3, 4, 5 — aber nicht auch den Beruf der Vorstandsmitglieder — (anders Brand S. 346) — unter 6, 7, 8, 9 die Form, in welcher der Vorstand — nicht auch der Aufsichtsrat — seine Willenserklärungen kundgibt und für die Genossenschaft zeichnet, und 10.: die höchste Zahl der Geschäftsanteile, außerdem: daß die Einsicht der Liste der Genossen während der Dienststunden des Gerichts jedem gestattet ist (§ 12 GenG.), mehr darf nicht bekanntgemacht werden.

Vergleiche folgendes Beispiel:

Nach Statut vom 19. November 1913 wurde eine Genossenschaft unter der Firma „Mastfarm Groß-Berlin, eingetragene Genossenschaft mit beschränkter Haftpflicht", mit dem Sitz in Berlin-Weißensee, errichtet und heute unter Nr. 621 in unser Genossenschaftsregister eingetragen. Gegenstand des Unternehmens ist der Erwerb und Betrieb von Mästereien mit den erforderlichen Hilfs- und Nebenbetrieben behufs Produktion und Verkaufs von Mastvieh für gemeinsame Rechnung und Gefahr. Die Haftsumme beträgt 500 Mark. Die höchstzulässige Zahl der Geschäftsanteile ist zweihundert. Die von der Genossenschaft ausgehenden Bekanntmachungen erfolgen unter deren Firma mit den für die Firmenzeichnung vorgeschriebenen Unterschriften im Deutschen Reichsanzeiger. Das Geschäftsjahr läuft vom 1. Oktober bis 30. September. Die Mitglieder des Vorstandes sind: Adolph Mehrke zu Berlin-Weißensee und Julius Haedicke zu Charlottenburg. Die Einsicht der Liste der Genossen ist während der Dienststunden des Gerichts jedem gestattet.

Berlin, den 22. November 1913.

Königliches Amtsgericht Berlin-Mitte, Abteilung 88.

Hinsichtlich der Nachrichten an die Steuerbehörde vgl. oben § 27.

§ 75.

Anmeldung und Eintragung einer Zweigniederlassung.

Der Begriff der Zweigniederlassung ist oben § 15 erörtert. Bloße Filialen am Orte der Hauptniederlassung sind als Zweigniederlassung nicht anzusehen.

Jede Zweigniederlassung einer Genossenschaft ist bei dem Gericht, in dessen Bezirk sie sich befindet, bei Vermeidung von Ordnungsstrafen zur Eintragung anzumelden, und zwar von sämtlichen Vorstandsmitgliedern in derselben Form wie die Hauptniederlassung, auch die Zeichnung der Vorstandsmitglieder ist erforderlich. Befindet sich die Zweigniederlassung außerhalb des Gerichtsbezirks der Hauptniederlassung, so hat die Anmeldung, die im § 12 GenG. erwähnten Angaben zu enthalten, und sind ihr zwei beglaubigte Abschriften des Statuts und eine vom Gericht der Hauptniederlassung beglaubigte Abschrift der Liste der Genossen beizufügen. Die Beglaubigung der Statutenabschriften kann gemäß § 6 Abs. 2 Bek. 1. Juli 1899 durch eine zuständige Behörde oder einen zuständigen Beamten oder Notar erfolgen, gemäß § 35 Pr. FrG., in Preußen auch durch die Gerichtsschreiber.

Die Eintragung erfolgt nicht, bevor die Eintragung der Hauptniederlassung nachgewiesen ist.

Die Prüfung des Registerrichters hat sich nur darauf zu erstrecken, ob die Anmeldung in der vorgeschriebenen Form erfolgt ist, die erforderlichen Urkunden beigefügt und vorschriftsmäßig beglaubigt sind, nicht aber, ob tatsächlich eine Zweigniederlassung vorhanden ist (Parisius-Crüger § 14 Erl. 2 Abs. 2, Joh. 33 A 117).

Einzutragen sind dieselben Angaben wie bei der Hauptniederlassung, und in Sp. 2 außerdem der Ort der Hauptniederlassung (Art. 3 AV. 8. Nov. 1899).

Die einfache Abschrift des Statuts ist mit der Bescheinigung der Eintragung zu versehen und dem Vorstande zurückzugeben. Die Bekanntmachung durch das Registergericht der Zweigniederlassung hat sich auf den ganzen Inhalt der Eintragung zu erstrecken und muß auch den Hinweis auf Einsicht der Liste enthalten (JMBl. 1893 S. 115 VIII). Von der Eintragung ist der Vorstand und das Gericht der Hauptniederlassung zu benachrichtigen. Dieses hat dann in Sp. 2 zu vermerken, daß in X. eine Zweigniederlassung errichtet ist (§ 19 Abs. 2 Bek. 1. Juli 1899).

Wird eine Zweigniederlassung in demselben Gerichtsbezirk, welchem die Hauptniederlassung angehört, so ist nur die Errichtung nnd der Ort der Zweigniederlassung durch den Vorstand anzumelden, und im Register bei der Hauptniederlassung einzutragen. Bekanntzumachen ist hier nur die Errichtung und der Ort der Zweigniederlassung, gegebenenfalls auch die Eintragung der Aufhebung.

Beim Register der Zweigniederlassung haben danu auch alle Anmeldungen und Einreichungen zum Register ebenso zu erfolgen wie beim Register der Hauptniederlassung.

§ 157 Abs. 2 GenG., § 19 Abs. 3 Bek. 1. Juli 1899.

Nur die Auflösung der Genossenschaft, die Löschung wegen Nichtigkeit, die Konkurseröffnung, wird beim Register der Zweigniederlassung auf die vom Gericht der Hauptniederlassung diesem von der erfolgten Eintragung zu machende Mitteilung vermerkt.

Wird dagegen die Zweigniederlassung aufgehoben, während die Hauptniederlassung bestehen bleibt, so ist die Aufhebung beim Gericht der Zweigniederlassung anzumelden und von diesem einzutragen und bekanntzumachen. Die bewirkte Eintragung ist dem Registergericht der Hauptniederlassung mitzuteilen und dieses vermerkt dann in seinem Register in Sp. 2, daß die Zweigniederlassung aufgehoben ist.

Befindet sich aber die Zweigniederlassung in demselben Registerbezirk wie die Hauptniederlassung, so ist natürlich die Aufhebung beim gemeinschaftlichen Registergericht anzumelden und von diesem einzutragen und bekanntzumachen.

§ 76.

Die Liste der Genossen. Beitritt. Erwerb mehrerer Geschäftsanteile. Ausscheiden.

Für jede in das Register eingetragene Genossenschaft wird eine Liste der Genossen geführt, die eine besondere Beilage zum Genossenschaftsregister bildet. Sie dient wesentlich dem Zwecke, die Kreditwürdigkeit der Genossenschaft klarzustellen, um erkennbar zu machen, wieviel und welche Personen schlimmstenfalls für die Befriedigung der Gläubiger einzutreten haben (JMBl. 1893 S. 332). Daher ist sie öffentlich und kann von jedem eingesehen werden (§ 12 Abs. 3 GenG.). Auch für jede Zweigniederlassung wird eine Liste geführt.

Auf dem Titelblatt sind die Firma und der Sitz der Genossenschaft anzugeben, sowie Beginn und Ende des Geschäftsjahres und der Jahrgang zu vermerken. Sie enthält 5 Hauptspalten: lfde. Nummer, Genossen, Weitere Geschäftsanteile, Ausscheiden, Bemerkungen und wird nach folgendem Formular geführt:

Lfde. Nummer	Genossen			Weitere Geschäftsanteile	
	Tag der Eintragung	Name und Beruf	Wohnort	Tag der Eintragung	Zahl der weiteren Geschäftsanteile
1	2	3	4	5	6
1.	4. Februar 1900	Meyer, Wilhelm, Schlossermeister	Berlin-Schöneberg		
2.	15. März 1900	Kraus, Philipp, Kaufmann	Berlin-Schöneberg	15. Dezember 1900 1. Juni 1901	1. 1. 2.
3.	15. März 1900	Müller, Hans, Landwirt	Neukölln	1. Mai 1901	1.
4		″ , ″			

Ausscheiden			Bemerkungen
Tag der Eintragung	Grund des Ausscheidens	Tag des Ausscheidens	
7	8	9	10
18. November 1902	Aufkündigung zum 31. Dezember 1902	31. Dezember 1902	
7. August 1902	Gestorben am 30. Juli 1902	31. Dezember 1902	
20. Dezember 1903 4. März 1904	Vorgemerkt Kündigung zum 31. Dezember 1903 Anerkannt	31. Dezember 1903	
			Die Eintragung des Beitritts ist durch rechtskräftiges Urteil für unwirksam erklärt. Eingetragen am 6. Juli 1904.

Bei jeder Eintragung ist der Tag der Eintragung anzugeben, eine Unterzeichnung der Eintragung ist nicht erforderlich.

Die Eintragungsverfügung soll nicht den Wortlaut sondern nur den Inhalt der Eintragung feststellen, z. B.: V. zu Nr. 8:

1. Die von der Genossenschaft Aufgenommenen sind als Genossen einzutragen, wie auch die weiteren Anteile.
2. Nachricht der Genossenschaft und den betr. Genossen.

I. Als erste Genossen sind die Unterzeichner des Statuts einzutragen, welche in der mit der Anmeldung des Statuts eingereichten besonderen Liste aufzuführen sind.

Nach der Anmeldung des Statuts bedarf es zum Erwerbe der Mitgliedschaft einer von dem Beitretenden zu unterzeichnenden unbedingten Erklärung des Beitritts (§ 15 GenG.). Einfache Schriftform genügt, Beglaubigung ist nicht erforderlich, eine Datierung der Beitrittserklärung ist nicht vorgeschrieben (JMBl. 1899 S. 53). Nur der Familienname und Vorname, aber nicht auch Beruf und Wohnort des Beitretenden sind behufs Eintragung anzugeben; bei Ehefrauen und Witwen nicht auch der Geburtsname (nach Joh. 41 A 147 abweichend von der allgemeinen Ansicht); für Handlungsunfähige unterzeichnen deren gesetzliche Vertreter, Gesellschaften in der Form, in welcher für sie Willenserklärungen abzugeben sind. Stempelabdruck der Firma genügt (Joh. 28 A 241).

Der Beitritt eines Einzelkaufmanns unter seiner Firma ist unzulässig (JMBl. 1893 S. 331). Für Geschäftsunfähige oder in der Geschäftsfähigkeit Beschränkte ist die vormundschaftsgerichtliche Genehmigung erforderlich (§ 1822 Nr. 10 BGB.). Ehefrauen bedürfen nicht der Genehmigung des Ehemannes.

Unterzeichnung durch einen Bevollmächtigten ist zulässig (Joh. 24 A 74).

Bei Genossenschaften mit unbeschränkter Haftpflicht oder mit unbeschränkter Nachschußpflicht muß die Beitrittserklärung die ausdrückliche Bemerkung enthalten, „daß die einzelnen Genossen für die Verbindlichkeiten der Genossenschaft dieser sowie unmittelbar deren Gläubigern nach Maßgabe des Gesetzes mit ihrem ganzen Vermögen haften (§ 120 GenG.), oder „daß die einzelnen Genossen mit ihrem ganzen Vermögen verpflichtet sind der Genossenschaft die zur Befriedigung der Gläubiger derselben erforderlichen Nachschüsse nach Maßgabe des Gesetzes zu leisten." (§ 127 GenG.).

Über Anfechtung der Beitrittserklärung vgl. RG. 57, 292 ff.

Eine besondere Anmeldung für Eintragung in die Liste ist nicht erforderlich. Die Eintragungsverfügung erfolgt auf Grund einer Einreichung durch den Vorstand in der für Abgabe seiner Willenserklärung maßgebenden Form (§ 7 Abs. 2 Bek. 1. Juli 1899).

Auch ein neugewähltes Vorstandsmitglied, dessen Beitrittserklärung vorliegt, kann bei der Einreichung mitwirken, falls die Anmeldung der neuen Vorstandsmitglieder zu gleicher Zeit erfolgt (JMBl. 1899 S. 52).

Die Einreichung kann persönlich bei Gericht oder schriftlich mittels Einsendung bewirkt werden. Im ersteren Falle wird über den Vorgang ein Vermerk unter Bezeichnung der erschienenen Vorstandsmitglieder aufgenommen (§ 7 Abs. 3 Bek. 1. Juli 1899).

Eine Prüfung des Gerichts ist nur dahin erforderlich, ob die Beitrittserklärung die Unterschrift der Genossen trägt, eine unbedingte ist, die eben erwähnte Bemerkung enthält, und ob die Einreichung ordnungsmäßig durch den Vorstand erfolgt ist, dagegen ist die Echtheit der Unterschrift und die Wirksamkeit der Beitrittserklärung nicht zu prüfen, eine Ablehnung aus solchen Gründen ist jedoch nicht ausgeschlossen, falls die Unwirksamkeit der Beitrittserklärung sich ohne weitere Ermittlungen als zweifellos ergibt (§ 29 Abs. 3 Bek. 1. Juli 1899, Joh. 28 A 241).

Auch die Zulassung des Beitritts seitens der Genossenschaft ist nicht zu prüfen (Joh. 34 A 189), ebenfalls nicht, ob die Namensunterschriften nach Form und Schreibweise mit den gesetzlichen Namen übereinstimmen (Joh. 32 A 163).

Die Namen polnischer Genossen sind mit der aus der Beitrittserklärung ersichtlichen polnischen Schreibweise einzutragen (KG. 26. Jan. 1912 in Zeitschr. d. Deutsch. Notarvereins 12. 749.)

Wird die Eintragung abgelehnt, so sind die Gründe anzugeben, und ist der Antragsteller unter Rückgabe der Beitrittserklärung und der Vorstand zu benachrichtigen. Sonst ist die Eintragung sofort zu bewirken in Sp. 1—4, und der Genosse und der Vorstand mit Angabe der Nummer, unter welcher die Eintragung bewirkt ist, zu benachrichtigen. Die Benachrichtigung erfolgt mittels Formular auf einer Postkarte (§ 3 Abs. 2 Bek. 1. Juli 1899).

Die Mitgliedschaft entsteht durch die auf Grund der Beitrittserklärung und ihrer Einreichung stattfindende Eintragung; letztere ist aber nur beurkundender Natur; der Eintragung muß ein Vertrag zwischen dem Beitretenden und der Genossenschaft vorausgehen, dessen Abschluß durch die Einreichung der Beitrittserklärung seitens des Vorstandes klargestellt wird (Joh. 28 A 242).

II. Die Spalten 5 und 6 der Liste dienen zur Eintragung der weiteren Geschäftsanteile eines Genossen.

Eine Beteiligung auf mehrere Geschäftsanteile ist nur bei Genossenschaften mit beschränkter Haftpflicht zulässig unter der Voraussetzung, daß das Statut einer solchen dies unter Festsetzung der höchsten Zahl der Geschäftsanteile gestattet, und auch dann nur nach Erreichung des ersten bezw. der weiteren Geschäftsanteile (vgl. §§ 119, 126, 134, 136 GenG.).

Es ist auch zulässig, daß sowohl ein bereits eingetragener Genosse wie ein neu beitretender Genosse gleichzeitig zur Beteiligung auf mehrere weitere Geschäftsanteile zugelassen wird, wenn sämtliche Geschäftsanteile mit Ausnahme des letzten voll bezahlt sind (Joh. 20 A 53).

Der Genosse, der auf einen weiteren Geschäftsanteil beteiligt sein will, hat darüber eine von ihm zu unterzeichnende unbedingte Erklärung abzugeben (§ 135 GenG.). Über Form und Inhalt dieser Erklärung gilt das unter I. Gesagte. Die Geschäftsanteile müssen gleich hoch sein, die festgesetzte höchste Zahl darf nicht überschritten werden.

Die Erklärung ist vom Vorstande, d. h. der zur Abgabe von Willenserklärungen erforderlichen Zahl, dem Gericht zur Eintragung der weiteren Geschäftsanteile einzureichen, zugleich hat der Vorstand schriftlich zu versichern, daß die übrigen Geschäftsanteile bis auf den letzten des Genossen erreicht seien (§ 137 Abs. 2 GenG.).

Bei der Einreichung ist die Nummer, unter welcher der Genosse in die Liste einzutragen ist, anzugeben.

Die Prüfung durch das Registergericht erfolgt wie unter I, und hat sich noch darauf zu erstrecken, ob das Statut die Beteiligung auf weitere Geschäftsanteile zuläßt.

Die Eintragung erfolgt in Sp. 5: 25. Nov. 1913, und in Sp. 6: 1.

Der erste Geschäftsanteil wird nicht eingetragen (§ 30 Bek. 1. Juli 1899).

Von der Eintragung wird der Vorstand und der Genosse benachrichtigt, auch ist dem Gericht einer Zweigniederlassung behufs Eintragung in dessen Liste Mitteilung zu machen (§ 158 GenG.).

Will ein neuer Genosse das Geschäftsguthaben eines ausscheidenden Genossen der auf mehrere Geschäftsanteile beteiligt ist, erwerben, so hat er seine Beitrittserklärung und ebenfalls die schriftliche Erklärung abzugeben, daß er auf einen weiteren Geschäftsanteil beteiligt sein will, der Vorstand hat diese Erklärung mit der Beitrittserklärung und der schriftlichen Übereinkunft zwischen dem Veräußerer und Erwerber dem Gericht einzureichen, auch die Erklärung abzugeben, daß die übrigen Geschäftsanteile der Genossen erreicht seien (anders Parisius-Crüger § 138 Erl. 2, § 76 Erl. 3 letzter Abs., gegen Joh. 30 A 309).

III. In Sp. 7—9 der Liste ist das Ausscheiden eines Genossen einzutragen.

Das Ausscheiden eines Genossen kann nur erfolgen durch Aufkündigung, durch Aufgabe des Wohnsitzes, wenn das Statut die Mitgliedschaft an den Wohnsitz innerhalb eines bestimmten Bezirks knüpft, durch Ausschließung, durch Übertragung des Geschäftsguthabens, durch Tod (§§ 65—77 GenG.).

Andere Ausscheidungsgründe sind unzulässig (Joh. 34 A 209), auch die statutarische Festsetzung anderweitiger Gründe ist unzulässig. Die Eintragung des Ausscheidens von Genossen erfolgt auf Grund der vom Vorstand eingereichten Urkunden.

1. Jeder Genosse kann mittels Aufkündigung seinen Austritt aus der Genossenschaft erklären. Sie ist nur zum Schlusse eines Geschäftsjahres zulässig und muß 3 Monate vorher schriftlich erfolgen, falls nicht das Statut eine längere, höchstens zweijährige, Kündigungsfrist festsetzt (§ 65 GenG.). Die Kündigungsfrist muß einheitlich sein (Joh. 36 A 264), die Kündigung kann auch durch einen Bevollmächtigten erfolgen (Joh. 27 A 67), die Vollmacht bedarf nicht der Schriftform, nur die Aufkündigung selber; den Zeitpunkt, für den die Kündigung erfolgt, braucht die Kündigungserklärung nicht anzugeben, es genügt, daß aus der vom Vorstande abzugebenden Versicherung die Rechtzeitigkeit der Kündigung hervorgeht (Joh. 23 A 112).

Die schriftliche Aufkündigung ist in deutscher Sprache einzureichen (Joh. 39 A 133).

Während des Konkurses eines Mitgliedes übt der Konkursverwalter das Kündigungsrecht aus; ob Ehefrauen dazu der Genehmigung des Mannes bedürfen, bestimmt sich nach dem zwischen ihnen bestehenden Güterrecht, bei Verwaltungsgemeinschaft ist sie erforderlich.

Auch der Gläubiger eines Genossen kann an dessen Stelle das Kündigungsrecht ausüben, wenn er innerhalb der letzten sechs Monate eine Zwangsvollstreckung in das Vermögen des Genossen fruchtlos versucht hat, wenn er die Pfändung und Überweisung des dem Genossen bei der Auseinandersetzung mit der Genossenschaft zukommenden Guthabens erwirkt hat, und wenn der Schuldtitel nicht bloß vorläufig vollstreckbar ist; er muß auch der Aufkündigung eine durch eine zuständige Behörde, einen zuständigen Beamten oder Notar beglaubigte Abschrift (§ 8 Bek. 1. Juli 1899, Art. 35 Pr. FrG.) des Schuldtitels und der Urkunden über die fruchtlose Zwangsvollstreckung beifügen. Aufkündigung eines Gläubigers nur auf Grund der Pfändung und Überweisung des Kündigungsrechtes ohne die sonstigen Voraussetzungen des § 66 GenG. ist unzulässig (Joh. 34 A 209).

Der Vorstand, d. h. soviel Mitglieder, als zur Abgabe von Willenserklärungen erforderlich sind, hat die Kündigungserklärung des Genossen und eine vom Vorstande abzugebende schriftliche Versicherung, daß die Aufkündigung rechtzeitig erfolgt sei, dem Gericht zur Liste der Genossen einzureichen, und dabei die Nummer, unter welcher der ausscheidende Genosse in die Liste einzutragen ist, anzugeben. Im Falle der Kündigung durch einen Gläubiger ist außerdem beizufügen beglaubigte Abschrift des rechtskräftigen Urteils oder sonstigen Schuldtitels und des Beschlusses, durch welchen das Geschäftsguthaben der Genossen für den Gläubiger gepfändet und diesem überwiesen ist, — nicht nur eine behufs Verwirklichung der Pfändung und Überweisung zugestellte, nur zum Zwecke der Zustellung beglaubigte Abschrift (Joh. 37 A 173) —, sowie des Protokolls des Gerichtsvollziehers, oder der sonstigen Urkunden, aus denen sich die Fruchtlosigkeit einer innerhalb der letzten sechs Monate vor der Pfändung und Überweisung des Geschäftsguthabens versuchten Zwangsvollstreckung ergibt.

Die Einreichung hat spätestens sechs Wochen vor dem Schlusse des Geschäftsjahres zu erfolgen, bis dahin kann die Einreichung der im Laufe des Geschäftsjahres erfolgten Aufkündigungen aufgeschoben und dann zusammen bewirkt werden.

Die Prüfungspflicht des Richters ist hier die gleiche wie beim Erwerb der Mitgliedschaft. Sie hat sich nur auf die äußerliche Rechtsbeständigkeit, auf die vorschriftsmäßige Beschaffenheit und Vollständigkeit der Urkunden zu erstrecken, nicht aber auf die Echtheit der Unterschrift, auf die Wirksamkeit und Rechtzeitigkeit der Kündigung (Joh. 23 A 114, 27, A 69 Parisius-Crüger § 70 Erl. 1). (Vgl. auch oben unter 1).

Die Eintragung hat „unverzüglich“ zu erfolgen (§ 70 GenG.). Eine Aussetzung gemäß § 127 R. FrG. ist nicht angängig (Parisius-Crüger § 70 Erl. 2, § 68 Erl. 7).

Einzutragen ist: der Tag der Eintragung in Sp. 7, die das Ausscheiden begründende Tatsache und der Tag des Ausscheidens; es ist also zu verfügen:

einzutragen in die Liste der Genossen zu Nr. 93; Sp. 7: 1. Nov. 1913, Sp. 8: Aufkündigung zum 31. Dez. 1913, Sp. 9: 31. Dez. 1913.

Von der Eintragung ist der Genosse ev. dessen Gläubiger, der Vorstand und das Gericht einer Zweigniederlassung zu benachrichtigen (§ 72, § 158 GenG.).

Die behufs Eintragung eingereichten Urkunden bleiben in der Verwahrung des Gerichts. Erst infolge der Eintragung scheidet der Genosse mit dem in der Liste vermerkten Jahresschluß aus der Genossenschaft aus, wenn jedoch die Eintragung erst im Laufe eines späteren Geschäftsjahres bewirkt wird, erst mit dem Schlusse des letzteren.

Die Gefahr einer Regreßpflicht der Registerbeamten liegt hier also besonders nahe.

Eine Löschung der Eintragung von Amts wegen wird aber nicht schon durch die Unzulänglichkeit der zum Zwecke der Eintragung vom Vorstand überreichten urkundlichen Belege, sondern nur dadurch gerechtfertigt, daß die eingetragene Tatsache des Ausscheidens unrichtig ist (Joh. 27 A 67).

Eine Zurücknahme der Kündigung nach der Eintragung ist unzulässig, wohl aber vorher (Parisius-Crüger § 65 Erl. 2).

2. Ist durch das Statut die Mitgliedschaft an den Wohnsitz innerhalb eines bestimmten Bezirks geknüpft, so kann der Genosse, welcher den Wohnsitz in dem Bezirke aufgibt, zum Schlusse des Geschäftsjahres seinen Austritt schriftlich erklären; auch die Genossenschaft kann dem Genossen schriftlich erklären, daß er zum Schlusse des Geschäftsjahres auszuscheiden habe (§ 67 GenG.). Unter Wohnsitz ist nur der Wohnsitz gemäß § 7 BGB. zu verstehen; nicht aber auch die bloße Betriebsstätte (Joh. 43 A 113).

Behufs Eintragung in die Liste hat der Vorstand einzureichen: die Austrittserklärung des Genossen oder einfache Abschrift der an den Genossen gerichteten Erklärung, mit welcher die Genossenschaft das Ausscheiden des Genossen verlangt, sowie eine Bescheinigung der Polizei oder Gemeindebehörde über den Wegzug aus dem Bezirke (§ 31 Abs. 3 Bek. 1. Juli 1899), und die Nummer des Genossen anzugeben.

Die Einreichung kann auch hier bis 6 Wochen vor Schluß des Geschäftsjahres aufgeschoben und dann zusammen bewirkt werden; sind die Erklärungen aber erst in den letzten 6 Wochen abgegeben, so hat die Einreichung ohne Verzug zu erfolgen.

§ 67 Abs. 2 GenG., § 32 Abs. 2 Bek. 1. Juli 1899.

Das Verfahren ist dasselbe wie unter 1. In Sp. 8 ist als Grund des Ausscheidens einzutragen: Wegen Aufgabe des Wohnsitzes im Bezirk ausgetreten zum 31. Dezember 1913.

3. Die Ausschließung eines Genossen zum Schlusse des Geschäftsjahres kann erfolgen wegen Verlustes des bürgerlichen Ehrenrechte, wegen der Mitgliedschaft in einer anderen Genossenschaft, welche am selben Orte ein gleichartiges Geschäft betreibt, — bei Vorschuß- und Kreditvereinen, auch wenn die andere Genossenschaft ihr Geschäft nicht an demselben Orte betreibt — und wegen sonstiger Gründe, die das Statut festsetzt.

Die Ausschließung erfolgt in der Regel durch den Vorstand, doch kann das Statut dafür mehrere Genossenschaftsorgane nebeneinander für zuständig erklären (Joh. 36 A 264).

Der Ausschließungsbeschluß ist dem ausgeschlossenen Genossen ohne Verzug vom Vorstande mittels eingeschriebenen Briefes mitzuteilen (§ 68 GenG.).

Einzureichen ist vom Vorstande zur Liste nur einfache Abschrift des Ausschließungsbeschlusses unter Angabe der Nummer des Genossen, spätestens sechs Wochen vor Abschluß des Geschäftsjahres, ist der Ausschluß später erfolgt, aber unverzüglich.

Der Registerrichter hat die formellen Voraussetzungen des Ausschließungsbeschlusses zu prüfen, aber nicht, ob ein zulässiger Ausschließungsgrund vorliegt (Parisius-Crüger § 70 Erl. 1). Eine Anfechtung des Beschlusses hindert die Eintragung nicht.

Die Eintragung erfolgt wie unter 1. Als Grund ist in Sp. 8 einzutragen: Ausschließung zum 31. Dez. 1913.

4. Ein Genosse kann, falls das Statut dies nicht ausschließt oder an weitere Voraussetzungen knüpft, jederzeit auch im Laufe des Geschäftsjahres sein Geschäftsguthaben mittels schriftlicher Übereinkunft einem anderen übertragen — und dadurch aus der Genossenschaft austreten, sofern der Erwerber an seiner Stelle Genosse wird oder sofern dieser schon Genosse ist und dessen bisheriges Guthaben mit dem ihm zuzuschreibenden Betrage den Geschäftsanteil nicht übersteigt.

Es ist eine schriftliche Übereinkunft mit dem Erwerber erforderlich (Joh. 21 D 15); eine Übertragung auf mehrere ist für unzulässig zu erachten (Cohn S. 663 Anm. 45).

Einzureichen ist vom Vorstande, und zwar u n v e r z ü g l i c h, unter Angabe der Nummer des Ausscheidenden die Übereinkunft oder eine von einer zuständigen Behörde einem zuständigen Beamten oder einem Notar beglaubigte Abschrift (§ 8 Bek. 1. Juli 1899) davon, und:

a) falls der Erwerber bereits Genosse ist, die schriftliche Versicherung des Vorstandes, daß das bisherige Geschäftsguthaben des Erwerbers mit dem ihm zuzuschreibenden Betrage die statutenmäßig bestimmte Höhe des Geschäftsanteils nicht übersteigt; oder bei

Genossenschaften mit beschränkter Haftpflicht, falls nach deren Statut die Beteiligung auf mehrere Geschäftsanteile zulässig ist, die Versicherung dahin, daß das bisherige Geschäftsguthaben mit dem ihm zuzuschreibenden Betrage die der höchsten Zahl der Geschäftsanteile entsprechende Gesamtsumme nicht übersteigt; in diesem Falle ist auch noch eine schriftliche unbedingte Erklärung des Genossen, daß er auf einen weiteren oder mehrere Geschäftsanteile sich beteiligen wolle, und eine schriftliche Versicherung des Vorstandes, daß die übrigen Geschäftsanteile des Genossen erreicht seien, einzureichen

b) falls der Erwerber noch nicht Genosse ist, die vorschriftsmäßige Beitrittserklärung und, falls es sich um mehrere Geschäftsanteile handelt, die Versicherung, daß die dem letzten Geschäftsanteile vorangehenden Anteile des Erwerbers erreicht sind (Joh. 30 A 309).

Zu prüfen ist nur die Ordnungsmäßigkeit der Urkunden, nicht die Echtheit der Unterschriften und nicht die Wirksamkeit der in ihnen enthaltenen Erklärungen, die Beibringung der etwa nach dem Statut erforderlichen Genehmigung des Aufsichtsrats kann nicht verlangt werden (Joh. 40 A 79).

Die Eintragung ist unverzüglich bei dem veräußernden Genossen zu bewirken, und zwar in Sp. 8 die Übertragung, die Person des Erwerbers, und die laufende Nummer unter welcher er in die Liste eingetragen ist oder wird, und in Sp. 9 der Tag der Eintragung, da das Ausscheiden unmittelbar mit der Eintragung wirksam wird, also:

Sp. 7: 5. Juni 1901.
Sp. 8: Übertragung des Guthabens an Schlossermeister Carl Faber (Nr. 86).
Sp. 9: 5. Juni 1901.

Ist der Erwerber noch nicht Genosse, so darf die Übertragung nur gleichzeitig mit dem Beitritt des Erwerbers eingetragen werden (§ 33 Abs. 3, § 34 Abs. 4 Bek. 1. Juli 1899).

5. Im Fall des Todes eines Genossen gilt dieser mit dem Schlusse des Geschäftsjahres, in welchem der Tod erfolgt ist, als ausgeschieden.

Der Vorstand hat ohne Verzug eine Anzeige des Sterbefalles dem Gericht zur Liste der Genossen einzureichen; als solche genügt eine von den Angehörigen des Verstorbenen veröffentlichte oder der Genossenschaft erstattete Anzeige und mangels einer solchen die Erklärung des Genossenschaftsvorstandes, daß der Todesfall eingetreten sei.

Die Erben setzen die Mitgliedschaft nur bis zum Schlusse des Geschäftsjahres fort, in welchem der Tod erfolgt ist, deshalb ist stets — auch bei verspäteter Einreichung der Todesanzeige — als Zeitpunkt des Ausscheidens der letzte Tag desjenigen Geschäftsjahres einzutragen, in dem der Tod erfolgt ist, also:

Sp. 7: 17. Juni 1912
Sp. 8: gestorben am 1. Juni 1912
Sp. 9: 31. Dezember 1912.

Jeder Genosse kann auch selbständig sein Recht auf Ausscheiden durch Eintragung einer Vormerkung sichern. Er, oder im Falle des § 66 GenG. auch sein Gläubiger, braucht dazu nur schriftlich oder zu Protokoll des Gerichtsschreibers den Antrag zu stellen, und die Tatsachen auf welche der Anspruch begründet wird (Aufkündigung, Übertragung des Geschäftsguthabens) anzugeben, ohne sie nachzuweisen oder glaubhaft machen zu brauchen. Die Vormerkungen werden in Sp. 7 und 8 eingetragen, in Sp. 8 auch der Zeitpunkt, zu welchem das Ausscheiden beansprucht wird, er bestimmt sich ebenso, als wenn das

Ausscheiden selber eingetragen wird. Erkennt der Vorstand den Anspruch in beglaubigert Form an — nach § 8 Bek. 1. Juli 1899 sind außer Notaren zuständige Beamten und Behörden auch der Gemeindevorsteher und die Polizeibehörde zur Beglaubigung der Unterschriften befugt — oder wird er zur Anerkennung rechtskräftig verurteilt, so ist dies bei Einreichung des Anerkenntnisses oder des Urteils der Vormerkung hinzuzufügen, der Austritt oder die Ausschließung gilt dann als am Tage der Vormerkung eingetragen (§ 71 GenG.). In Sp. 9 wird dann erst der vorgemerkte Zeitpunkt des Ausscheidens eingetragen, also:

Sp. 7: 20. Dezember 1903,
Sp. 8: vorgemerkt Kündigung zum 31. Dezember 1903, und dann:
Sp. 7: 4. März 1904, Sp. 8: anerkannt,
Sp. 9: 31. Dezember 1903.

Die Anerkennung kann später nicht etwa deswegen gelöscht werden, weil die Anerkennungserklärung nicht in beglaubigter Form abgegeben war (Joh. 35 A 366).

In der letzten Spalte sind auch Schreibfehler und offenbare Unrichtigkeiten durch einen Vermerk zu berichtigen, und wenn die Unwirksamkeit einer Eintragung durch eine übereinstimmende Erklärung des beteiligten Genossen und des Vorstandes in beglaubigter Form (siehe oben) anerkannt oder durch rechtskräftiges Urteil festgestellt ist, so ist dies auf Antrag eines der beiden Teile einzutragen (§ 36 Bek. 1. Juli 1899), z. B.:

Sp. 9: Die Eintragung des Beitritts ist durch rechtskräftiges Urteil für unwirksam erklärt.

Eingetragen am ....

Die Eintragungen in die Liste einer Zweigniederlassung erfolgen nicht auf Grund unmittelbarer Anzeigen und Anträge der Beteiligten, sondern auf Grund der vom Gericht der Hauptniederlassung dem Gericht der Zweigniederlassung zu machenden Mitteilungen von den Eintragungen (§ 28 Bek. 1. Juli 1899).

§ 77.

Abänderung des Statuts.

Eine Abänderung des Statuts, wozu auch die Fortsetzung einer auf bestimmte Zeit beschränkten Genossenschaft gehört, kann nur durch die Generalversammlung beschlossen werden, nicht durch den Vorstand oder den Aufsichtsrat.

Ein etwaiger Fortsetzungsbeschluß muß vor Ablauf der Zeit gefaßt werden, denn mit Ablauf der Zeit ist die Genossenschaft aufgelöst und eine Statutänderung ist nicht mehr möglich.

Die Generalversammlung muß in der durch das Statut bestimmten Weise (§ 6 ^{3} Ges.) mit einer Frist von mindestens einer Woche einberufen werden, der Zweck der Generalversammlung soll bekannt gemacht werden und die Gegenstände, über die Beschlüsse gefaßt werden sollen, müssen angekündigt werden (§ 46 GenG.).

Der zehnte Teil der Genossen, oder der im Statut hierfür bezeichnete geringere Teil, kann die Berufung der Generalversammlung und die Ankündigung von Gegenständen zur Beschlußfassung verlangen, und wenn dem Verlangen nicht entsprochen wird, vom Registergericht dazu ermächtigt werden.

Das Verfahren richtet sich nach §§ 145, 146, 148 R. FrG.

Der Gegner, der Vorstand, oder die sonstigen zur Einberufung befugten Personen sind vorher zu hören.

Über das Stimmrecht sind im § 43 GenG. besondere Bestimmungen gegeben: für handlungsunfähige Personen, Korporationen, Vereine u. dgl. müssen deren Vertreter das Stimmrecht ausüben, und für Frauen, wenn sie selber durch das Statut von der Teilnahme an der Generalversammlung ausgeschlossen sind, können Bevollmächtigte auftreten, aber mehr als einen Genossen darf ein Bevollmächtigter nicht vertreten, wenn es sich nicht um mehrere Miterben handelt (§ 77 GenG.).

Teilnahme von Nichtgenossen an der Abstimmung machen einen Beschluß nicht unter allen Umständen ungültig, sondern nur dann, wenn die Teilnahme von ausschlaggebender Bedeutung war (Joh. 28 A 311).

Zu einer Änderung des Statuts bedarf es einer Dreiviertelmehrheit der erschienenen Genossen, falls nicht das Statut schwerere oder leichtere Erfordernisse aufstellt, aber zur Abänderung des Gegenstandes des Unternehmens und Erhöhung des Geschäftsanteiles und Erhöhung der Haftsumme bei Genossenschaften mit beschränkter Haftpflicht (§ 132 GenG.), Auflösung der Genossenschaft (§ 78 GenG.) bedarf es mindestens dieser Dreiviertelmehrheit, und das Statut kann noch andere, schwerere Bedingungen vorschreiben.

Die Änderung kann die eingetragenen und die nicht eingetragenen Bestimmungen betreffen. Es ist sogar zulässig, im Wege der Statutenänderung den Gegenstand des Unternehmens derart zu ändern, daß das Unternehmen auf einen neuen Betrieb erstreckt wird, z. B. den eines Konsumvereins auszudehnen auf Errichtung von Kleinwohnungen (Joh. 44 A 345).

Die Beschlüsse sind bei Vermeidung von Ordnungsstrafen in ein Protokollbuch einzutragen (§§ 47, 160 GenG.).

Beschlüsse, welche eine Abänderung des Statuts enthalten, bedürfen der Anmeldung und Eintragung. Vorher haben sie keine rechtliche Wirkung (§ 16 Abs. 4 GenG.). Ein unmittelbarer Zwang durch Ordnungsstrafen findet aber nicht statt. Die Anmeldung muß durch sämtliche Vorstandsmitglieder persönlich oder in beglaubigter Form erfolgen, wie bei der ersten Anmeldung der Genossenschaft (siehe oben § 73), auch beim Gericht der Zweigniederlassung (§ 19 Abs. 3, 4 Bek. 1. Juli 1899).

Der Anmeldung sind zwei Abschriften des Beschlusses beizufügen, eine davon ist mit der Bescheinigung der erfolgten Eintragung zu versehen und dem Vorstande zurückzugeben, die andere ist zu den Akten zu nehmen und im Register Sp. 9 ist auf die Stelle zu verweisen, wo sich die Abschrift befindet.

Wird der Gegenstand des Unternehmens geändert, und ist zu dem neuen Gegenstand die staatliche Genehmigung erforderlich, so ist auch dieser Nachweis zu erbringen (Joh. 24 A 203). Wird die Bestimmung über Zahl und Zusammensetzung des Vorstandes geändert, so bleibt bis zur Eintragung die alte Zusammensetzung bestehen, weil erst dadurch der Beschluß rechtliche Wirkung erlangt und die Anmeldung muß noch durch den alten Vorstand erfolgen.

Eine Prüfung durch den Registerrichter hat dahin stattzufinden, ob der Beschluß materiell gültig ist, nicht gegen das Gesetz oder Statut verstößt, ob er von dem zuständigen Organ gefaßt ist, ob die erforderliche Stimmenmehrheit vorhanden war, ob einer Vorschrift des Statuts, daß gewisse Änderungen nur in der Art vorgenommen werden dürfen, daß alle vorhandenen Genossen in der Generalversammlung erscheinen und der Änderung zustimmen, genügt ist (Joh. 41 A 151, RG. 76, 170) und ob er vorschriftsmäßig beurkundet ist. Bloße Ordnungsvorschriften sind nicht zu prüfen, dahin gehört die Vorschrift, daß der Beschluß in ein Protokollbuch einzutragen ist, und auch andere im Statut bestimmte Beurkundungsvorschriften, wie Ernennung eines Protokollführers, können aus besonderen Gründen als bloße Ordnungsvorschriften angesehen werden (Joh. 34 A 196, 35 A 190).

Der Registerrichter hat auch an sich nicht zu prüfen, ob die Generalversammlung ordnungsmäßig berufen war, ob der Gegenstand der Beschlußfassung angekündigt, ob die Abstimmung ordnungsmäßig vor sich gegangen ist (Joh. 41 A 153).

Die Verletzung bloßer Ordnungsvorschriften zu rügen muß den Beteiligten überlassen bleiben, die Eintragung ist auch nicht vom Ablauf der Anfechtungsfrist aus (§ 51 GenG.) abhängig, und darf auch gemäß § 127 R.FrG. nur aus besonderen Gründen ausgesetzt werden (vgl. oben § 6).

Über die bestrittene Frage des Umfangs der Prüfungspflicht vgl. auch Parisius-Crüger § 16 Erl. 6, Cohn S. 631).

Eingetragen werden die Beschlüsse ihrem ganzen Inhalt nach nur, wenn sie die Fortsetzung einer auf bestimmte Zeit beschränkten Genossenschaft oder eine der sonst schon eingetragenen Bestimmungen betreffen; sonst nur unter allgemeiner Bezeichnung des Gegenstandes. Eine Änderung der Firma wird in Sp. 2, eine Änderung des Gegenstandes in Sp. 3, eine Erhöhung oder Herabsetzung der Haftsumme oder der Zahl der Geschäftsanteile in Sp. 4, eine andere Änderung in Sp. 6 eingetragen (AV. 1899, 8. Nov.).

Jeder Eintragung in Sp. 6 ist derjenige kleine lateinische Buchstabe vorzustellen, mit welchem in der Überschrift der Spalte der Gegenstand bezeichnet ist, auf die die Änderung sich bezieht, z. B.: Einzutragen:

Sp. 1: Nr. 1,

Sp. 2: Durch Beschluß der Generalversammlung vom 5. Februar 1913 ist die Firma geändert in ....

Sp. 3: nach dem Beschluß der Generalversammlung vom 5. Februar 1913 ist jetzt Gegenstand des Unternehmens ....

Sp. 4: Zufolge Beschlusses der Generalversammlung vom 5. Februar 1913 beträgt die höchste Zahl der Geschäftsanteile 20,

Sp. 6: a) Statut geändert am 5. Februar 1913 (Aufsichtsrat. Eintrittsgeld. Bilanz).
b) Die Bekanntmachungen erfolgen fortan im ....

Sp. 9: Der Generalversammlungsbeschluß vom 5. Februar 1913 befindet sich Blatt ..... der Registerakten.

Wird der Sitz der Genossenschaft in einen anderen Registerbezirk verlegt, so muß die Eintragung der Sitzverlegung zuerst in das Register des bisherigen Sitzes erfolgen, weil der Beschluß erst dadurch rechtliche Wirkung erhält (§ 16 Abs. 4 GenG.). Es tritt dann die Zuständigkeit des neuen Registergerichts ein, und in dessen Register muß die Genossenschaft aufgenommen werden. Hierzu ist aber nicht eine Neuanmeldung nötig in der Form wie bei einer ersten Anmeldung, sondern nur ein Antrag auf Übernahme der Genossenschaft in das neue Register in der für Willenserklärungen des Vorstandes vorgeschriebenen Form (Joh. 21 A 265).

In der Regel werden vom alten Registergericht die Registerakten dem neuen Registergericht übersandt, und nach dort erfolgter Eintragung wird die Genossenschaft im alten Register gelöscht unter Hinweis auf das neue Register.

Betrifft der Generalversammlungsbeschluß die Umwandlung der Genossenschaft: einer solchen mit unbeschränkter Haftpflicht in eine solche mit unbeschränkter Nachschußpflicht; oder einer Genossenschaft mit unbeschränkter Haftpflicht oder mit unbeschränkter Nachschußpflicht in eine solche mit beschränkter Haftpflicht (§ 143 Ges.); oder betrifft er bei Genossenschaften mit beschränkter Haftpflicht eine Herabsetzung der Haftsumme, daß also statt einer umfassenderen Haftart eine beschränktere gewählt wird, so sind dabei die Bestimmungen zu beobachten, welche im Falle der Auflösung maßgebend sind (§ 143, § 133 GenG.).

Die Anmeldung darf nicht vor Ablauf des Sperrjahres erfolgen. Mit der Anmeldung sind die Belege über die nach § 82 GenG. vorgeschriebenen Bekanntmachungen einzureichen und sämtliche Vorstandsmitglieder haben die schriftliche Versicherung abzugeben, daß die Gläubiger, die sich bei der Genossenschaft gemeldet und der Umwandlung oder Herabsetzung der Haftsumme nicht zugestimmt haben, befriedigt oder sichergestellt sind.

Die Bekanntmachung durch den Vorstand kann schon erfolgen, wenn die Umwandlung wirksam beschlossen ist, wenn auch die dadurch bedingte Statutenänderung noch nicht festgesetzt ist (Joh. 20 A 271).

Die Eintragung darf aber erst stattfinden, wenn zwischen der letzten der Bekanntmachungen und der Anmeldung ein Jahr verstrichen ist. Auch der Beschluß über Umwandlung einer Genossenschaft in eine solche mit strengerer Haftung (§ 144 GenG.) ist durch Eintragung anzumelden. Die Anmeldung kann in diesen Fällen sofort geschehen.

Außer dem Umwandlungsbeschluß ist auch die dadurch bedingte Änderung der Firma, und bei Umwandlung in eine Genossenschaft mit beschränkter Haftpflicht die Höhe der Haftsumme und, wenn der Erwerb mehrerer Geschäftsanteile zulässig ist, auch die höchste Zahl der Geschäftsanteile einzutragen (§ 17 Bek. 1. Juli 1899).

Ein Beschluß der Generalversammlung, durch welchen die Herabsetzung des Geschäftsanteils bestimmt wird, ist vom Vorstande alsbald nach der Beschlußfassung zur Eintragung anzumelden, der § 133 Abs. 2 GenG. findet hier keine Anwendung (Joh. 38 A 179).

Die Bekanntmachung des Beschlusses ist auf das als notwendig Vorgeschriebene zu beschränken und möglichst knapp zu fassen. Eine Bekanntmachung erfolgt überhaupt nur, wenn die Änderung eine Bestimmung des Statuts betrifft, welche schon bei ursprünglicher Eintragung bekannt zu machen war wie: Firma, Sitz, Gegenstand, Form der Bekanntmachungen, Höhe der Haftsumme, Höchste Zahl der Geschäftsanteile, Zeitdauer, Geschäftsjahr, Form für die Willenserklärungen des Vorstandes; auch ist stets das Datum der Statutenänderung mit zu veröffentlichen, dagegen unterbleibt der Hinweis auf die Einsichtnahme der Liste. Zu dem oben gegebenen Beispiele würde also nur zu veröffentlichen sein:

Nach Beschluß der Generalversammlung vom 5. Februar 1913 ist die Firma geändert in ...., ist jetzt Gegenstand des Unternehmens ....

Beträgt die höchste Zahl der Geschäftsanteile 20.

Erfolgen die Bekanntmachungen der Genossenschaft jetzt im ....

Bei Umwandlung ist der Umwandlungsbeschluß, die veränderte Firma, ev. die Höhe der Haftsumme und die höchste Zahl der Geschäftsanteile zu veröffentlichen (JMBl. 1893 S. 116 IX).

Betrifft dagegen die Abänderung solche Bestimmungen des Statuts, die auch bei der ursprünglichen Eintragung des Statuts nicht mit einzutragen und bekanntzumachen waren, z. B. Zahl der Aufsichtsratsmitglieder, so erfolgt eine Bekanntmachung überhaupt nicht, auch nicht dahin, daß das Statut geändert ist (JMBl. 1898 S. 118, 1893 S. 114).

Nachricht von der Eintragung erhält der Vorstand.

§ 78.

Einreichungen zum GnR. Aufsichtsrecht des Registerrichters.

1. Die Bekanntmachung der Bilanz und der Zahl der im Laufe des Geschäftsjahres eingetretenen oder ausgeschiedenen sowie der Zahl der am Jahresschlusse der Genossenschaft angehörigen Genossen, welche vom Vorstand immer sechs Monate nach Ablauf des Geschäftsjahres zu bewirken ist, muß zu dem Genossenschaftsregister der Hauptniederlassung und der Zweigniederlassung eingereicht werden (§ 33 Ges.). Diese Einreichung ist aber keine Erklärung mit rechtlicher Wirkung für die Genossenschaft im Sinne des § 7 Abs. 2, Bek. vom 1. Juli 1899, vgl. oben § 73 Abs. 3.

Die Bilanz sowie eine den Gewinn und Verlust des Jahres zusammenstellende Berechnung (Jahresrechnung) sollen mindestens eine Woche vor der Generalversammlung im Geschäftslokale oder an einer anderen geeigneten, durch den Vorstand bekannt zu machenden Stelle zur Einsicht ausgelegt oder sonst zur Kenntnis gebracht werden. Hierzu, sowie zur Einreichung der Bekanntmachung, können die Vorstandsmitglieder durch Ordnungsstrafen gezwungen werden (§§ 48, 160 GenG.).

Die Bilanz ist vom Registerrichter daraufhin zu prüfen, ob es wirklich eine Bilanz, ein das Verhältnis des Vermögens und der Schulden darstellender Abschluß im Sinne des § 39 Abs. 1 HGB. ist. (Vgl. Beschluß des KG. vom 17. Okt. 1898 im JMBl. 1899 S. 147.) Sie darf nicht aus einer bloßen Gegenüberstellung des Wertes des Aktivvermögens und des Betrages der Passiven in je einer einzigen Summe mit Angabe des Gewinnes oder Verlustes bestehen, muß vielmehr die einzelnen Bestandteile der Aktiva und der Passiva in einer die Übersicht des Vermögensstandes ermöglichenden Weise ersehen lassen (Joh. 20 A 60).

Auch die Geschäftsguthaben der Genossen dürfen nicht zusammen mit den Geschäftsschulden in einer einzigen Summe ausgeworfen sein (Joh. 24 A 201). Ist die Bilanz unübersichtlich, so muß der Vorstand bei Vermeidung von Ordnungsstrafen eine andere, den Erfordernissen genügende, Bilanz vorlegen und bekanntmachen.

Bei Veröffentlichung der Zahl der Genossen am Jahresschluß sind diejenigen Mitglieder nicht mit zu zählen, welche im abgelaufenen Jahre gestorben oder sonst zum Schlusse des Jahres (durch Kündigung oder Ausschließung) ausgeschieden sind (Joh. 34 A 205).

Bei Genossenschaften mit beschränkter Haftpflicht ist außer den Angaben über die Zahl der Genossen, der Gesamtbetrag, um welchen in diesem Jahre die Geschäftsguthaben sowie die Haftsumme der Genossen sich vermehrt oder vermindert haben, und der Betrag der Haftsummen zu veröffentlichen, für welche am Jahresschluß alle Genossen zusammen aufzukommen haben (§ 139 GenG.).

Hat ein Eintreten oder Ausscheiden von Genossen im Laufe des Geschäftsjahres nicht stattgefunden, so ist dies in der Veröffentlichung kurz zu bemerken.

2. Die Einrichtungen der Genossenschaft und ihre Geschäftsführung in allen Zweigen der Verwaltung sind mindestens in jedem zweiten Jahre der Prüfung durch einen der Genossenschaft nicht angehörigen selbständigen Revisor zu unterwerfen (§ 53 GenG.), und der Vorstand hat bei Vermeidung von Ordnungsstrafen eine Bescheinigung des Revisors, daß die Revision stattgefunden hat, zum Genossenschaftsregister — auch dem der Zweigniederlassung — einzureichen und den Bericht über die Revision bei Berufung der nächsten Generalversammlung als Gegenstand der Beschlußfassung anzukündigen. Die Einreichung der Revisionsbescheinigung erfolgt formlos. Der Registerrichter hat auch nicht zu prüfen, ob die Unterschrift der Bescheinigung vom Revisor herrührt, dafür hat der Vorstand die Verantwortung (§ 63 GenG.).

a) Die Revision erfolgt, wenn die Genossenschaft einem Revisionsverbande angehört, durch einen von diesem Verbande bestellten Revisor. Ein solcher Revisionsverband muß hinsichtlich seines Zweckes und seines Statuts den Erfordernissen der §§ 54 ff. GenG. genügen. Das Recht zur Bestellung eines Revisors muß ihm jedoch besonders verliehen werden, und zwar durch den Bundesrat, wenn der Bezirk des Verbandes sich über mehrere Bundesstaaten erstreckt, sonst durch die Zentralbehörde des Bundesstaats. Der Vorstand dieses Verbandes muß auch sein Statut mit einer durch eine zuständige Behörde, einen zuständigen Beamten, einen Notar beglaubigten Abschrift der Verleihungsurkunde, sowie alljährlich im Monat Januar ein Verzeichnis der dem Verbande angehörigen Genossenschaften den betr. Registergerichten und der höheren Verwaltungsbehörde seines Sitzes einreichen. Es genügt die Einreichung eines Verzeichnisses nur derjenigen Genossenschaften, welche im Bezirk des betr. Registergerichts ihren Sitz haben, denn nur über diese hat das Registergericht die Kontrolle, ob sie die Revisionen rechtzeitig vornehmen lassen (Joh. 22 A 117).

b) Gehört die Genossenschaft einem Revisionsverbande nicht an, so erfolgt die Bestellung des Revisors durch das Registergericht auf Antrag des Vorstandes der Genossenschaft; zur Stellung dieses Antrages kann der Vorstand durch Ordnungsstrafen gezwungen werden (§§ 61, 160 GenG.).

In der Regel wird vom Vorstande eine Person als Revisor vorgeschlagen. Das Registergericht hat vor der Bestellung die höhere Verwaltungsbehörde, die in Preußen der Regierungspräsident, in Berlin der Polizeipräsident ist, zu hören; erklärt sich diese mit der vorgeschlagenen Person einverstanden, so ist diese zum Revisor zu bestellen; erklärt sie sich ablehnend, so hat das Gericht freie Auswahl einer geeigneten kaufmännisch und genossenschaftlich gebildeten Persönlichkeit; vorher ist, wenn tunlich, der Vorstand und die Verwaltungsbehörde als „Gegner" gemäß § 146 R. FrG. zu hören. Gegen die Bestellung haben der Vorstand und die Verwaltungsbehörde das Recht der sofortigen Beschwerde (§§ 146, 148 R. FrG.).

Dem vom Gericht bestellten Revisor werden in Ermangelung einer Einigung die Auslagen und die Vergütung durch das Gericht festgesetzt, analog einem Kostenfestsetzungsbeschlusse.

Nach der allgemeinen Verfügung vom 27. Dez. 1895 kann den Genossenschaften auf ihren Antrag Nachricht über den Eingang der Bekanntmachung zu 1 oben, und der Bescheinigung zu 2 erteilt werden.

Der Registerrichter hat zu kontrollieren, daß der Vorstand seinen zu 1 und 2 erwähnten Verpflichtungen nachkommt, und wird zu dem Zwecke eine Frist verfügen, nach deren Ablauf der säumige Vorstand gewöhnlich durch Formular an seine Pflicht erinnert wird. Sein Aufsichtsrecht ist aber nach § 160 GenG. noch umfassender:

3. Er hat die Vorstandsmitglieder erforderlichenfalls durch Ordnungsstrafen anzuhalten, daß bei Darlehnsgenossenschaften der Geschäftsbetrieb nicht auf andere Personen außer den Mitgliedern ausgedehnt wird (§ 8 Abs. 2 GenG., vgl. oben § 70), daß der Vorstand ein Verzeichnis der Genossen führt und es mit der Liste der Genossen in Übereinstimmung hält (§ 30 GenG.), daß die Beschlüsse der Generalversammlung in das Protokollbuch eingetragen werden und dessen Einsicht jedem Genossen und der Staatsbehörde gestattet wird. Staatsbehörde ist der Landrat oder, Regierungspräsident, wenn sich die Genossenschaft über mehrere Kreise erstreckt, in Berlin der Polizeipräsident (Bek. vom 8. Dez. 1899, § 47 GenG.).

Die Einsicht kann auch durch einen Bevollmächtigten der Genossen ausgeübt werden (Joh. 31 A 201).

Eine regelmäßige Kontrolle ist jedoch nicht erforderlich, ein Einschreiten des Registerrichters wird nur erforderlich, wenn Ordnungswidrigkeiten zu seiner Kenntnis kommen.

§ 79.
Auflösung und Liquidation.

I. Die Auflösung der Genossenschaft kann erfolgen durch:

1. Beschluß der Generalversammlung,
2. Ablauf der Zeit,
3. Beschluß des Registergerichts, wenn die Zahl der Genossen weniger als sieben beträgt,
4. Entscheidung der Verwaltungsbehörde, wenn die Genossenschaft sich gesetzwidriger Handlungen oder Unterlassungen schuldig macht, durch die das Gemeinwohl gefährdet wird, oder wenn sie andere als die im § 1 GenG. bezeichneten geschäftlichen Zwecke verfolgt,
5. Eröffnung des Konkursverfahrens.

Andere Auflösungsgründe gibt es nicht und können auch nicht im Statut festgesetzt werden (vgl. oben § 71 III).

Zu 1. Der Beschluß kann nur durch die Generalversammlung gefaßt werden, nicht durch ein anderes Organ, und bedarf mindestens einer Mehrheit von drei Viertel der erschienenen Genossen. Das Statut kann noch andere schwerere Erfordernisse aufstellen.

Zu 2. Mit Ablauf der im Statut bestimmten Zeit tritt die Auflösung von selber ein. Eine Fortsetzung kann nur vorher im Wege der Statutenänderung beschlossen werden. Ebenso eine Auflösung vor Zeitablauf.

Zu 3. Ist der 7. Genosse ausgeschieden, so hat der Vorstand den Antrag zu stellen, die Auflösung durch Gerichtsbeschluß auszusprechen; wird der Antrag nicht binnen sechs Monaten gestellt, so hat das Registergericht nach Anhörung des Vorstandes, ob etwa die Zahl der Genossen wieder auf 7 oder darüber gestiegen ist, den Beschluß von Amts wegen zu erlassen und dem Vorstande zuzustellen. Gegen ihn findet sofortige Beschwerde statt.

Zu 4. Hat in Preußen der Bezirksausschuß auf Klage des Regierungspräsidenten zu entscheiden (Verordnung vom 28. Mai 1890).

Zu 5. Über das Konkursverfahren sind in §§ 100, 102 ff., 122 ff., 128, 140 GenG. besondere Vorschriften gegeben.

Die Auflösung ist im Falle 1 und 2 durch sämtliche Vorstandsmitglieder (§ 6 Bek. vom 1. Juli 1899) bei Vermeidung von Ordnungsstrafen unter Angabe des Auflösungsgrundes beim Registergericht der Hauptniederlassung zur Eintragung anzumelden, die Beifügung des Auflösungsbeschlusses kann gemäß § 12 R. FrG. verlangt werden. A. M. Parisius-Crüger § 78 Erl. 2.

Die Anmeldung ist persönlich oder in beglaubigter Form zu bewirken. Nach § 8 Bek. vom 1. Juli 1899 sind zur Beglaubigung auch der Gemeindevorsteher oder die Polizeibehörde befugt.

In den Fällen zu 3—5 erfolgt die Eintragung ohne Anmeldung von Amts wegen nach Rechtskraft des Gerichtsbeschlusses, oder auf Grund der dem Registergericht von der Verwaltungsbehörde mitgeteilten rechtskräftigen Entscheidung, oder auf Grund der vom Gerichtsschreiber des Konkursgerichts dem Registergericht gemachten Mitteilung (§ 20 Bek. vom 1. Juli 1899).

Die Eintragung erfolgt in Sp. 7 unter Angabe des Auflösungsgrundes; die Tatsache der Auflösung ist mit Angabe des Grundes bekannt zu machen (JMBl. 1893 S. 115), außer im Falle des Konkursverfahrens; sie muß dem Vorstande und dem Gericht einer Zweigniederlassung, und zwar auch im Falle der Konkurseröffnung mitgeteilt werden (§ 19 Abs. 4 Bek. vom 1. Juli 1899). Letzteres hat dann in seinem Register die Auflösung zu vermerken.

Die Einstellung und Aufhebung des Konkursverfahrens sowie die Aufhebung des Eröffnungsbeschlusses ist ebenfalls auf die Mitteilung des Gerichtsschreibers des Konkursgerichts in Sp. 7 einzutragen.

Eine Beendigung des Konkursverfahrens durch Zwangsvergleich findet nicht statt (§ 116 GenG.), aber auch im Falle der Einstellung kann eine Fortsetzung der Genossenschaft nicht beschlossen werden (Joh. 39 A 135).

II. Die Auflösung der Genossenschaft hat, außer im Falle des Konkursverfahrens, die Liquidation zur Folge. Die Liquidation erfolgt durch den Vorstand, oder andere im Statut, oder durch Generalversammlungsbeschluß bestellte Personen; zwei Liquidatoren müssen mindestens bestellt werden.

Auf Antrag des Aufsichtsrats oder mindestens des zehnten Teiles der Genossen kann die Ernennung und Abberufung durch das Gericht erfolgen. Über das Verfahren vgl. oben § 25. Auch eine Notbestellung gemäß § 29 BGB. wird für zulässig erachtet werden müssen. In diesem Falle erfolgt die Eintragung der Liquidatoren von Amts wegen, sonst sind die ersten Liquidatoren von sämtlichen Vorstandsmitgliedern bei Vermeidung von Ordnungsstrafen persönlich oder in beglaubigter Form (§ 8 Bek. vom 1. Juli 1899) zur Eintragung anzumelden, auch wenn die Liquidation durch die Mitglieder des Vorstandes erfolgt (§ 20 Abs. 2 Bek. vom 1. Juli 1899), und zwar beim Gericht der Haupt- und der Zweigniederlassung unter Beifügung einer einfachen Abschrift der Urkunden über die Bestellung (§ 84 GenG.).

Die Liquidatoren haben ihre Unterschrift persönlich vor dem Gericht zu zeichnen oder die Zeichnung in beglaubigter Form einzureichen; die Zeichnung geschieht derartig, daß sie der bisherigen, als Liquidationsfirma zu bezeichnenden Firma ihre Namensunterschrift beifügen (§ 85 GenG.).

Ist eine abweichende Bestimmung von der Regel des § 85 GenG., daß die Willenserklärungen und Zeichnungen durch sämtliche Liquidatoren zu erfolgen haben, bei der Bestellung getroffen, so muß auch diese Bestimmung angemeldet und eingetragen werden (in Sp. 6 unter e), eine Beschränkung ihrer Vertretungsbefugnis darf wie beim Vorstande nicht eingetragen werden.

Die Liquidatoren selber werden in Sp. 5 mit ihren Familiennamen, Vornamen, Beruf und Wohnort eingetragen.

Jede Veränderung in den Personen der Liquidatoren sowie eine Beendigung ihrer Vertretungsbefugnis ist dann durch die Liquidatoren anzumelden, und einzutragen; ebenso eine spätere Änderung der Form für ihre Willenserklärungen und Zeichnungen.

Bekanntzumachen ist das, was eingetragen ist, der Beruf der Liquidatoren wird aber, wie der des Vorstandes, nicht mit veröffentlicht, auch sind die Liquidatoren und das Gericht einer Zweigniederlassung zu benachrichtigen.

Von den den Liquidatoren obliegenden Pflichten ist hervorzuheben:

Sie haben die Auflösung dreimal in den Genossenschaftsblättern bekannt zu machen und die Gläubiger aufzufordern, sich zu melden. Vom Registergericht können sie aber hierzu durch Ordnungsstrafen nicht gezwungen werden. Diese Bekanntmachung ersetzt nicht die vom Registergericht zu bewirkende Bekanntmachung der Auflösung der Genossenschaft.

Sie haben sofort bei Beginn der Liquidation und demnächst in jedem Jahre eine Bilanz aufzustellen, die erste Bilanz zu veröffentlichen und die Bekanntmachung zum Genossenschaftsregister einzureichen. Hierzu sind sie nötigenfalls durch Ordnungsstrafen anzuhalten. Daß mit der ersten Bilanz auch die Angaben über die Bewegung der Mitgliederzahl, der Gesamtbetrag der Geschäftsguthaben und die Haftsummen der Genossen (§ 33 Abs. 2, § 139 GenG.) veröffentlicht werden, ist aber nicht erforderlich (Joh. 38 A 314), sie sind nur verpflichtet, an Stelle des früheren Vorstandes noch die Jahresbilanz und die Mitgliederbewegung des letzten, vor der Auflösung bereits vollendeten Geschäftsjahres zu veröffentlichen (Joh. 29 A 227).

Sie haben die laufenden Geschäfte zu beendigen, die Verpflichtungen der Genossenschaft zu erfüllen, die Forderungen einzuziehen und das Vermögen der Genossenschaft in Geld umzusetzen, sowie nach Ablauf des Sperrjahres das Vermögen zu verteilen (§ 90 GenG.).

Nach vollständiger Beendigung der Liquidation ist die Beendigung ihrer Vertretungsbefugnis zur Eintragung anzumelden. Die Anmeldung hat durch sämtliche Liquidatoren zu erfolgen (nach Cohn S. 680 und Brand S. 381 nur soviel, als zur Abgabe von Willenserklärungen erforderlich sind; vgl. aber § 157 GenG., § 6 Abs. 2 u. 4 Bek. vom 1. Juli 1899), und zwar persönlich, oder die Anmeldung muß in beglaubigter Form eingereicht werden. Die Beglaubigung kann auch hier außer durch eine zuständige Behörde, einen zuständigen Beamten, einen Notar, durch den Gemeindevorsteher oder die Polizeibehörde erfolgen (§ 8 Bek. vom 1. Juli 1899).

Die Beendigung der Vertretungsbefugnis ist in Sp. 6 unter f einzutragen und gleichzeitig auch das Erlöschen der Firma (Joh. 35 A 189).

Hinsichtlich der Prüfung vor der Eintragung, hinsichtlich einer Wiedereröffnung der Liquidation, der Aufbewahrung der Bücher und Schriften der Genossenschaft ist auf § 60 bei der G. m. b. H.; hinsichtlich der Ermächtigung der Genossen, deren Rechtsnachfolger, der Gläubiger der Genossen zur Einsicht der Bücher und Schriften ist auf § 39 a. E. bei der Aktiengesellschaft zu verweisen.

§ 80.

Berichtigungen. Löschung wegen Nichtigkeit.

I. Schreibfehler und offenbare Unrichtigkeiten sind, wie in der Liste, so auch im Register von Amts wegen zu berichtigen, ohne daß es einer vorgängigen Benachrichtigung der Genossen bedarf. Die Berichtigung erfolgt durch Eintragung eines Vermerks im Register in Sp. 9. Hinsichtlich der Liste vgl. oben § 76 a. E.

II. Eine Löschung wegen Nichtigkeit kann im Register und in der Liste erfolgen (§ 9 Abs. 2 Bek. vom 1. Juli 1899)

1. wenn eine einzelne Eintragung mangels einer wesentlichen Voraussetzung unwirksam war (§ 142 R. FrG.), z. B. wenn der Tag des Ausscheidens eines Genossen in der Liste unrichtig eingetragen war (Joh. 28 A 58);
2. wenn ein eingetragener Beschluß durch seinen Inhalt zwingende Vorschriften des Gesetzes verletzt und seine Beseitigung im öffentlichen Interesse erforderlich erscheint (§ 144 R. FrG.). Dahin gehören aber nicht Beschlüsse, bei denen nur die nicht gehörige Abstimmung oder Stimmenberechnung gerügt wird (Joh. 28 A 311, 30 A 141);
3. wenn die Genossenschaft selber unter den Voraussetzungen der §§ 94, 95 GenG. als nichtig angefochten werden kann.

Über das Verfahren in diesen Fällen vgl. oben § 5 unter VI.

In der Verfügung, durch welche der Genossenschaft die beabsichtigte Löschung der Genossenschaft mitgeteilt wird, ist ausdrücklich darauf hinzuweisen, daß der Mangel bis zur Löschung durch Beschluß der Generalversammlung gemäß § 95 Abs. 2—4 GenG. geheilt werden kann.

III. Ist durch rechtskräftiges Urteil ein eingetragener Beschluß oder die Genossenschaft für nichtig erklärt, so hat der Vorstand das Urteil dem Registergericht behufs Eintragung einzureichen (§ 51 Abs. 5, § 96 GenG.).

Die Eintragung erfolgt im Falle II 1 durch Eintragung des Vermerks „von Amts wegen gelöscht" in die betr. Spalte (§ 9 Bek. vom 1. Juli 1899), im Falle II 2 durch Eintragung eines Vermerks, der den Beschluß als nichtig bezeichnet in derselben Spalte, in der der Beschluß eingetragen war (§ 23 Bek. vom 1. Juli 1899, Art. 3 10 AV. vom 8. Nov. 1899), im Falle II 3: durch Eintragung eines Vermerks in Sp. 7, der die Genossenschaft als nichtig bezeichnet (§ 22 Bek. vom 1. Juli 1899).

Dasselbe gilt im Falle III, wobei auf das Urteil Bezug zu nehmen ist.

Die Eintragung ist bekanntzumachen und dem Vorstand und dem Registergericht der Zweigniederlassung mitzuteilen (§ 29 Abs. 4 Bek. vom 1. Juli 1899).

§ 81.

Registerakten. Öffentlichkeit der Register und Liste.

Für jede eingetragene Genossenschaft werden besondere Akten geführt; zweckmäßig in mehreren Bänden, für das Register besonders, und für die Liste (a u. b). Vgl. oben § 11.

In Bd. a sind aufzunehmen: die zur Eintragung in das Register bestimmten Anmeldungen, nebst den beigefügten Schriftstücken, den Zeichnungen, Urkunden, Belegen, die gerichtlichen Verfügungen, die Mitteilungen anderer Behörden und die Nachweise über die Bekanntmachungen (§ 13 Bek. vom 1. Juli 1899).

In Bd. b sind aufzunehmen: Anträge, Schriftstücke und Verfügungen, auf Grund derer die Eintragung in die Liste erfolgt; sie sind mit der laufenden Nummer, unter welcher der Genosse in die Liste eingetragen ist, zu versehen und nach Jahrgängen gesammelt aufzubewahren (§ 27 Bek. vom 1. Juli 1899). Die Registerakten können nach 30 Jahren von dem Tage an, an welchem alle Eintragungsvermerke im Register gelöscht sind, kassiert werden, dagegen sind das Register und die Liste dauernd aufzubewahren (§ 25 Bek. vom 1. Juli 1899).

Das Register sowohl wie die Liste der Genossen sind öffentlich und können von jedem eingesehen werden; für Erteilung von Abschriften und Bescheinigungen finden die Vorschriften des HGB. §§ 9 ff. Anwendung (§ 156 GenG., § 26 Bek. vom 1. Juli 1899; vgl. hierüber oben § 8).

Über den Bestand der Erwerbs- und Wirtschaftsgenossenschaften wird eine fortlaufende Statistik geführt, zu dem Zwecke haben die Genossenschaftsregistergerichte gemäß der AV. vom 1. Mai 1896 (JMBl. S. 138 ff.) und vom 18. Dez. 1897 (JMBl. S. 310) Zählkarten über Eintragung einer neuen Genossenschaft und einer Zweigniederlassung, solche über Eintragung einer Statutenänderung und über Auflösung einer Genossenschaft auszufüllen und vierteljahrsweise der Preußischen Central-Genossenschaftskasse Berlin einzusenden oder eine Fehlanzeige zu erstatten; auch alljährlich eine Liste der in das Genossenschaftsregister eingetragenen Genossenschaften aufzustellen und einzusenden. Gemäß § 51 Ziff. 13 der GeschO. für die Gerichtsschreibereien ist ein Namen- und Firmenverzeichnis vom Gerichtsschreiber zu führen, das auch die Namen der Vorstandsmitglieder in Liquidatoren zu enthalten hat.

Vereinsregister (VR.).

§§ 21, 79 BGB. §§ 159, 160 R. FrG. Art. 29 Pr. FrG. AV. vom 6. Nov. 1899.

§ 82.

Begriff. Rechtsfähige, nicht rechtsfähige Vereine.

Das Vereinsregister ist erst durch das BGB. § 21 eingeführt.

Was ein Verein ist, sagt das BGB. nicht. Es ist darunter zu verstehen:

Vereinigung mehrerer Personen unter einem Gesamtnamen auf längere oder kürzere Zeit zur Erreichung eines bestimmten Zwecks auf Grundlage einer besonderen Verfassung mit einem Vorstand, dem die Stellung eines gesetzlichen Vertreters zukommt (RG. 60 S. 99).

Das BGB. unterscheidet rechtsfähige und nicht rechtsfähige Vereine. Auf letztere finden die Vorschriften über die Gesellschaften Anwendung (§ 54 BGB.), auf die anderen die Vorschriften der §§ 51—53 BGB., und zwar die der §§ 25—53 auch auf die zur Zeit des Inkrafttretens des BGB. schon bestehenden. Art. 163 EG. z. BGB.

Die Rechtsfähigkeit wird erlangt entweder durch staatliche Verleihung seitens des Bundesstaats, in dessen Gebiet der Verein seinen Sitz hat (§ 22 BGB., Art. 82 EG. z. BGB. und für Preußen Verordnung vom 16. Nov. 1899), oder durch Eintragen in das Vereinsregister des zuständigen Amtsgerichts (§ 21 BGB.). Entscheidend für das

Eine oder das Andere ist, ob der Zweck des Vereins auf einen wirtschaftlichen Geschäftsbetrieb gerichtet ist oder nicht.

Nur für letztere Vereine ist das Vereinsregister bestimmt.

Diese Unterscheidung zu treffen ist wegen der Knappheit der gesetzlichen Bestimmungen oft nicht leicht. Der Entwurf zum BGB. hatte als eintragungsfähig bezeichnet die Idealvereine:

> Vereine zu gemeinnützigen, geselligen, wissenschaftlichen oder anderen, nicht auf einem wirtschaftlichen Geschäftsbetrieb gerichteten Zwecken.

Vereine zur ersteren Gruppe gehörig sind unschwer zu erkennen; bei den anderen kommt es auf den verfolgten Zweck an und auf das Fehlen eines wirtschaftlichen Geschäftsbetriebs als Mittel zur Erreichung dieses Zweckes.

Ist ein wirtschaftlicher Geschäftsbetrieb vorhanden und ist der Zweck des Vereins auf diesen wirtschaftlichen Geschäftsbetrieb, auf Erlangung wirtschaftlicher Vorteile gerichtet, so findet § 21 BGB. keine Anwendung.

Ein auf einen wirtschaftlichen Geschäftsbetrieb gerichteter Zweck ist dann anzunehmen, wenn ein geschäftliches Unternehmen wirtschaftlich betrieben wird, wenn ein mit wirtschaftlichen Mitteln arbeitendes Unternehmen geschäftsplanmäßig zur Erlangung wirtschaftlicher Vorteile des Unternehmers betrieben wird (OLG. Hamburg Urteil vom 26. Okt. 1906 in Rspr. OLG. 14, 6; Joh. 44 A 158).

Es gehört dazu die Einrichtung eines landwirtschaftlichen, gewerblichen, kaufmännischen, aber auch eines anderen ähnlichen Geschäfts, das zu dem Zwecke betrieben wird, wirtschaftliche Machtmittel zu gewinnen (Komm. der Reichsgerichtsräte zu § 21 BGB.).

Der Verein, dessen Eintragung unzulässig sein soll, muß einen e i g e n e n Geschäftsbetrieb haben, seine Tätigkeit gegen Entgelt ausüben, nach außen hin dem Publikum oder den Kunden gegenüber wirtschaftliche Geschäfte betreiben, Rechtsgeschäfte abschließen, die für den Verein Rechte und Verbindlichkeiten erzeugen (KG. vom 25. Juli 1907 in Rspr. des OLG. 20, 25; vgl. auch Lenel in DJZ. 1913 S. 1237 u. 1296).

Die erstrebten Vorteile brauchen nicht gerade in positivem Gewinn zu bestehen, sondern auch in der Ersparung sonst erforderlicher Ausgaben, in der Ausgleichung entstehender Schäden, müssen aber dem Verein oder seinen Mitgliedern zugute kommen. Vgl. auch den Beschluß des RG. vom 30. Okt. 1913 über die ärztlichen Kassenvereine: „Unmöglich kann von einem Geschäftsbetriebe gesprochen werden, wenn beim Betriebe eines Unternehmens von vornherein jeder Entgelt für die im Zwecke des Unternehmens liegende Güterveräußerung oder entfaltete Arbeitstätigkeit ausgeschlossen ist" und Beschluß des KG. vom 4. April 1913 (Joh. 44 A 156) in derselben Frage.

Erlangung, Verwaltung und Verwendung von Vermögen für ideale Zwecke allein stellt einen wirtschaftlichen Geschäftsbetrieb noch nicht dar, und ein gemeinnütziger Verein ist eintragungsfähig, selbst wenn er zur Erreichung seines Zweckes einen Geschäftsbetrieb mit eingerichtet hat (Joh. 36 A 146); z. B. ein Leseverein, der die angeschafften Bücher nach der Benutzung durch die Mitglieder bestmöglich verwertet.

Es wird auch als zulässig erachtet werden können, daß ein Verein sich an einer G. m. b. H. beteiligt unter der Voraussetzung, daß diese selbst kein Erwerbsgeschäft zum Gegenstande hat, sondern gemeinnützige ideale Zwecke verfolgt, aber nicht (anders Markus im Recht 1911 S. 727, Staub Anm. 3 zu § 33), daß der Verein als Inhaber eines

Handelsgewerbes im HR. eingetragen wird. Denn als Einzelkaufmann in das HR. A kann er nicht eingetragen werden (Joh. 20 A 36) und auch als juristische Person gemäß § 33 HGB. nicht in das HR. B, weil diese Eintragung voraussetzt, daß die juristische Person als Vollkaufmann anzusehen ist. So sagt auch das Kammergericht in Joh. 28 A 66: „daß ein Verein, der im Handelsregister eingetragen steht, nicht zugleich im Vereinsregister eingetragen sein darf, liegt auf der Hand."

Es ist immer der Hauptzweck des Vereins entscheidend. Bei Prüfung dieser Frage ist das Registergericht an die Satzung allein und deren Wortlaut nicht gebunden, sondern kann auch andere Hilfsmittel, z. B. Ausführungsbestimmungen, Geschäftsordnungen und dergl. heranziehen. Jedenfalls muß zweifellos erkannt werden können, daß der Zweck kein wirtschaftlicher ist, wenn die Eintragung erfolgen soll. Allgemeine Zweckbestimmungen, wie „Wahrnehmung der Interessen der Mitglieder", ohne nähere Aufklärung genügen nicht.

Ebenso wenig entbindet die in vielen Satzungen vorkommende Bemerkung „der Zweck des Vereins ist nicht auf einen wirtschaftlichen Geschäftsbetrieb gerichtet" oder „der Verein betreibt keine Erwerbsgeschäfte" den Richter von der selbständigen Prüfungspflicht der Satzung.

Von den erörterten Gesichtspunkten aus z. B. konnte nicht eingetragen werden: ein Haus- und Grundbesitzerverein, der zur Wahrnehmung der Interessen der Grundbesitzer auch Kapitalien vermitteln und Auskunft über Wohnungen geben will; ein Orchesterverein, der Konzerte und Aufführungen veranstalten will, um die Mittel für einen Pensionsfonds für seine Mitglieder dadurch zu gewinnen.

Andererseits ist die Eintragung für zulässig erachtet: bei einem Altenherrenverband zur Erbauung und Erhaltung eines Korpshauses; bei einem Internationalen Transportverbande, welcher seinen Mitgliedern in ihrem geschäftlichen Verkehr mit Dritten beratend zur Seite stehen will.

Es wird auch die Eintragung nicht versagt werden können den zahlreichen Verbänden auf wirtschaftlichem Gebiet zur Wahrnehmung der Interessen der Mitglieder bestimmter Geschäftszweige durch Festsetzung von Lieferungs- und Kaufbedingungen, Minimal- und Maximalpreisen, welche für die Mitglieder bindend sein sollen, nach Maßgabe von Beschlüssen der Mitgliederversammlungen, wenn nur der Verein als solcher nicht wirtschaftliche Geschäfte betreibt und nicht selber die Vereinbarungen mit Lieferanten und Abnehmern trifft.

Der Vereinszweck darf auch nicht den guten Sitten oder einem gesetzlichen Verbot zuwider laufen. Die Eintragung eines Vereins ist abzulehnen, der unter der Angabe „Pflege der Geselligkeit" Klubräume mietet, um Glücksspiele unter den Mitgliedern gegen Abgabe hoher Kartengelder an den Verein zu begünstigen.

Die Satzung darf auch keinem anderen Spezialgesetze unterstehen, wie auf dem Gebiete des Wasserrechts, des Deich- und Sielrechts und Fischereirechts (Art. 65 ff. EG. z. BGB.), oder dem des Versicherungswesens oder der Stellenvermittlung.

Häufig bezweckt ein Verein nichts anderes, als gegenseitige Unterstützung der Mitglieder bei Krankheit, Sterbefällen, Geschäftsverlusten, Arbeitslosigkeit und dergl. Um aber nicht dem Gesetz über die privaten Versicherungsunternehmungen vom 12. Mai 1901 zu unterstehen, wird in der Satzung bestimmt, daß den Mitgliedern ein Rechtsanspruch auf die Unterstützungen nicht eingeräumt wird (§ 1 Abs. 2 Ges. vom 12. Mai 1901).

Trotzdem ist zu prüfen, ob in Wahrheit nicht doch nach dem übrigen Inhalt der Satzung ein solcher Rechtsanspruch besteht, und die Merkmale eines Versicherungsunternehmens vorliegen, wie: Übernahme eines Risikos, Verteilung dieses auf die Mitglieder durch Erhebung eines Umlagebeitrags, Bemessung der Unterstützungen nach dem Alter oder der Dauer der Mitgliedschaft, Anfechtbarkeit des Beschlusses über Versagung der Unterstützung.

Stellt sich dies heraus, so ist die Klausel über Ausschluß des Rechtsanspruches unwirksam und die Eintragung ist abzulehnen (Joh. 32 A 164).

Auch die in vielen Satzungen vorgesehene Stellenvermittlung kann den Verein dem Stellenvermittlungsgesetz vom 2. Juni 1910 unterstellen und die Eintragung in das VR. hindern, und zwar dann, wenn die Vermittlung gegen Entrichtung des Eintrittsgeldes und des Beitrages von jedem in Anspruch genommen werden kann, und in Wahrheit die Beiträge nichts anderes sind als mittelbare Vergütung für Stellenvermittlung. Betreibt ein Verein derartige Stellenvermittlung gewerbsmäßig ohne Erlaubnis der Polizeibehörde, so ist sie verboten, wenn aber mit einer solchen, so betreibt der Verein eben gewerbsmäßig wirtschaftliche Geschäfte.

Eine Satzung, wodurch eine neue Religionsgesellschaft durch Eintragung Rechtsfähigkeit erlangen wollte, würde nichtig sein, weil jede bloß geduldete Religionsgesellschaft nur durch Verleihung durch Gesetz Korporationsrechte erlangen kann (Art. 12, 13 Pr. VrfGes.; Joh. 27 A 75).

§ 83.

Zulassung der Anmeldung. Wesentlicher Inhalt der Satzung.

Nur die Frage, ob der Zweck des Vereins auf einen wirtschaftlichen Geschäftsbetrieb gerichtet ist, unterliegt der Prüfung und Entscheidung durch das Gericht. Die andere Frage, ob der Verein nach dem öffentlichen Vereinsrecht unerlaubt ist oder verboten werden kann, ob er einen politischen, sozialpolitischen oder religiösen Zweck verfolgt, wird lediglich durch die Verwaltungsbehörde entschieden.

Das Amtsgericht hat daher auch, wenn es seinerseits die Anmeldung zugelassen hat, sie vor der Eintragung der Verwaltungsbehörde — Landrat oder Ortspolizeibehörde — zu übersenden (§ 61 BGB.). Diese hat aber kein Beschwerderecht gegen die Entscheidung des Gerichts, ob ein wirtschaftlicher Verein vorliegt (Joh. 44 A 163).

Die Zulassung der Anmeldung durch das Amtsgericht hat noch weitere Voraussetzungen, deren Vorhandensein zu prüfen ist:

I. Zunächst die Zuständigkeit des angerufenen Gerichts. Die Rechtsfähigkeit wird nur erlangt durch Eintragung in das Vereinsregister des zuständigen Amtsgerichts. Zuständig ist nur dasjenige Amtsgericht, in dessen Bezirk der Verein seinen Sitz hat.

II. Als Sitz gilt, wenn nichts anderes bestimmt ist, der Ort, an welchem die Verwaltung geführt wird. Der Sitz kann also nach Belieben des Vereins bestimmt werden, er braucht mit der tatsächlichen Geschäftsstelle nicht übereinzustimmen, es kann Berlin als Sitz bestimmt werden, während tatsächlich die Verwaltung von Frankfurt a. M. aus geführt wird; dann ist doch Berlin für die Eintragung zuständig. Jedenfalls muß die Satzung den Sitz des Vereins angeben.

Als Ort ist ein tatsächlich abgegrenzter Bezirk oder die politische Gemeinde anzusehen, „Groß-Berlin" kann als Sitz nicht eingetragen werden, weil es solchen Ort und solche politische Gemeinde nicht gibt. Da aber auch „Berlin" als Gemeinde in mehrere Amtsgerichtsbezirke geteilt ist, und bei jedem dieser Amtsgerichte das VR. selbständig geführt wird, so ist auch bei der Sitzbestimmung „Berlin" nur dasjenige der mehreren Amtsgerichte zuständig, in dessen Bezirk in Berlin tatsächlich die Verwaltung geführt wird und die Geschäftsstelle liegt, z. B.: Sitz Berlin, Geschäftsstelle Potsdamerstraße 98. Zuständig: Amtsgericht Berlin-Schöneberg.

III. Jeder Verein muß einen Namen haben. In der Wahl des Namens ist der Verein nur insoweit beschränkt, als der Name sich von den Namen der an demselben Orte oder in derselben Gemeinde bestehenden eingetragenen Vereine deutlich unterscheiden soll, damit Verwechslungen und Irrungen vermieden werden.

Ob schon ein gleicher oder ähnlicher Vereinsname eingetragen ist, wird aus dem beim VR. zu führenden alphabetischen Verzeichnis der Vereine festgestellt. Auch ein auf Täuschung berechneter Name ist unzulässig.

IV. Die Vereinbarung der Mitglieder, daß der Verein eingetragen werden und den Vorschriften über eingetragene Vereine unterstehen soll, muß aus der Satzung elber hervorgehen, eine Erklärung nur der Vorstandsmitglieder genügt nicht.

§ 84.

Sonstiger Inhalt der Satzung.

Für den Inhalt der Satzung sind dann in §§ 56, 58 BGB. weitere Sollvorschriften gegeben, bei deren Nichtbeachtung aber doch gemäß § 60 BGB. die Anmeldung zurückzuweisen ist:

I. Über Eintritt und Austritt der Mitglieder. Das Austrittsrecht darf den Mitgliedern nicht versagt werden, es kann nur dahin beschränkt werden, daß eine Kündigungsfrist von höchstens zwei Jahren, oder Austritt nur am Schlusse eines Geschäftsjahres festgesetzt werden kann (§ 39 Abs. 2 BGB.).

Es gehören hierher auch die Voraussetzungen, unter denen ein Mitglied ausgeschlossen werden kann. Der Ausschließungsbeschluß kann im Rechtswege angefochten werden. Die Prüfung des Gerichts hat sich aber darauf zu beschränken, ob das vorschriftsmäßige Verfahren innegehalten ist, und ist nicht darauf auszudehnen, ob der Ausschluß sachlich gerechtfertigt war (RG. 79 S. 150, 73 S. 187).

II. Ob Beiträge zu leisten sind und in welcher Höhe. Dies kann auch der späteren Bestimmung durch eine Mitgliederversammlung vorbehalten bleiben.

III. Über Bildung des Vorstandes.

Der Vorstand hat nach § 26 BGB. die Stellung eines gesetzlichen Vertreters. Einen solchen muß jeder Verein haben, er kann aus einer oder mehreren Personen bestehen, aus Mitgliedern oder Nichtmitgliedern. Die Bestellung kann gleich in der Satzung erfolgen, der Mitgliederversammlung übertragen werden oder einem anderen Organe, es können sogar sämtliche Vereinsmitglieder zu Vorstandsmitgliedern bestellt werden (Komm. d. Reichsgerichtsräte Anm. 1 zu § 26).

Die Beschlußfassung im Vorstande kann abweichend von der gesetzlichen Regel geordnet werden, etwa dahin, daß bei Stimmengleichheit die Stimme des Vorsitzenden entscheidet, daß zur Beschlußfähigkeit die Anwesenheit eines Teils der Vorstandsmitglieder genügt (§§ 28, 32, 40 BGB.).

Auch der Umfang der Vertretungsmacht des Vorstandes kann durch die Satzung mit Wirkung gegen Dritte beschränkt werden (§ 26 Abs. 2 BGB.), z. B. daß zur Abgabe von Willenserklärungen und Unterzeichnungen von Urkunden zwei Vorstandsmitglieder genügen; daß der Vorstand Kauf, Verkauf, Belastung von Grundstücken nicht ohne Beschluß der Mitgliederversammlung vornehmen darf. Eine derartige Bestimmung gilt aber nicht ohne weiteres auch für die Liquidatoren, auch wenn dies die Vorstandsmitglieder geworden sind. Für die Liquidatoren muß eine solche Bestimmung besonders festgesetzt werden.

Da es für einen Verein von Bedeutung sein kann, möglichst viele und klangvolle Namen im Vorstande zu haben, so wird häufig bestimmt, daß der Vorstand aus 10, 15 oder noch mehr Personen bestehen soll, daß aber der Vorstand im Sinne des Gesetzes nur aus zwei Personen gebildet wird. Das Kammergericht hat dies im Beschlusse vom 29. Sept. 1911 (RJA. 11, 265) für zulässig erklärt und die Eintragung nur der beiden Personen als Vorstand für erforderlich erachtet, und den weiteren sogenannten Vorstandsmitgliedern die Rolle eines Aufsichtsrats, Verwaltungsrats oder dergl. zugewiesen.

Es ist aber doch darauf zu achten, daß nur der Vorstand im Sinne des § 26 auch als solcher bezeichnet wird, und andere Vertreter und Organe als das, was sie wirklich sind: Aufsichtsratsmitglieder, Ausschuß usw., damit weder sie selber noch Dritte über ihre wahre Stellung im Vereine im Zweifel sind.

Der Vorstand darf nur widerruflich, nicht auf Lebenszeit bestellt werden.

Nur die Widerruflichkeit kann beschränkt werden auf den Fall, daß ein wichtiger Grund vorliegt (§ 27 Abs. 2 BGB.). Zu seinen Pflichten dem Gericht gegenüber gehört namentlich, die erforderlichen Anmeldungen zu bewirken und ein Zeugnis über die Zahl der Mitglieder auf Verlangen einzureichen (nicht mehr ein Verzeichnis der Mitglieder; RVersG. vom 19. April 1908 § 22).

IV. Weiter gehören hierher die Bestimmungen über die Voraussetzungen und die Form der Berufung der Mitgliederversammlung und Beurkundung ihrer Beschlüsse, wer sie einberufen soll, wie, ob durch öffentliche Bekanntmachung, besondere Mitteilung, welche Zahl der Mitglieder die Einberufung gemäß § 37 BGB. verlangen kann, ob über die Verhandlungen notarielles oder schriftliches Protokoll geführt wird, von wem, und wer es zu unterzeichnen hat.

Sonst ist im § 40 BGB. weitgehende Möglichkeit gegeben, den Inhalt der Satzung den Verhältnissen anzupassen, doch dürfen allgemein anerkannte Rechtsgrundsätze nicht verletzt werden.

Unzulässig ist z. B. die Bestimmung, daß die Mitgliederversammlung unter Ausschluß des Rechtsweges über alle Streitigkeiten aus dem Gesellschaftsvertrage, auch über eine etwa verwirkte Vertragsstrafe, zu entscheiden habe, denn niemand kann Richter in eigener Sache sein (JW. 06, 396).

V. Die Zahl der Vereinsmitglieder soll mindestens sieben betragen und ebenso viele sollen die Satzung unter Angabe des Tages der Errichtung, nicht der Gründung des Vereins, unterzeichnen. Mitglieder eines Vereins können physische und juristische Personen, männliche und weibliche, sein, aber nicht: Gesellschaften, Vereinigungen usw., die selber nicht die Rechtsfähigkeit besitzen als solche. Denn die Mitgliedschaft enthält Rechte und Pflichten und Träger von solchen können nur Rechtssubjekte sein.

Nur die Einzelmitglieder solcher nicht rechtsfähiger Vereine in ihrer Gesamtheit können durch ihren bestellten Vertreter die Mitgliedschaft erwerben und ausüben (vgl. Gierke, DJZ. 07, 207). Im Komm. d. Reichsgerichtsräte 2. Aufl., § 54 Anm. 1 S. 57 ist die Mitgliedschaft eines nicht rechtsfähigen Vereins bei einem rechtsfähigen Verein für zulässig erachtet.

Da die Feststellung der Satzung Abschluß eines Gesellschaftsvertrages ist, so muß der Nachweis geführt werden, daß derjenige, der ihn für Personenmehrheiten unterzeichnet hat, zu deren Vertretung berechtigt war; dazu dienen Registerauszüge, Statuten, Wahlprotokolle und dergl. Sind einzelne Bestimmungen der Satzung infolge Beanstandung durch den Registerrichter abgeändert, und soll die Eintragung unter Berücksichtigung der Abänderung erfolgen, so muß eine die Bestimmungen in ihrer abgeänderten Fassung enthaltende Urkunde vorgelegt werden, die von denjenigen Vereinsmitgliedern unterzeichnet ist, die die ursprüngliche Satzung unterzeichnet haben (Joh. 25 A 263).

§ 85.

Die Anmeldungen müssen mittels öffentlich beglaubigter Erklärung oder zu Protokoll des Gerichtsschreibers, aber nur desjenigen des zuständigen Registergerichts, erfolgen (vgl. oben § 8) — polizeiliche Beglaubigung der Unterschriften genügt nicht —, und zwar von sämtlichen Vorstandsmitgliedern, auch wenn der Verein satzungsgemäß nach außen in anderer Weise vertreten wird (Joh. 21 A 271, 31 A 220).

Die Vorschrift des § 67 Abs. 1 ist zwingend und kann durch die Satzung nicht geändert werden.

Bei der ersten Anmeldung sind beizufügen: die Satzung in Urschrift und Abschrift, und eine Abschrift der Urkunden über die Bestellung des Vorstandes (wenn diese nicht schon in der Satzung selber erfolgt ist). Diese müssen von den nach der Satzung zur Beurkundung der Beschlüsse berechtigten Personen unterzeichnet sein. Nicht erforderlich ist die Beifügung des Errichtungsvertrages selber.

I. Ergibt sich nach den erörterten Gesichtspunkten ein Mangel, so hat das Gericht, entweder sofort, oder nach vergeblicher Aufforderung an den Verein zur Beseitigung des Mangels, die Anmeldung durch Beschluß mit Angabe der Gründe zurückzuweisen. Hiergegen ist sofortige Beschwerde nach den Vorschriften der ZPO. an die Zivilkammer des Landgerichts zulässig und weitere Beschwerde für Preußen beim Kammergericht (Joh. 26 A 3, 27 A 237).

Das Beschwerdegericht kann die „Zulassung der Anmeldung" beschließen; denn die Anmeldung ist nach § 61 BGB. zunächst „zuzulassen", wenn sich kein der Eintragung entgegenstehendes Bedenken ergibt oder ein solches beseitigt ist.

II. Dann ist, wie schon erwähnt, die Anmeldung nebst Anlagen der Verwaltungsbehörde zur Püfung, ob gemäß § 61 Abs. 2 Einspruch erhoben werden soll, zu übersenden. Diese ist der Landrat, in Stadtkreisen die Ortspolizeibehörde.

Wird Einspruch erhoben, so hat das Registergericht den Einspruch ev. mit dessen Begründung dem Vorstande mitzuteilen zur ev. Beseitigung im Verwaltungsstreitverfahren (§ 62 BGB.). Wird der Einspruch durch Entscheidung im Verwaltungsstreitverfahren endgültig aufgehoben, so ist es Sache des Vereins, die rechtskräftige Entscheidung vorzulegen und die Eintragung weiter zu betreiben.

Wird dem Gericht seitens der Verwaltungsbehörde mitgeteilt, daß Einspruch nicht erhoben werde, oder erklärt sie sich nicht innerhalb 6 Wochen, von der ihr gewordenen Mitteilung ab, so ist die Eintragung zu bewirken.

Diese Frist von 6 Wochen ist eine Präklusivfrist und kann nicht verlängert werden (a. M. Cohn S. 701).

§ 86.

Eintragung.

Das Vereinsregister (VR.) ist nach folgendem Muster eingerichtet (Vfg. vom 6. Nov. 1899):

Nummer des Vereinsregisters . . . .

1	2	3	4	5	6
Nummer der Eintragung	Name und Sitz des Vereins	Satzung	Vorstand	Auflösung. Entziehung der Rechtsfähigkeit. Konkurs. Liquidation	Bemerkungen

Die Vereine werden nach fortlaufenden Nummern eingetragen. Für die einen Verein betreffenden Eintragungen sind zwei gegenüberstehende Seiten zu verwenden. Das Register ist mit fortlaufenden Seitenzahlen zu versehen.

Es zerfällt in 6 Spalten, deren jede bestimmte Eintragungen aufzunehmen hat und zwar:

Sp. 1: laufende Nummer der Eintragung: 1.

Sp. 2: Den Namen, Sitz des Vereins und sich darauf beziehende Änderungen.

(Die Worte „eingetragener Verein" sind nicht einzutragen, weil erst mit der Eintragung der Verein diesen Zusatz erhält (§ 65 BGB.; Verfügung des Justizministers vom 4. Nov. 1901).

Der Sitz kann auch später im Wege der Abänderung der Satzung verlegt werden. Dann muß die Sitzverlegung beim Registergericht des bisherigen Sitzes angemeldet und eingetragen werden, da die Abänderung der Satzung erst mit der Eintragung Wirksamkeit erlangt (§ 71 BGB.). Die Eintragung des Vereins mit dem neuen Sitz erfolgt beim Registergericht des neuen Sitzes auf besondere Anmeldung, nicht von Amts wegen, auch nicht auf Ersuchen des bisherigen Registergerichts. Die Registerakten können dem neuen Registergericht zur Fortführung überlassen werden. Im bisherigen Register ist dann der Verein zu löschen.

Sp 3: Den Tag der Errichtung der Satzung. Bestimmungen über Vertretungsmacht des Vorstandes, über Beschlußfassung des Vorstandes und der Liquidatoren (§§ 64, 76 BGB., § 28 Abs. 1, § 48 Abs. 3), aber nicht auch eine etwaige Bestimmung über eine gewisse Zeitdauer des Vereins; z. B.:

„Die Satzung ist am 21. Juli 1909 errichtet.

Urkunden, die den Verein verpflichten sollen, müssen unter dem Namen des Vereins vom Vorsitzenden und Schriftführer eigenhändig unterschrieben sein."

„Zur Beschlußfassung des Vorstandes ist die Anwesenheit von mindestens drei seiner Mitglieder erforderlich, bei Stimmengleichheit gibt die Stimme des Vorsitzenden den Ausschlag. Der Vorsitzende allein vertritt den Verein Behörden gegenüber."

Sp. 4: Die Vorstandsmitglieder nach Familiennamen, Vornamen, Beruf, Wohnort, Änderungen und erneute Bestellung der Vorstandsmitglieder.

— Die Verteilung der einzelnen Ämter unter die Vorstandsmitglieder ist nicht einzutragen, wohl aber die Bezeichnung als Stellvertreter bei Behinderung des ordentlichen Vorstandsmitgliedes. —

Sp. 5: Die Auflösung, Entziehung der Rechtsfähigkeit, Eröffnung des Konkurses, Aufhebung des Eröffnungsbeschlusses, die Liquidatoren und die sie betreffenden Änderungen, Bestimmungen über Beschlußfassung der Liquidatoren, eine etwaige Abweichung von der Vorschrift des § 48 Abs. 3, daß Einstimmigkeit erforderlich ist, aber nur, wenn diese Bestimmungen nicht schon in der Satzung enthalten sind, denn dann sind sie in Sp. 3 bei der ersten Eintragung mit einzutragen.

Sp. 6: Berichtigungen von Schreibfehlern und offenbaren Unrichtigkeiten neben der betr. Eintragung; z. B.:

Das Vorstandsmitglied Gerhardt wird mit „dt" geschrieben, nicht „d", berichtigt am . . . .

Eingetragen werden die Berichtigungen aber nur auf Grund einer Verfügung des Richters. Von einer solchen Berichtigung ist der Vorstand, Liquidator, Konkursverwalter auch zu benachrichtigen.

Nach der erfolgten Eintragung ist die Urschrift der Satzung mit dem Vermerk der erfolgten Eintragung zu versehen und dem Verein zurückzugeben, die Abschrift ist zu beglaubigen und zu den Registerakten zu nehmen. Die Verfg. würde so zu entwerfen sein:

Verfügung.

1. Einzutragen in das Vereinsregister unter Nr. ....

Spalte 1 (Nummer der Eintragung): 1.

Spalte 2 (Name und Sitz des Vereins):

Verein der Musikfreunde. Berlin.

Spalte 3 (Satzung):

Die Satzung ist am 6. Oktober 1913 errichtet.

Zur Beschlußfähigkeit des Vorstandes ist die Anwesenheit von 3 seiner Mitglieder erforderlich. Bei Stimmengleichheit entscheidet die Stimme des Vorsitzenden.

(Blatt der Registerakten.)

Spalte 4 (Vorstand):

1. Kaufmann Walter F. in Berlin.
2. Musikdirektor Hermann F.
3. ....
4. ....

(Blatt der Registerakten.)

2. Öffentliche Bekanntmachung.
3. Bekanntmachung der Eintragung an a) den Vorstand,
b) die Postbehörde mit Geschäftsstelle,
c) den beteiligten Amtsgerichten.

4. Die Urschrift mit der Bescheinigung der Eintragung zu versehen und dem Vorstande zurückzugeben.
5. Die Abschrift der Satzung zu beglaubigen und zu den Registerakten zu nehmen.
6. Der Wert des Gegenstandes wird auf 3000 M. festgesetzt.
7. Nach 1 Jahr (Vorstandswahl jährlich im März, § 5 der Satzung).

Nach erfolgter Eintragung erhält der Name des Vereins den Zusatz „eingetragener Verein".

§ 87.

Satzungsänderungen.

Dem Verein steht es frei, jederzeit seine Verhältnisse anders zu gestalten und die Satzung zu ändern.

Dies erfolgt durch Beschluß der Mitgliederversammlung, aber auch des Vorstandes, oder eines anderen Vereinsorganes, wenn diesem nach der Satzung die Befugnis dazu übertragen ist.

Von wem und wie die Mitgliederversammlung zu berufen ist, bestimmt die Satzung.

Die Einberufung einer Mitgliederversammlung kann auch von dem in der Satzung bestimmten Teil der Mitglieder von den zur Einberufung Verpflichteten schriftlich unter Angabe des Zwecks und der Gründe verlangt werden. Wird diesem Verlangen nicht entsprochen, so können die betr. Mitglieder vom Registergericht — jedoch erst nach Anhörung des zur Einberufung Verpflichteten — zur Einberufung ermächtigt werden und gleichzeitig kann Bestimmung über die Führung des Vorsitzes getroffen werden.

Bei der demnächstigen Einberufung muß auf die Ermächtigung Bezug genommen werden (§ 37 BGB.).

Betreffen die Beschlüsse Änderung der eingetragenen Tatsachen, so müssen sie von sämtlichen Vorstandsmitgliedern zur Eintragung angemeldet werden. Die Anmeldung kann hier durch Ordnungsstrafen erzwungen werden (§§ 71, 78 BGB.).

Bei der Anmeldung ist zu prüfen, ob die Anmeldung formell in Ordnung ist und der Inhalt des Beschlusses nicht etwa nichtig ist; insbesondere, ob die Anmeldung von den Berechtigten, d. h. von sämtlichen Vorstandsmitgliedern, in gehöriger Form bewirkt ist, ob die in der Urkunde als Einberufer genannten Personen auch zur Einberufung der Mitgliederversammlung berechtigt waren, ob der Beschluß inhaltlich den gesetzlichen und satzungsmäßigen Vorschriften entspricht und zur Zuständigkeit des beschließenden Organs gehört, ob die erforderliche Mehrheit dafür gestimmt hat, oder ob sämtliche Mitglieder ihre Zustimmung schriftlich erklärt haben, wenn keine Mitgliederversammlung stattgefunden hat, wie dies nach § 32 Abs. 2 BGB. zulässig ist, ob der Beschluß satzungsgemäß beurkundet ist.

Bloße Ordnungsvorschriften dagegen braucht der Registerrichter im allgemeinen nicht zu prüfen (Joh. 36 A 195) und die Verletzung solcher geltend zu machen, muß den anfechtungsberechtigten Beteiligten überlassen werden; dahin gehören z. B. die Form der Einberufung und der Hergang bei der Abstimmung (Joh. 39 A 122; 41 A 157). Im allgemeinen sind die in der Urkunde bezeugten Tatsachen als wahr zu unterstellen.

Zu einer Satzungsänderung ist, falls die Satzung selber nichts anderes bestimmt, eine Mehrheit von drei Viertel der erschienenen Mitglieder erforderlich, zur Änderung des Zwecks des Vereins sogar die Zustimmung aller Mitglieder, die Zustimmung der nicht erschienenen muß schriftlich erfolgen (§§ 33, 40 BGB.).

Wird der Name des Vereins geändert, so muß der neue Name frei und zulässig sein (cf. oben § 83 III), wird ein neuer Sitz bestimmt, so muß dieser in einer anderen Gemeinde belegen sein, sonstige Änderungen dürfen nicht gegen die Bestimmungen verstoßen, die für die ursprüngliche Satzung maßgebend sind.

Der die Satzungsänderung enthaltende Beschluß muß in Urschrift und Abschrift beigefügt sein.

Die Anmeldung kann durch Beschluß, der ebenfalls mittels sofortiger Beschwerde anfechtbar ist, zurückgewiesen werden.

Wird die Anmeldung zugelassen, so ist die Verwaltungsbehörde vorher zu hören, die auch hier Einspruch erheben kann (§§ 71, 61 BGB.).

Die Eintragung selber erfolgt in diejenige Spalte, welche die geänderten Bestimmungen schon enthält, der Tag der Satzungsänderung ist mit einzutragen.

Handelt es sich nur um Abänderung der Satzung, ohne daß die anderen eingetragenen Bestimmungen geändert werden, so genügt eine allgemeine Bezeichnung des Gegenstandes.

Die Verfügung wird z. B. lauten: einzutragen Nr. 2 Sp. 2 durch Beschluß der Mitgliederversammlung vom .... ist der Name des Vereins geändert in .... oder: ist der Sitz des Vereins nach X. verlegt.

Sp. 3: durch Beschluß der pp. — ist die Satzung hinsichtlich des Laufes des Geschäftsjahres, des Aufnahmeverfahrens für die Mitglieder geändert — ist die Vertretungsmacht des Vorstandes, die Bestimmung über die Beschlußfassung des Vorstandes dahin geändert, daß . . . . . . Blatt . . . der Registerakten Juli 1913.

Eine öffentliche Bekanntmachung erfolgt hier nicht, nur eine Benachrichtigung des Vorstandes.

Die Urschrift des Beschlusses ist mit Bescheinigung der erfolgten Eintragung zurückzugeben, die Abschrift ist zu beglaubigen und zu den Registerakten zu nehmen.

Erst durch die Eintragung erlangt die Satzungsänderung gemäß § 71 BGB. nach innen und außen Wirksamkeit. Daher muß, wenn die Satzungsänderung zugleich eine Änderung in der Zusammensetzung des Vorstandes enthält, wenn z. B. bestimmt wird, daß künftig nicht 6, sondern 2 Vorstandsmitglieder bestellt werden sollen, doch noch die Anmeldung der Satzungsänderung von dem Vorstande in seiner b i s h e r i g e n Zusammensetzung bewirkt werden und nicht von dem neugewählten. Ist der Vorstand nicht mehr vollzählig, so muß er ergänzt werden.

Die Anmeldung der neuen Vorstandsmitglieder dagegen muß dann von diesem ausgehen (OLG. München in Seuffert Bl. 74, 519). Es ist für zulässig zu erachten, daß alsbald nach Fassung des Beschlusses über Veränderung der Zahl der Vorstandsmitglieder und vor dessen Eintragung in das VR. die Wahl der neuen Vorstandsmitglieder vorgenommen wird, ähnlich wie die neuen Aufsichtsratsmitglieder bei einer Aktiengesellschaft (vgl. Joh. 28 A 216); über Sitzverlegung siehe oben § 86.

§ 88.

Änderung oder erneute Bestellung des Vorstandes.

Daß die tatsächlich vorhandenen Vorstandsmitglieder des Vereins auch im Register eingetragen sind, liegt im Interesse des Vereins und des Publikums, wegen der Bestimmung des § 68 BGB., daß nicht eingetragene Änderungen gutgläubigen Dritten gegenüber keine Wirkung haben.

Gewöhnlich ist die Amtszeit der Vorstandsmitglieder in der Satzung festgelegt, so daß daraus ersichtlich wird, wann eine Neuwahl oder Wiederwahl erforderlich wird. In diesem Falle wird der Registerrichter, obwohl es streitig ist, wie weit er verpflichtet ist, sich von Amts wegen Kenntnis davon zu verschaffen, ob anmeldepflichtige Tatsachen vorliegen, durch eine Wiedervorlegungsverfügung, die rechtzeitige Anmeldung der Vorstandswahl überwachen und nötigenfalls die Anmeldung durch Ordnungsstrafen erzwingen.

Die Anmeldung muß von sämtlichen verbliebenen, wiedergewählten und neugewählten Vorstandsmitgliedern bewirkt werden oder deren Bevollmächtigten, unter Beifügung einer Abschrift der Urkunde über die Vorstandswahl. Es genügt, daß die Urkunde in der satzungsgemäßen Form abgefaßt ist und erkennen läßt, daß durch ihren Inhalt die nachgesuchte Eintragung der Vorstandswahl gerechtfertigt wird, darüber hinaus hat der Registerrichter nicht zu prüfen, insbesondere nicht, ob die Mitgliederversammlung vorschriftsmäßig einberufen war (Joh. 41 A 157).

Unpraktisch und mit Belästigung für die Vorstandsmitglieder verknüpft ist die der alten, jetzt geänderten Fassung des Genossenschaftsgesetzes angepaßte Bestimmung im § 67 BGB., daß auch die erneute Bestellung der Vorstandsmitglieder anzumelden ist, also auch, wenn der Inhalt der bisherigen Eintragung derselbe bleibt.

Danach ist einzutragen in Spalte 4:

Ausgeschieden sind . . . .
Neu bestellt sind . . . .
Erneut bestellt sind . . . .

Soweit die erforderlichen Mitglieder des Vorstandes fehlen, sind sie in dringenden Fällen für die Zeit bis zur Hebung des Mangels auf Antrag eines Beteiligten von dem Amtsgerichte zu bestellen, in dessen Bezirk der Verein seinen Sitz hat (§ 29 BGB.). Ob diese Voraussetzungen vorliegen, ob insbesondere die Bestellung nicht auf dem satzungsmäßigen Wege erfolgen oder nicht bis dahin aufgeschoben werden kann, ist zu prüfen.

In der Regel wird seitens des Vereins eine geeignete Persönlichkeit vorgeschlagen, die die Erklärung abgibt, daß sie das Amt übernimmt, ohne Ansprüche auf Vergütung dem Gericht gegenüber zu erheben. Die Eintragung derartiger durch gerichtliche Verfügung bestellter Vorstandsmitglieder erfolgt ohne Anmeldung, von Amts wegen. Die Löschung erfolgt, wenn der Mangel gehoben, also die fehlenden Vorstandsmitglieder vom Verein bestellt und zur Eintragung angemeldet sind.

§ 89.

Auflösung des Vereins.

Die Auflösung des Vereins erfolgt durch Beschluß der Mitgliederversammlung auch wenn dieser Beschluß nur die Vereinigung des Vereins mit einem anderen bestehenden Vereine bestimmt, ferner durch Ablauf der in der Satzung bestimmten Zeit und Fortfall sämtlicher Mitglieder. Ist nur noch ein Mitglied vorhanden, so kann dieses so lange die Vorschrift des § 73 BGB. noch nicht in Anwendung gebracht ist, Beschlüsse fassen. Das Recht der Mitgliederversammlung, die Auflösung zu beschließen, kann ihr durch die Satzung nicht entzogen werden. Der Beschluß erfordert, wenn die Satzung nichts anderes bestimmt, eine Mehrheit von drei Viertel der erschienenen Mitglieder. Nach Ablauf der Zeit kann eine Fortsetzung des Vereins nicht mehr beschlossen werden, weil mit Ablauf der Zeitdauer der Verein aufgelöst ist. Der Zeitablauf ist daher zu kontrollieren.

In allen diesen Fällen hat der Vorstand die Auflösung zur Eintragung anzumelden, im ersten Falle unter Beifügung einer Abschrift des Auflösungsbeschlusses.

Die Eintragung der Auflösung erfolgt dann in Sp. 5.

Die Auflösung kann auch durch die Verwaltungsbehörde ausgesprochen werden, auf Grund des öffentlichen Vereinsrechts (RG. vom 19. April 1908), wenn der Vereinszweck den Strafgesetzen zuwider läuft, dann erfolgt die Eintragung auf Anzeige der zuständigen Behörde.

§ 90.

Entziehung der Rechtsfähigkeit.

Dem Verein kann auch nur die Rechtsfähigkeit entzogen werden, ohne daß dadurch sein Fortbestehen als nicht rechtsfähiger Verein gehindert wird und zwar:

1. Durch die Verwaltungsbehörde, wenn er durch einen gesetzwidrigen Beschluß der Mitgliederversammlung oder durch gesetzwidriges Verhalten des Vorstandes das Gemeinwohl gefährdet; wenn er entgegen seiner Satzung einen wirtschaftlichen Geschäftsbetrieb oder einen politischen, sozialpolitischen oder religiösen Zweck verfolgt.

Auch hier erfolgt die Eintragung auf Anzeige der zuständigen Behörde.

2. Durch das Amtsgericht, wenn die Zahl der Vereinsmitglieder unter drei sinkt, und entweder der Vorstand den Antrag auf Entziehung der Rechtsfähigkeit stellt oder von Amts wegen, wenn der Antrag nicht binnen drei Monaten gestellt wird nach Anhörung des Vorstandes darüber, ob nicht etwa inzwischen die Mindestzahl wieder erreicht ist. Das Gericht kann jederzeit die Einreichung einer vom Vorstand vollzogenen Bescheinigung über die Zahl der Mitglieder verlangen (§ 72 BGB. und § 22 des RG. vom 19. April 1908), nicht mehr ein Verzeichnis der Mitglieder.

Der Beschluß über Entziehung der Rechtsfähigkeit durch das Gericht ist mittels sofortiger Beschwerde nach den Vorschriften der ZPO. anfechtbar. Mit der Rechtskraft des Beschlusses tritt der Verlust der Rechtsfähigkeit ein und ist dann einzutragen:

> durch rechtskräftigen Beschluß des Amtsgerichts X. vom . . . . ist dem Verein die Rechtsfähigkeit entzogen.

Auch durch die Eröffnung des Konkurses verliert der Verein die Rechtsfähigkeit und die Eröffnung des Konkurses — nicht der Verlust der Rechtsfähigkeit — sowie die Aufhebung des Eröffnungsbeschlusses ist auf die vom Konkursgericht zu den Registerakten zu bewirkende Anzeige von Amts wegen einzutragen.

§ 91.

Liquidation.

Sowohl nach der Auflösung wie nach der Entziehung der Rechtsfähigkeit muß eine Liquidation stattfinden, mit einer einzigen Ausnahme, dann, wenn das Vereinsvermögen an den Fiskus fällt (§ 47 BGB.). Dieses ist der Fall, wenn gemäß § 45 BGB. die Anfallberechtigten weder in der Satzung noch später bestimmt sind, und der Verein nach der Satzung nicht ausschließlich den Interessen seiner Mitglieder diente. Der Fiskus erwirbt das Vermögen durch Gesamtnachfolge; andere Anfallberechtigte aber haben nur einen persönlichen Anspruch auf Aushändigung des Vereinsvermögens (Joh. 25 A 121). Sonst gilt der Verein bis zur Beendigung der Liquidation als fortbestehend, aber nur soweit, wie der Zweck der Liquidation es erfordert.

Die Liquidation erfolgt im Falle des Konkurses durch den Konkursverwalter, sonst in erster Linie durch den Vorstand. Es können aber auch andere Personen zu Liquidatoren bestellt werden, entweder gleich in der Satzung oder durch Beschluß der Mitgliederversammlung nach den für die Bestellung des Vorstandes geltenden Vorschriften. Für ihre Beschlüsse ist bei mehreren Liquidatoren Übereinstimmung erforderlich, doch kann diese Regel abgeändert werden, entweder durch Satzung oder Beschluß der Mitgliederversammlung.

Ihre Vertretungsmacht beschränkt sich auf die im § 49 BGB. bezeichneten Liquidationsgeschäfte, sie ist deshalb nicht weiter beschränkbar; wohl aber kann ihre Vertretungsmacht dahin erweitert werden, daß nicht mehrere gemeinschaftlich handeln müssen (Komm. d. Reichsgerichtsräte § 76 zu Anm. 1). Fehlt es an den erforderlichen Liquidatoren, so kann die Bestellung durch das Gericht gemäß § 29 BGB. erfolgen.

Die Mitgliederversammlung kann auch gemäß § 27 Abs. 2 (§ 48 BGB.) einen von ihr bestellten Liquidator abberufen und einen anderen bestellen.

Nur die Eintragung gerichtlich bestellter Liquidatoren erfolgt von Amts wegen, sonst sind die Liquidatoren, spätere Änderungen, und eine über ihre Beschlußfassung von der Vorschrift des § 48 Abs. 3 abweichende Bestimmung zur Eintragung anzumelden. Zur Anmeldung der ersten Liquidatoren ist noch der alte Vorstand verpflichtet, selbst, wenn die bisherigen Vorstandsmitglieder Liquidatoren geworden sind; zur Anmeldung der späteren Änderungen aber sind die neuen Liquidatoren verpflichtet. Der Beschluß über Bestellung der Liquidatoren und eine von § 48 Abs. 3 BGB. abweichende Bestimmung ist in Abschrift beizufügen.

Hinsichtlich der Prüfung gilt das § 87 Gesagte.

Die Eintragung der Auflösung, der Entziehung der Rechtsfähigkeit, der Konkurseröffnung, der Liquidatoren, der Bestimmungen über ihre Beschlußfassung, die nicht schon in der Satzung enthalten sind, erfolgt in Sp. 5, die Liquidatoren sind unter Angabe des Familiennamens, Vornamens, Berufs und Wohnortes einzutragen.

Enthält schon die Satzung selber eine Bestimmung über die Beschlußfassung der Liquidatoren, so ist dies, wie schon erwähnt, bei der ersten Eintragung in Sp. 3 zu vermerken.

§ 92.

Löschung des Vereins.

Haben die Liquidatoren ihren Pflichten gemäß §§ 49, 50 BGB. genügt, ist das Sperrjahr des § 51 BGB. abgelaufen, und die Ausantwortung des Vermögens erfolgt, so ist regelmäßig die Liquidation beendet, der Verein besteht auch nicht einmal als Liquidationsverein mehr und die Vertretungsbefugnis der Liquidatoren ist beendet.

Darüber, ob auch das Erlöschen des Vereinsnamens wie der Gesellschaftsfirma (§§ 157, 302 HGB.) zur Eintragung angemeldet werden muß oder die Beendigung der Vertretungsbefugnis der Liquidatoren wie bei der Gesellschaft mit beschränkter Haftung (§ 67 Ges. vom 20. Mai 1898), sagt das Gesetz nichts. Es ist dies aber anzunehmen, denn sonst würde der Name des Vereins im VR. weiter eingetragen bleiben und der Verein würde den durch § 12 BGB. ihm als juristischer Person gewährleisteten Namensschutz (vgl. Komm. d. Reichsgerichtsräte Anm. 1 am Ende zu § 12) weiter genießen, und andere Vereine würden in der Möglichkeit einen gleichen oder ähnlichen Namen zu führen, zu

Unrecht beschränkt werden (a. M. Cohn § 126). Auch Art. 15 Verf. vom 6. Nov. 1899 sieht eine Löschung des Vereinsnamens vor für die Mitteilung an andere Gerichte.

§ 93.

Führung des Vereinsregisters und Bekanntmachungen.

Die Eintragungen werden auch hier vom Richter verfügt und vom Gerichtsschreiber ausgeführt. Die Verfügung soll, wenn der Richter nicht auch Registerführer ist, wie in Preußen, den Wortlaut feststellen; unter jeder Eintragung ist der Tag der Eintragung zu vermerken, die Eintragung ist vom Registerführer zu unterschreiben, auf die Stelle der Registerakten, wo sich die zugrunde liegende gerichtliche Verfügung befindet, ist zu verweisen; z. B.:

Blatt . . . . . . der Reg.-Akten
Juli 1913

N. N.

Die Ausführung der Eintragung ist mit dem Datum der erfolgten Eintragung bei der gerichtlichen Verfügung zu vermerken. Die Eintragungen sind deutlich und ohne Abkürzungen zu schreiben, es darf nichts radiert oder unleserlich gemacht werden.

„Die Eintragung" ist nach § 66 Abs. 1 BGB. bekanntzumachen, und zwar nur einmal im öffentlichen Anzeiger des Regierungsblattes. Nach der Verfügung des Justizministers vom 22. Nov. 1900 soll nur die Tatsache der Eintragung des Vereins bekannt gemacht werden, weil nur die Erlangung der Rechtsfähigkeit für die Öffentlichkeit Bedeutung hat, nicht aber auch die anderen Eintragungen.

Also nur:

In das Vereinsregister des unterzeichneten Gerichts ist unter . . . . . . der Verein X. X. mit dem Sitze in X. am . . . . . . eingetragen worden.

(A. M. Cohn S. 703.)

Folgerichtig ist auch die Löschung des Vereins nach beendigter Liquidation zu veröffentlichen.

Die Bekanntmachung der Berichtigung offenbar unwesentlicher Punkte kann unterbleiben. Im übrigen gilt für die Bekanntmachungen das § 9 Gesagte.

Nachricht von den Eintragungen erhalten

a) der Vorstand und
b) wenn ein Ort oder eine Gemeinde zu den Bezirken verschiedener Registergerichte gehört, auch die beteiligten Amtsgerichte, und zwar nur von den Namen, von Namensänderungen und Löschungen der an dem Orte oder in der Gemeinde errichteten Vereine.

Um Rückfragen zu vermeiden ist es praktisch, auch die Verwaltungsbehörde und die Post von der ersten Eintragung eines Vereins zu benachrichtigen.

Eine Eintragung, die durch eine spätere Eintragung ihre Bedeutung verloren hat, z. B. der ausgeschiedenen Vorstandsmitglieder, des früheren, später geänderten Namens, ist nach Anordnung des Richters rot zu unterstreichen, bei einer Sitzverlegung und Löschung des Vereins also alle früheren Eintragungen.

Wegen Übertragung der noch gültigen Eintragungen bei Unübersichtlichkeit des Registers gilt das zum HR. Gesagte.

Hinsichtlich der Einsicht des Registers, der Erteilung von Abschriften, von Zeugnissen, sind die allgemeinen Vorschriften maßgebend (§ 9 II, III).

Auch eine Löschung einer Eintragung, die mangels einer wesentlichen Voraussetzung unzulässig war, von Amts wegen ist nach § 159 R. FrG. zulässig, z. B.: wenn ein Verein schon bei der Anmeldung und Eintragung einen wirtschaftlichen Zweck verfolgte — tut er das erst später, so findet § 43 Abs. 2 BGB. Anwendung — über das Verfahren siehe § 6 II.

Auch das Ordnungsstrafverfahren ist anwendbar (§ 78 BGB.), es richtet sich gegen die Vorstandsmitglieder und Liquidatoren persönlich, weil die Anmeldepflicht eine persönliche ist.

Hinsichtlich der Registerakten vgl. oben § 19. Sie sind mit dem Namen des Vereins und mit der Nummer zu versehen, welche der Verein im Register führt und dienen zur Aufnahme der Anmeldungen nebst den beigefügten Schriftstücken der gerichtlichen Verfügungen, der Mitteilungen anderer Behörden, der Nachweise über die Bekanntmachungen.

In dem alphabetischen Verzeichnis sind bei jedem Vereine außer der laufenden Nummer die Seiten anzugeben, wo er im Register eingetragen ist. Haben mehrere Vereine den gleichen Namen, so ist die Bezeichnung des Sitzes beizufügen (§§ 10, 11 AV. vom 6. Nov. 1899).

Güterrechtsregister (GR.).

§ 94.

Bedeutung des GR.

Das BGB. hat die bis zu seinem Inkrafttreten herrschende Vielgestaltigkeit der eherechtlichen Güterverhältnisse vereinfacht. Es unterscheidet zwischen gesetzlichem (§§ 1363—1431 BGB.) und vertragsmäßigem Güterrecht (§§ 1432—1557 BGB.). Als gesetzliches Güterrecht kommt in erster Linie die sogenannte Verwaltungsgemeinschaft in Betracht:

Das Vermögen der Frau wird durch die Eheschließung der Verwaltung und Nutznießung des Mannes unterworfen (eingebrachtes Gut; § 1363 BGB.).

Da aber zahlreiche Ausnahmen zugelassen sind, und die Ehegatten nach § 1432 BGB. jederzeit vor und nach Eingehung der Ehe ihre güterrechtlichen Verhältnisse durch Ehevertrag ändern können, so mußte im Interesse der Verkehrssicherheit ein Mittel geschaffen werden, Dritten die Kenntnis der etwaigen Abweichungen vom gesetzlichen Güterrecht zu vermitteln.

Dazu dient jetzt die Eintragung in das Güterrechtsregister (§§ 1558—1563), während vor 1900 Aushang, Einrückung in die öffentlichen Blätter, bezügl. der Kaufleute Eintragung in einen Teil des früheren Handelsregisters, geboten war.

Das GR. hat also Tatsachen zu registrieren, die als eintragungsbedürftig auf dem Gebiet des ehelichen Güterrechts im Interesse der Verkehrssicherheit im Gesetz bezeichnet sind, und die zur Eintragung angemeldet werden.

Die Eintragung hat nicht konstitutive Wirkung und das Güterrechtsregister genießt keinen öffentlichen Glauben wie das Grundbuch; es ist nur eine Art der Veröffentlichung zum Schutze des guten Glaubens Dritter, denen gegenüber die rechtliche Wirksamkeit einer Tatsache davon abhängig gemacht ist, daß die Tatsache vorschriftsmäßig eingetragen ist oder dem Dritten bekannt war (Joh. 29 A 268, 32 A 176; § 1435 BGB.).

Einen Beweis für die Wahrheit und Richtigkeit der eingetragenen Tatsache liefert das GR. nicht, denn der Inhalt einer Eintragung kann trotzdem tatsächlich unrichtig sein. So können beide Ehegatten zwar erklären, daß sie einen Ehevertrag mit bestimmten Inhalt geschlossen haben und die Eintragung beantragen, trotzdem sie tatsächlich einen solchen nicht oder einen solchen mit anderem Inhalt geschlossen haben. Denn bei der Anmeldung durch beide Ehegatten ist die Vorlegung eines Ehevertrages nicht erforderlich.

Die Eintragung eines vertragsmäßgen Güterstandes schützt den Dritten nach Maßgabe des § 1435 BGB. eben nur unter der Voraussetzung, daß ein gültiger und tatsächlich richtiger Ehevertrag geschlossen ist.

Auch die im § 1502 BGB. vorgeschriebene Bekanntmachung gibt keine Gewähr für die Richtigkeit der der Eintragung zugrunde liegenden tatsächlichen Verhältnisse.

Ob und inwieweit eine Eintragung im GR. erfolgen soll, liegt völlig im Belieben der Ehegatten (§ 1500 BGB.); ein Zwangs- oder Ordnungsstrafverfahren zur Herbeiführung der Eintragung gibt es nicht.

§ 95.

Gegenstand der Eintragung.

Auch das GR. ist wie die anderen Register nur für diejenigen Eintragungen bestimmt, die im Gesetz vorgesehen sind (Joh. 24 A 78, 29 A 267).

Es kommen namentlich folgende in Betracht:

I. Die Gütertrennung als subsidiär gesetzlicher Güterstand ist nach § 1431 BGB. Dritten gegenüber nur nach Maßgabe des § 1435 wirksam, also nur, wenn sie eingetragen ist.

Gütertrennung tritt ein:

entweder auf Grund besonderer gesetzlicher Bestimmungen,
oder auf Grund eines Ehevertrages.

Zu der ersteren Gruppe gehören die Fälle:

wenn der Mann die Ehe mit einer in der Geschäftsfähigkeit beschränkten Frau ohne Einwilligung ihres gesetzlichen Vertreters eingeht (§§ 1364, 1426 BGB.),
wenn durch rechtskräftiges Urteil die Verwaltung und Nutznießung des Mannes, die Gütergemeinschaft, die Errungenschaftsgemeinschaft, die Fahrnisgemeinschaft aufgehoben wird (§§ 1418, 1470, 1545 und 1549 BGB.),
wenn über das Vermögen des Mannes rechtskräftig das Konkursverfahren eröffnet ist (§ 1419 BGB.),
wenn der Mann für tot erklärt ist, und zwar mit dem Zeitpunkt, der als Zeitpunkt des Todes gilt (§§ 1420 u. 1544 BGB.).

Zur zweiten Gruppe gehören die Fälle:

wenn durch Ehevertrag die Verwaltung und Nutznießung des Mannes ausgeschlossen, oder die allgemeine Gütergemeinschaft die Errungenschaftsgemeinschaft oder, die Fahrnisgemeinschaft aufgehoben wird, und sich aus dem Vertrage die Vereinbarung eines anderen Güterstandes nicht ergibt (§ 1436 BGB.).

II. Die bei der Gütertrennung für das Vermögen der Frau geltenden Vorschriften finden nach §§ 1371, 1441, 1526, 1549 BGB. auch auf das Vorbehaltsgut der Ehefrau bei jedem Güterrecht Anwendung, so daß auch die Vorbehaltseigenschaft, sowohl die gesetzliche wie die vertragliche, eingetragen werden muß, um Dritten gegenüber wirksam zu sein.

Was Vorbehaltsgut ist, ist in §§ 1366—1370, 1440 BGB. bestimmt, es muß aber aus dem Register für den Dritten erkennbar sein, welche Gegenstände dazu gehören, in soweit ist also Spezialisierung erforderlich:

entweder nach Kategorien (Inventar, Warenlager, Erbschaft),
oder Bezeichnung des bestimmten Gegenstandes (Hypothek).

Dies gilt auch bei der Surrogation. Wird das ganze gegenwärtige wie zukünftige Vermögen der Ehefrau für Vorbehaltsgut erklärt, so liegt darin die Vereinbarung der Gütertrennung (Joh. 32 A 176).

Vorbehaltsgut des Mannes gibt es nur bei der allgemeinen Gütergemeinschaft (§ 1440 BGB.), ob auch dieses eintragungsbedürftig, ist streitig.

III. Die Einführung eines besonderen anderen Güterstandes als des gesetzlichen durch Vertrag, wie: der allgemeinen Gütergemeinschaft, Errungenschaftsgemeinschaft, Fahrnisgemeinschaft, bedarf ebenfalls zur Wirksamkeit gegen Dritte der Eintragung gemäß § 1435 BGB., ebenso der Ausschluß der fortgesetzten Gütergemeinschaft durch Ehevertrag, nicht aber der Ausschluß durch letztwillige Verfügung (Komm. d. Reichsgerichtsräte § 1508 Anm. 4, § 1509 Anm. 7).

IV. Die sogenannte Schlüsselgewalt:

„Das Recht der Frau innerhalb ihres häuslichen Wirkungskreises, die Geschäfte des Mannes für ihn zu besorgen und ihn zu vertreten",

kann durch den Ehemann ausgeschlossen oder beschränkt werden. Dies geschieht durch eine Erklärung der Ehefrau gegenüber (Joh. 32 A 34), nicht durch Anzeige beim Gericht. Dritten gegenüber ist die erfolgte Ausschließung oder Beschränkung nur wirksam, wenn sie im GR. eingetragen ist (§ 1357 BGB.).

V. Ein Einspruch des Mannes und der Widerruf seiner Einwilligung zum Betriebe eines selbständigen Erwerbsgeschäfts durch die Ehefrau wird Dritten gegenüber nur durch die Eintragung wirksam (§ 1405).

VI. Jede Aufhebung oder Änderung einer im GR. bereits eingetragenen Regelung der güterrechtlichen Verhältnisse durch einen Ehevertrag muß gemäß § 1435 Abs. 2 BGB. wieder eingetragen werden, ebenso die Wiederherstellung der Rechte des Ehemanns durch rechtskräftiges Urteil, wenn die frühere Aufhebung eingetragen ist (§§ 1431, 1425 BGB.).

Z. B. in Sp. 2:

„Die Verwaltung und Nutznießung des Ehemannes ist durch rechtskräftiges Urteil des Königlichen Landgerichts in X. vom 23. Sept. 1913 wieder hergestellt."

Ebenso die Wiederherstellung der Errungenschaftsgemeinschaft durch rechtskräftiges Urteil, wenn die Beendigung in das GR. eingetragen war (§ 1548 BGB.).

§ 96.

Die vor dem 1. Januar 1900 geschlossenen Ehen.

Nach Art. 19 der AV. vom 6. Nov. 1899 betr. Führung des GR. dient das GR. auch zur Aufnahme derjenigen Eintragungen, welche in Ansehung der am 1. Jan. 1900 bestehenden Ehen zu erfolgen haben. Für den Güterstand dieser Ehen bleiben nach Art. 200 EG. z. BGB. die bisherigen Gesetze maßgebend.

Nach Art. 200 Abs. 2 eod. können solche Eheleute freiwillig durch Ehevertrag eine nach dem BGB. zulässige Regelung ihres Güterstandes treffen, auch wenn dies nach den bisherigen Gesetzen unzulässig sein würde.

Durch Art. 218 EG. z. BGB. ist die Landesgesetzgebung ermächtigt, die bisherigen Landesgesetze, soweit sie nach den Übergangsbestimmungen in Kraft bleiben, auch noch nach dem 1. Jan. 1900 abzuändern.

Für Preußen ist die landesgesetzliche Überleitung der Güterstände der bestehenden Ehen durch das Ausführungsgesetz zum BGB. Art. 44 ff. geordnet. Welche Güterstände und mit welcher Wirkung hiernach übergeleitet sind, darüber siehe Näheres bei Kurz S. 23 ff. und Leske II. § 196 und die Abhandlung im JMBl. 1900 S. 15 ff. Hier soll nur erörtert werden, in welchen Fällen eine Eintragung in das GR. zu erfolgen hat.

Es ist davon Abstand genommen, einen allgemeinen Registerzwang für diese Ehen einzuführen und die Einführung des neuen Rechts sollte für sich allein die Ehegatten nicht zu einer Eintragung nötigen. Daher bestimmt Art. 59 § 9 AG. z. BGB., daß die Wirksamkeit des durch die Überleitung kraft Gesetzes eingetretenen Güterstandes Dritten gegenüber sich nach dem für die Wirksamkeit des bisherigen Güterstandes geltenden Vorschriften im allgemeinen bestimmt.

Für einen unter der Herrschaft des ALR. in Preußen geschlossenen Ehevertrag ist daher gemäß §§ 422, 426, 428 ff. II. ALR., Ges. vom 20. März 1837, die öffentliche Bekanntmachung ausreichend und erforderlich.

Die Frage, ob für Kaufleute die früher durch Art. 20 des EG. z. HGB. vom 24. Juni 1861 vorgeschriebenen Eintragungen der Ausschließung oder Aufhebung der Gütergemeinschaft in das Handelsregister jetzt noch in das Güterrechtsregister des BGB. erfolgen muß, ist durch das Urteil des Reichsgerichts vom 30. April 1906 (JW. 35, 12 S. 405) verneint.

In einzelnen Fällen ist jedoch Eintragung in das GR. erforderlich.

Machen die Ehegatten der nichtübergeleiteten Ehen von der im Art. 200 Abs. 2 EG. z. BGB. gewährten Befugnis Gebrauch und heben den Güterstand auf oder ändern ihn durch Vertrag, so ist die Eintragung erforderlich, sofern der vereinbarte Güterstand von dem gesetzlichen Güterstande des BGB. abweicht (Art. 62 Pr. AusfGes.).

Wird bei übergeleiteten Ehen der übergeleitete Ehestand später geändert — durch Vertrag, Urteil, Konkurs —, so ist diese Änderung Dritten gegenüber nur durch Eintragung in das GR. wirksam (Art. 59 l. c., § 9 Abs. 2 eod.).

Dasselbe gilt von einem Einspruche des Mannes gegen den selbständigen Betrieb eines Erwerbsgeschäftes durch die Frau und Widerruf der Einwilligung, wenn beides nach dem 1. Jan. 1900 erklärt ist.

Verlegt der Mann seinen Wohnsitz nach dem 1. Jan. 1900, so sind alle Güterstände einzutragen, die von dem gesetzlichen Güterstande abweichen, aber auch nur unter dieser

Voraussetzung der Abweichung (Art. 63 AG. z. BGB.). Also wenn ein in Gütergemeinschaft lebendes Ehepaar verzieht, da die Gütergemeinschaft von dem gesetzlichen Güterstande des BGB. abweicht, aber nicht, wenn die Gütergemeinschaft des ALR. ausgeschlossen und das gesetzliche Güterrecht des ALR. eingetreten war, da dieses in das gesetzliche Güterrecht des BGB. übergeleitet ist. (Vgl. den wichtigen Beschluß des KG. vom 21. April 1902 in Joh. 24 A 79.)

Fraglich ist es, ob für die Entziehung der Schlüsselgewalt, die vor dem 1. Jan. 1900 erfolgt ist, die Eintragung in das GR. erforderlich ist. Da es sich hierbei um persönliche Rechtsbeziehungen handelt, ist die Frage zu bejahen, denn § 9 Art. 59 hält nur die früheren Vorschriften für die Wirksamkeit des Güterstandes aufrecht (vgl. Kurtz S. 51).

§ 97.

Ausländische Ehegatten.

Für ausländische Ehegatten kommen in Betracht die Bestimmungen:

1. Des Art. 15 EG., daß sie einen Ehevertrag schließen können, selbst wenn ein solcher nach den Gesetzen des Staates unzulässig sein würde, dem der Ehemann zurzeit der Eingehung der Ehe angehörte.

2. Des Art. 16 eod., daß für ausländische Ehegatten oder Ehegatten, die nach Eingehung der Ehe die Reichsangehörigkeit erwerben, wenn sie ihren Wohnsitz im Inlande haben, die Vorschriften des § 1435 BGB. entsprechende Anwendung finden und der ausländische gesetzliche Güterstand einem vertragsmäßigen gleichsteht. In einem solchen Falle ist dann die Fortsetzung des ausländischen Güterstandes im GR. einzutragen.

3. Des Art. 36 EG. z. BGB., daß für Ehefrauen, die nach ausländischem Güterrecht leben und im Inlande selbständig ein Handelsgewerbe betreiben und ihren Wohnsitz nicht im Inlande haben, die Eintragung des Einspruches des Ehemannes und der Widerruf der Einwilligung erforderlich ist, auch wenn die Ehe vor dem 1. Jan. 1900 geschlossen ist.

Bei Ausschließung oder Beschränkung der Schlüsselgewalt (§ 1357), bei Einspruch gegen den Betrieb eines Erwerbsgeschäfts der Ehefrau und Widerruf der Einwilligung des Ehemannes (§ 1405) ist eine Eintragung nur erforderlich, soweit diese Vorschriften des BGB. Dritten günstiger sind als die ausländischen Gesetze. Ist z. B. nach ausländischem Recht die Ehefrau in ihrer Geschäftsfähigkeit und Vertretungsbefugnis beschränkter als nach dem deutschen Recht, so ist die Vorschrift des § 1357 BGB. den Dritten günstiger, und es ist Eintragung erforderlich.

§ 98.

Eheverträge.

Eheverträge, d. h. vertragsmäßige Regelung der güterrechtlichen Verhältnisse zwischen Ehegatten können von diesen jederzeit vor und nach Eingehung der Ehe geschlossen werden. Es gelten für sie zunächst die allgemeinen Bestimmungen, insbesondere, daß sie nicht gegen ein gesetzliches Verbot oder die guten Sitten verstoßen dürfen.

Ersteres würde z. B. der Fall sein, wenn bei Gütertrennung die Befugnis des Ehegatten, über sein Vermögen zu verfügen, ausgeschlossen oder beschränkt werden soll (§ 137 BGB.), oder wenn der Ehemann nicht nur sein gegenwärtiges, sondern auch entgegen § 310 BGB. sein zukünftiges Vermögen der Ehefrau überträgt.

Jede beliebige Regelung der Güterrechtsverhältnisse ist zulässig, mit der Ausnahme, daß der Güterstand nicht durch Verweisung auf ein nicht mehr geltendes oder auf ein ausländisches Gesetz bestimmt werden darf; hat der Ehemann zurzeit der Eingehung der Ehe oder, falls der Vertrag nachher geschlossen wird, zurzeit des Vertragsschlusses seinen Wohnsitz im Auslande, ist die Verweisung auf ein an diesem Wohnsitz geltendes Güterrecht zulässig (§ 1433 BGB.).

Der Inhalt des Ehevertrages muß erkennen lassen, welcher Güterstand bestimmt vereinbart ist. Eine Erklärung zwischen den Eheleuten, die bisher in Gütergemeinschaft leben, etwa derart:

> „daß der Ehemann dem ihm gesetzlich zustehenden Nießbrauchs- und Verwaltungsrecht am Vermögen der Ehefrau entsagt, sowohl dem jetzigen wie zukünftigen, so daß dasselbe Vorbehaltsgut werden soll",

läßt nicht erkennen, ob der Ehemann nur das ihm nach § 1443 BGB. zustehende Verwaltungsrecht am Gesamtgut aufgeben will, oder ob die Gütergemeinschaft gänzlich aufgehoben werden soll, läßt auch zweifelhaft, ob unter „Vermögen der Ehefrau das im § 1440 BGB. Erwähnte gemeint ist, oder was sonst unter Vorbehaltsgut zu verstehen ist.

Ein Ehevertrag muß bei gleichzeitiger Anwesenheit beider Teile vor Gericht oder vor einem Notar geschlossen werden (§ 1434 BGB.).

Hervorzuheben ist, daß die Beurkundung durch Referendare kraft richterlichen Auftrages nach § 1 Abs. 4 Pr. AG. z. GVG. ausgeschlossen ist.

Eine Vertretung durch Bevollmächtigte bei Abschluß ist zulässig. Die Vollmacht braucht nicht beglaubigt zu sein (§ 167 Abs. 2 BGB.).

Für Geschäftsunfähige tritt deren gesetzlicher Vertreter auf. In der Geschäftsfähigkeit Beschränkte bedürfen der Zustimmung ihres gesetzlichen Vertreters (§ 182 BGB.).

Selbst diese Zustimmung ist nicht erforderlich, wenn ein Minderjähriger einen Ehevertrag abschließt, durch den er lediglich einen rechtlichen Vorteil erlangt, wenn also zwischen einer minderjährigen Ehefrau und ihrem Ehemanne Gütertrennung vereinbart und auch die Beitragspflicht der Ehefrau aus § 1427 BGB. ausgeschlossen wird. Eine solche Ausschließung der Beitragspflicht ist aber nicht eintragungsfähig (§ 107 BGB.).

Ein Vertrag jedoch, durch den die allgemeine Gütergemeinschaft und die Fahrnisgemeinschaft vereinbart oder aufgehoben wird, kann nach §§ 1437, 1549 BGB. nicht durch einen gesetzlichen Vertreter geschlossen werden; auch ist in diesen Fällen die Genehmigung des Vormundschaftsgerichts erforderlich, wenn der gesetzliche Vertreter eines in der Geschäftsfähigkeit beschränkten Vertragschließenden ein Vormund ist und dieser dem Ehevertrage zugestimmt hat. Genehmigung des Beistandes ist ebenfalls erforderlich, wenn ein solcher der Mutter als Inhaberin der elterlichen Gewalt für alle Vermögensangelegenheiten bestellt ist (Joh. 35 A 207).

Zuständig für Beurkundung eines Ehevertrages ist jedes Amtsgericht und jeder Notar, auch wenn die Führung des GR. für mehrere Amtsgerichte einem Amtsgericht ausschließlich übertragen ist (Art. 31 R. FrG.). Die Aufnahme ist ein Akt der freiwilligen Gerichtsbarkeit, sodaß der Registerrichter nicht ausschließlich zuständig ist.

Die Beurkundung eines Ehevertrages kann etwa in folgender Weise erfolgen:

Königliches Amtsgericht ...., den ......ten .... 191......

Gegenwärtig: Es erschien geschäftsfähig:

.... 1. der

als Richter. 2. dessen Ehefrau

beide wohnhaft.

Die Persönlichkeit der Erschienenen wurde dadurch zur Gewißheit des Richters ausgewiesen, daß sie anliegende Heiratsurkunde (Familienstammbuch) überreichten und deren Inhalt richtig wiedergaben.

Sie erklärten:

Wir sind am .... mit einander die Ehe eingegangen und schließen für unsere Ehe die Verwaltung und Nutznießung des Mannes an dem Vermögen der Frau aus; in unserer Ehe soll vollständige Gütertrennung herrschen.

Wir erkennen an, daß zurzeit die in dem anliegenden Verzeichnis aufgeführten Gegenstände zum Vermögen der Frau gehören.

Die Frau soll in der Verwertung ihrer Arbeitskraft volle Freiheit haben und insbesondere Handelsgewerbe jeder Art selbständig betreiben dürfen und dabei von der Zustimmung des Ehemannes gänzlich unabhängig sein.

Die Ehefrau soll auch nicht verpflichtet sein, zur Bestreitung des ehelichen Aufwandes irgend einen Beitrag aus den Einkünften ihres Vermögens und dem Ertrag ihrer Arbeit oder eines von ihr selbständig betriebenen Erwerbsgeschäfts zu leisten.*)

Das gesamte gegenwärtige wie zukünftige Vermögen der Ehefrau soll deren Vorbehaltsgut sein und bleiben.

Indem wir den Wert auf .... Mark angeben, beantragen wir:

1. den vereinbarten Güterstand in das Güterrechtsregister einzutragen,
2. Ausfertigung dieser Verhandlung der Ehefrau zu erteilen.

Das Protokoll nebst Anlage wurde den Erschienenen vorgelesen, von ihnen genehmigt und, wie folgt, eigenhändig unterschrieben.

Hinsichtlich der Stempelpflichtigkeit sei bemerkt, daß Eheverträge, auch wenn durch sie über Gegenstände von nicht mehr als 6000 M. verfügt wird, dem Stempel von 3 M. unterliegen (Tarifstelle 18 und 45 Stempelsteuergesetz, 30. Juni 1909, JMBl. 1911 S. 391), und daß Inventarien, die den Verträgen als Anlage beigefügt und unterschrieben sind, als selbständige Urkunden stempelpflichtig sind.

Eine Festsetzung des Wertes für Eheverträge erfolgt nicht mehr. Es ist der Wert des gegenwärtigen Vermögens beider Eheleute unter Abzug der Schulden maßgebend, oder wenn der Ehevertrag nur bestimmte Gegenstände betrifft, deren Wert (§ 40 Abs. 6 Pr. GKG. vom 25. Juli 1910).

§ 99.

Anmeldungen.

Zur Eintragung in das GR. ist ein Antrag nötig, der in öffentlich beglaubigter Form oder zu Protokoll des Gerichtsschreibers des Registergerichts zu stellen ist. Zur Beurkundung des Antrages oder Beglaubigung der Unterschriften ist jedes Amtsgericht und jeder Notar zuständig, zur Protokollierung der Anmeldung aber nur der Gerichtsschreiber des Registergerichts (§§ 128, 161 R. FrG.).

Der Antrag kann im Ehevertrage gleich mit beurkundet werden, ohne daß es einer besonderen Beurkundung des Antrages bedarf. Der Notar, der den Ehevertrag zur

*) Dieser Passus wird aber nicht eingetragen.

Eintragung einreicht, ist ohne besondere Vollmacht nur ermächtigt, wenn er den Antrag auf Eintragung beurkundet hat (vgl. oben § 7). Es genügt, wenn der Wille der Ehegatten, daß die Eintragung erfolgen soll, erkennbar ausgedrückt ist, dies ist z. B. der Fall, wenn sie den Notar beauftragen, eine Ausfertigung des Ehevertrages dem Registergericht zum Zwecke der Eintragung in das GR. einzureichen (Joh. 20 D 35). Es würde aber nicht genügen, wenn sie den Notar beauftragen, erst einen Antrag auf Eintragung zu stellen, und der Notar ohne einen solchen Antrag in beglaubigter Form den Ehevertrag einfach einreicht.

Der Antrag ist von beiden Ehegatten zu stellen, weigert sich einer von ihnen, so kann er zur Mitwirkung verurteilt werden; das vorzulegende Urteil ersetzt dann seine Erklärung. Der Antrag *eines* Ehegatten genügt, wenn der Ehevertrag oder die mit dem Zeugnis der Rechtskraft versehene richterliche Entscheidung vorgelegt wird, auf Grund deren die Eintragung bewirkt werden soll.

Eine einstweilige Verfügung ist hierzu nur dann genügend, wenn sie in Form eines Urteils ergangen ist (Komm. der Reichsgerichtsräte § 1561 Anm. g; Joh. 37 A 206).

Der Antrag *eines* Ehegatten ist auch genügend, wenn die Eintragung nach Aufhebung des bisherigen Wohnsitzes in einem anderen Registerbezirk wiederholt werden soll, und eine *nach* Aufhebung des bisherigen Wohnsitzes erteilte öffentlich beglaubigte Abschrift der früheren Eintragung vorgelegt wird.

Der Antrag des *Ehemanns allein* genügt bei Entziehung der Schlüsselgewalt und bei Einspruch oder Widerruf der Einwilligung zum selbständigen Betriebe eines Handelsgeschäfts durch die Ehefrau (§ 1501 BGB.).

Da die Eintragung nur insoweit erfolgen soll, als sie beantragt ist (§ 1560 BGB.), so muß der Antrag erkennen lassen, welche Eintragung und in welchem Umfange sie erfolgen soll.

Einen Antrag einzutragen: den Ausschluß der ehemännlichen Verwaltung und Nutznießung, und der Gütertrennung, und der Vorbehaltseigenschaft des gesamten jetzigen und zukünftigen Vermögens der Ehefrau, ist nur Wiederholung desselben Begriffes und auch irreführend, denn nach Ausschließung des ehemännlichen Verwaltungs- und Nutznießungsrechts tritt Gütertrennung ein (§ 1436 BGB.), und bei Gütertrennung gibt es kein besonderes Vorbehaltsgut der Ehefrau. Die Anmeldung kann auch durch einen Bevollmächtigten erfolgen, die Vollmacht zur Stellung des Eintragungsantrages muß gerichtlich oder notariell beglaubigt oder beurkundet sein.

§ 100.

Zuständigkeit.

Die Eintragung hat bei dem zuständigen Amtsgericht zu erfolgen. Eintragung bei einem unzuständigen Gericht ist wirkungslos. Zuständig ist dasjenige Amtsgericht, in dessen Bezirk der Ehemann seinen Wohnsitz hat (§ 1558), d. h. derjenige Wohnsitz, den der Ehemann *nach* der Eheschließung zuerst nimmt, selbst wenn die Ehefrau den Wohnsitz des Mannes nicht teilt (§ 10 Abs. 2 BGB.).

Wohnsitz ist nach § 7 BGB. der Ort der ständigen Niederlassung. Für Militärpersonen ist es der Garnisonort oder der letzte inländische Garnisonort.

Wo Abkommandierte ihren Garnisonort haben, bestimmen die militärrechtlichen Vorschriften. So ist der Garnisonort für zur Kriegsakademie abkommandierte Offiziere

Berlin. Bei mehreren Wohnsitzen genügt die Eintragung bei dem Amtsgericht des einen Ortes (Komm. der Reichsgerichtsräte § 1558 Anm. 3).

Für Deutsche, die das Recht der Exterritorialität genießen, sowie für Beamte des Reiches oder eines Bundesstaates, die im Auslande angestellt sind bestimmt sich der Wohnsitz gemäß § 3 R. FrG., § 15 ZPO., letztenfalls ist es Berlin-Mitte (AV. vom 28. April 1906).

Betreibt einer der Ehegatten im Bezirk eines anderen Gerichts als des für den Wohnort des Ehemannes zuständigen ein Handelsgewerbe oder ein sonstiges Gewerbe, so muß auch bei dem anderen Registergericht die Eintragung erfolgen (EG. z. BGB. Art. 36, EG. z. HGB. Art. 4).

Verlegt der Mann nach Eintragung seinen Wohnsitz in einen anderen Registerbezirk, so muß die Eintragung im Register dieses Bezirks wiederholt werden; bei Zurückverlegung des Wohnsitzes in den früheren Bezirk gilt die frühere Eintragung als von neuem erfolgt.

Gemäß § 125 R. FrG. (Verfg. vom 19. April 1906) ist die Führung des Güterrechtsregisters für die Bezirke der Amtsgerichte:

Berlin-Schöneberg, Berlin-Tempelhof, Berlin-Wedding, Charlottenburg, Berlin-Lichterfelde, Berlin-Pankow, Berlin-Lichtenberg, Neukölln, Berlin-Weißensee

dem Amtsgericht Berlin-Mitte übertragen.

§ 101.

Prüfung der Anträge.

Der Prüfung des Registerrichters unterliegen nur die formellen Erfordernisse, der formale Rechtsbestand des Antrages.

Da nur die vom Gesetz als eintragungspflichtig bezeichneten Fälle einzutragen sind, ist zunächst zu prüfen, ob ein solcher Fall vorliegt, andere sind als unzulässig abzulehnen; sachwidrige widerspruchsvolle Anmeldungen sind zu beanstanden. Die Zuständigkeit des Gerichts, die Legitimation des Antragstellers, ob nur ein Ehegatte anmeldungsberechtigt ist, oder ob beide Ehegatten dazu verpflichtet sind, ob die erforderlichen Urkunden beigefügt sind, ob ein Ehevertrag nach Form und Inhalt gültig ist, ob ein Rechtsakt, der als eine bereits erfolgte Tatsache durch die Eintragung registriert werden soll, auch wirklich stattgefunden hat, z. B. ob die Ausschließung der Schlüsselgewalt auch der Ehefrau gegenüber erklärt ist, ob die Anmeldung in vorgeschriebener Form erfolgt ist, unterliegt gleichfalls der Prüfungspflicht des Richters.

Wird eine Eintragung auf Grund gerichtlicher Entscheidung beantragt, so ist nicht nur das Vorliegen einer mit dem Zeugnisse der Rechtskraft versehenen Entscheidung zu prüfen, sondern auch die Eintragungsfähigkeit der Anmeldung (Joh. 37 A 206). Wegen einstweiliger Verfügungen siehe oben unter Anmeldung.

Diese Prüfung erstreckt sich aber nicht darauf, ob die in gehöriger Form angebrachten Erklärungen und Anträge der Wirklichkeit und Wahrheit entsprechen (vgl. Staudinger BGB. Vorbem. zu § 1558; Planck BGB. zu § 1558; Komm. der Reichsgerichtsräte § 1558 Anm. 1). Doch ist der Richter für befugt zu erachten, gemäß § 12 R. FrG. bei begründetem Zweifel, Ermittlungen anzustellen oder gemäß §§ 127, 161 eod. die Verfügung auszusetzen.

Wichtig ist die bestrittene Frage, ob die Eintragung eines Ehevertrages schon vor Eingehung der Ehe zulässig ist oder erst nach der Eheschließung erfolgen darf, und ob der Nachweis der erfolgten Eheschließung durch Beifügung einer Heiratsurkunde zu erbringen ist. Das Kammergericht führt in dem Beschlusse vom 9. April 1900 (Joh. XX A 66) aus, daß die Eintragung nur erfolgen darf, wenn die Ehe zwischen den Personen deren Güterstand geregelt werden soll, bereits geschlossen ist, wenn gleich der Ehevertrag auch schon vorher abgeschlossen ist, und hat auch in späteren Entscheidungen an dieser Ansicht festgehalten. Dem ist zuzustimmen. (Anders Jastrow in Busch Ztschr. f. d. Zivilpr. Bd. 28 S. 497; Staudinger Anm. 3 zu § 1558 BGB.; JW. 1901 S. 691 ff.), nicht nur, weil die Einrichtung des GR. nur für Ehegatten bestimmt ist und die Eintragungen nur während der Ehe Bedeutung haben, sondern auch, weil eine vor der Eheschließung bewirkte Eintragung stets zu Zweifeln Veranlassung geben würde, ob die Zuständigkeit des Gerichts begründet, und die Ehe auch später tatsächlich geschlossen ist und somit die Bedeutung des GR. illusorisch werden würde.

Vor der Eintragung ist daher stets eine Heiratsurkunde beizubringen — auch Familienstammbuch genügt (DJZ. 13 S. 94), obwohl solchem die formelle Beweiskraft für manche Angelegenheiten des öffentlichen Rechts fehlt —, um die Tatsache der erfolgten Eheschließung darzutun. Weiter jedoch wird der Richter nicht nachzuprüfen haben, ob die Ehe rechtsgültig ist, ob sie vor der zuständigen Behörde oder innerhalb deren Machtbefugnisse geschlossen ist, denn das GR. hat nicht den Zweck, den Bestand der Ehe zu beurkunden, sondern nur das nach den Angaben der Antragsteller bestehende Güterrecht. Zur Eintragung der Eheschließung dient das standesamtliche Heiratsregister; hieraus haben sich dritte Personen zu vergewissern, ob, und unter welchen Personen eine Ehe geschlossen ist.

Wird eine Eintragung abgelehnt, so sind die Gründe der Ablehnung mitzuteilen. Gegen den Beschluß ist Beschwerde zulässig bei der Zivilkammer des Landgerichts, da keine Handelssache vorliegt, und weitere Beschwerde an das Kammergericht (§ 29 R. FrG., Art. 4 ff. Pr. FrG.).

§ 102.

Einrichtung des GR. und die Eintragung.

Für Führung des GR. ist der Beschluß des Bundesrats vom 3. Nov. 1898 und die Verfügung des JM. vom 6. Nov. 1899 maßgebend (JMBl. S. 299); auch finden die Vorschriften der §§ 127—130, 142, 143 R. FrG. Anwendung.

Das GR. ist mit fortlaufenden Seiten zu versehen, und hat für die ein Ehepaar betreffenden Eintragungen eine Seite mit Überschrift:

Bezeichnung der Ehegatten

und drei Spalten nach folgendem Muster:

Nummer der Eintragung	Rechtsverhältnisse	Bemerkungen

Die Ehegatten sind nach Familiennamen und Vornamen, der Mann unter Bezeichnung seines Berufs und Wohnsitzes, die Frau unter Beifügung ihres Geburtsnamens anzugeben. Ist beim Gericht offenkundig, daß sich am Wohnort des Ehemannes mehrere Personen mit gleichem Vornamen und Familiennamen von gleichem Berufe befinden, so ist die Bezeichnung des Mannes durch Angabe der Zeit und des Ortes seiner Geburt oder durch die Angabe seiner Eltern oder in sonstiger Weise zu ergänzen. Also:

Lehmann, Heinrich, Karl, geb. am 5. Mai 1860 in Berlin, Kaufmann in Berlin und Anna geb. Müller.

In der ersten Spalte ist die laufende Nummer der Eintragung zu vermerken, jede Eintragung erfolgt unter einer besonderen Nummer und ist mittels eines alle Spalten des Formulars durchschneidenden Querschnittes von der folgenden Eintragung zu trennen; nur Schreibfehler und ähnliche offenbare Unrichtigkeiten sind neben dieser Eintragung in Sp. Bemerkungen zu berichtigen. Etwa:

Sp. Bemerkungen neben Nummer 1:

der Ehevertrag datiert vom 7. Juni nicht 7. Juli 1913. Berichtigt am .....

In der zweiten Spalte sind einzutragen:

1. Die Beschränkung oder Ausschließung des der Frau nach § 1357 zustehenden Rechts, sowie die Aufhebung einer solchen Beschränkung oder Ausschließung; z. B. einzutragen unter GR. Bd. ...... Nr. ...... Sp. 1 Nr. 1 Sp. 2:

   Der Mann hat das Recht der Frau, innerhalb ihres häuslichen Wirkungskreises seine Geschäfte für ihn zu besorgen und ihn zu vertreten, dahin beschränkt, daß sie nicht berechtigt ist, Waren auf Kredit zu entnehmen.

2. Die Ausschließung oder Änderung der Verwaltung und Nutznießung des Mannes, die Aufhebung oder Änderung einer im GR. eingetragenen Regelung der güterrechtlichen Verhältnisse; z. B.:

   Durch Ehevertrag vom .... ist die Verwaltung und Nutznießung des Mannes ausgeschlossen

   oder — ist Gütertrennung vereinbart —

   oder — ist das im Ehevertrage näher bezeichnete Vermögen der Ehefrau für deren Vorbehaltsgut erklärt —.

   (Zur näheren Bezeichnung der einzelnen zum Vorbehaltsgut dienenden Gegenstände, kann nämlich auf ein bei den Registerakten befindliches Verzeichnis Bezug genommen werden.)

3. Der Einspruch des Mannes gegen den selbständigen Betrieb eines Erwerbsgeschäftes der Frau oder der Widerruf seiner Einwilligung sowie die Zurücknahme des Einspruchs oder des Widerrufs. Z. B.:

   Der Mann hat seinen Einspruch gegen den Geschäftsbetrieb der Frau zurückgenommen.

Die dritte Spalte dient:

1. Zur Berichtigung von Schreibfehlern, Verweisung auf spätere Eintragungen, insbesondere, wenn der Inhalt einer Eintragung durch eine spätere Eintragung nur teilweise geändert wird.
2. Zur Abgabe des Grundes, daß die Eintragung gemäß Art. 4 EG. z. HGB., Art. 36 EG. z. BGB. erfolgt ist; z. B.:

Die Eintragung ist erfolgt wegen des vom Ehemann in X. betriebenen Handelsgeschäfts.

3. Zum Vermerk über Erteilung einer bgl. Abschrift gemäß § 1561 Abs. 3 Nr. 2 BGB.; z. B.:

„Bgl. Abschrift ist erteilt zum Zwecke der Wiederholung der Eintragung beim Amtsgericht X.“

§ 103.

Löschung von Amts wegen.

Auch das oben im § 6 V. geschilderte Verfahren der Löschung von Amts wegen findet statt, wenn eine Eintragung mangels einer wesentlichen Voraussetzung nicht hätte erfolgen sollen; wenn beispielsweise die Entziehung der Schlüsselgewalt eingetragen ist, ohne daß vorher eine diesbezügl. Erklärung der Ehefrau gegenüber abgegeben ist; aber nicht, wenn die Entziehung oder Beschränkung der Schlüsselgewalt sich als Mißbrauch des Rechtes des Mannes darstellt. Denn über diese Frage hat nach § 1357 Abs. 2 BGB. das Vormundschaftsgericht zu entscheiden, und die Löschung kann nur auf Anmeldung unter Vorlegung eines mit dem Zeugnis der Rechtskraft versehenen Entscheidung des Vormundschaftsgerichts erfolgen.

Ein tatsächliches Getrenntleben der Ehegatten und das Nichtbestehen einer häuslichen Gemeinschaft steht nicht unter allen Umständen der Eintragung entgegen, denn die Schlüsselgewalt, die solange geruht hat und nicht ausgeübt werden konnte, lebt von selber wieder auf, wenn die Frau wieder einem gemeinschaftlichen Haushalt vorsteht.

§ 104.

Bekanntmachung.

Die Eintragung wird vom Richter verfügt und vom Gerichtsschreiber ausgeführt und unterschrieben unter Vermerk des Tages der Eintragung und Hinweis auf die gerichtliche Verfügung.

Die Bekanntmachung erfolgt einmal im Regierungsamtsblatt, aber nicht diese ist wie beim HR. Dritten gegenüber maßgebend, sondern die Eintragung.

Allgemeine Bezeichnung der eingetragenen Abänderung vom gesetzlichen Güterstande bei der Eintragung genügt. Die Bekanntmachung einer Berichtigung kann unterbleiben, wenn die Berichtigung einen offenbar unwesentlichen Punkt der Eintragung betrifft. Im übrigen vgl. § 9.

Nachricht von der Eintragung oder Berichtigung erhalten beide Eheleute. Postkarten sollen hierzu nicht verwendet werden.

Eintragungen, die durch eine spätere Eintragung ihre Bedeutung verloren haben, sind nach Anordnung des Richters rot zu unterstreichen. Dies ist nicht der Fall bei Verlegung des Wohnsitzes in einen anderen Registerbezirk, da bei Zurückverlegung des Wohnsitzes die frühere Eintragung als von neuem erfolgt gilt; es ist dann nur die Zurückverlegung des Wohnsitzes in Sp. Bemerkungen zu vermerken (§ 1559 BGB.).

Hinsichtlich der Öffentlichkeit des GR., Einsicht, Erteilung von Abschriften, Zeugnissen gilt das in § 9 Gesagte. Es muß auch hier hervorgehoben werden, daß das Registergericht zu einer amtlichen Auskunft, ob eine Eintragung vorliegt und welche, nicht verpflichtet ist. Dazu dienen vielmehr die Einsicht des Registers, Erteilung von einfachen und beglaubigten Abschriften und von Zeugnissen (§ 1563 BGB., § 162 R. FrG.).

Zum Register wird ein alphabetisches Verzeichnis der Eintragungen nach dem Namen des Ehemanns unter Angabe der Seite des Registers geführt und stets einheitlich für den ganzen Gerichtsbezirk. Neben dem Namen des Ehemanns ist der Vorname und Geburtsname der Frau anzugeben.

Die Registerakten dienen zur Aufnahme (vgl. § 12) der Eintragungsanträge nebst den ihnen beigefügten Schriftstücken, der gerichtlichen Verfügungen und der Nachweise über die Bekanntmachungen.

Die Registerakten werden in Preußen nach 30 Jahren kassiert, von dem Tage an gerechnet, an welchem alle Eintragungsvermerke im Register gelöscht sind, das Güterrechtsregister selber ist zur Kassation nicht geeignet, sondern dauernd aufzubewahren.

Das Schiffsregister.

§ 105.

Bedeutung und Einteilung.

Das Schiffsregister ist bestimmt zur Aufnahme und Beurkundung der tatsächlichen und rechtlichen Verhältnisse von Schiffen, die zur Schiffahrt auf Flüssen oder sonstigen Binnengewässern bestimmt und dazu verwendet sind, oder zum Erwerbe durch die Seefahrt bestimmt sind. Es genießt keinen öffentlichen Glauben wie das Grundbuch; die Eintragungen haben keine konstitutive Bedeutung. Der Erwerb der Schiffe vollzieht sich nach den Vorschriften für Mobilien, für Seeschiffe kann nach § 474 HGB. die Übergabe durch Willenseinigung zwischen Veräußerer und Erwerber ersetzt werden. Hinsichtlich der Pfandrechte vgl. jedoch unten § 114. Das Schiffsregister enthält 2 selbständige Teile: das Binnenschiffsregister BSR. und das Seeschiffsregister SSR.

Für Ersteres kommt in Betracht das RG. betr. die privatrechtlichen Verhältnisse der Binnenschiffahrt in der Fassung vom 20. 5. 1898 (BSchG.). Nach §§ 119, 122 daselbst sind zur Eintragung anzumelden: Dampfschiffe und andere Schiffe mit eigener Triebkraft, deren Tragfähigkeit mehr als 15000 kg (15 Tonnen) beträgt, und sonstige Schiffe mit einer Tragfähigkeit von mehr als 20 000 kg (20 Tonnen). Die Landesregierungen können bestimmen, daß auch Schiffe von einer geringeren Tragfähigkeit in das Schiffsregister einzutragen sind. Solche sind nach der Verordnung vom 31. 10. 1910 (GS. 312) auf Antrag einzutragen.

Für das SSR. ist die Grundlage das RG. betr. das Flaggenrecht der Kauffahrteischiffe vom 22. 6. 1899 (FlaggG.), welches dem Register auch noch die weitere Aufgabe zuweist, über das Recht zur Führung der Reichsflagge (Art. 55 Rchs.-Verf.), des äußeren Zeichens der deutschen Staatsangehörigkeit und des Rechts auf den Schutz des deutschen Reiches, Ausweis zu geben; denn vor Eintragung in das SSR. und Erteilung der darüber auszustellenden Urkunde (Schiffszertifikat) darf das Recht zur Führung der Reichsflagge unter Strafandrohung nicht ausgeübt werden. §§ 1, 4, 10, 11, 19 l c. Schiffe von nicht mehr als 50 cbm Brutto Raumgehalt sind auch ohne Eintragung in das SSR. und Erteilung des Schiffszertifikats befugt, das Recht zur Führung der Reichsflagge auszuüben. § 16 FlaggG.

Nur Kauffahrteischiffe, die im ausschließlichen Eigentum von Reichsangehörigen stehen, sind zur Führung der Reichsflagge berechtigt. § 2 Ges. Außer auf Kauffahrteischiffe, d. h. die zum Erwerbe durch die Seefahrt bestimmten Schiffe, mit Einschluß der Lotsen-, Hochseefischerei-, Bergungs- und Schleppfahrzeuge, findet das FlaggG. auch Anwendung auf seegehende Lustjachten, Schulschiffe und solche Seefahrzeuge, welche für Rechnung von auswärtigen Staaten oder deren Angehörigen im Inlande erbaut sind. § 26 FlaggG. Nach dem Ges. vom 29. 5. 01 kann durch Kaiserl. Verordnung mit Zustimmung des Bundesrats die Geltung dieser Vorschriften auch auf andere, nicht zum Erwerbe durch die Seefahrt bestimmte, Seefahrzeuge erstreckt werden. Was als Seefahrt anzusehen ist, bestimmen die vom Bundesrat zu § 25 FlaggG. erlassenen Ausführungsbestimmungen des Bundesrats in der Bekanntmachung des Reichskanzlers vom 10. 11. 1899 (JMBl. S. 741).

Gemeinsam für beide Register ist bestimmt, daß sie bei den Amtsgerichten geführt werden, daß die Führung für die Bezirke mehrerer Gerichte einem Amtsgericht übertragen werden kann. — Für Berlin und Vororte ist für Führung des BSR. das Amtsgericht Berlin-Mitte zuständig. Verf. d. JM. vom 19. 4. 1906 (JMBl. S. 123) — § 120 BSchG., § 4 FlaggG., ferner daß die Register öffentlich sind, die Einsicht jeden gestattet ist, und Abschriften der Eintragung gefordert werden können, daß die Eintragungen auf die Anmeldung (Anzeige, Antrag) hin erfolgen, ausnahmsweise auf behördliches Ersuchen § 110 RFrG. (Zwangsversteigerungsvermerk) oder von Amts wegen (Vormerkung, Löschung wegen Unzulässigkeit), und daß das Registergericht des Heimatsorts oder Heimatshafens zuständig ist, d. i. der Ort, von dem die Schiffahrt oder die Seefahrt mit dem Schiff betrieben wird.

Die Führung des Schiffsregisters ist in Preußen durch die Allg. Verf. vom 11. 12. 1899 (JMBl. S. 550) geregelt. Daraus ist hervorzuheben: jedes Schiff erhält eine besondere, durch die Registerbände fortlaufende Nummer, die Anzeigen, welche sich auf die Eintragungen beziehen, bedürfen keiner besonderen Form und können zu Protokoll des Gerichtsschreibers erfolgen. Einfache schriftliche Einreichung genügt. Nur die Angaben, welche in den Anmeldungen enthalten sein müssen, und zur Eintragung in das Register gelangen sollen, sind glaubhaft zu machen. Allg. Verf. 28. 4. 1896 JMBl. S. 132, § 124 BSchG. Die Bearbeitung der Registersachen ist zu beschleunigen.

Die Obliegenheiten des Richters und des Gerichtsschreibers bestimmen sich nach den für das Handelsregister geltenden Vorschriften. Nach Art. 29 PFrG. sind die Eintragungen vom Richter mit Angabe des Wortlauts zu verfügen, vom Gerichtsschreiber auszuführen und von beiden zu unterschreiben. Am Schlusse der Eintragung ist die Geschäftsnummer anzugeben. Auch beglaubigte Abschriften aus dem Schiffsregister sind vom Richter und dem Gerichtsschreiber zu unterschreiben. Die Bescheinigungen gemäß § 164 ZwVG. über Eintragung des Schiffes und die sog. Negativateste sind vom Richter auszustellen.

Eine öffentliche Bekanntmachung der Eintragungen findet nicht statt, wohl aber eine Bekanntmachung an den Antragsteller, den Eigentümer und alle aus dem Schiffsregister ersichtliche Personen, zu deren Gunsten eine Eintragung erfolgt ist, oder deren Recht durch sie betroffen wird, und zwar auch soweit die Eintragungen sich nicht auf Pfandrechte beziehen. Auf die Bekanntmachung kann verzichtet werden. § 6 V. 11. 12. 1899. § 121 RFrG. Die Bekanntmachung ist vom Richter zu verfügen und vom Gerichtsschreiber unter seiner Unterschrift auszuführen, er hat bei der gerichtl. Verf. zu bemerken, wem und wann die Bekanntmachung zur Beförderung übergeben ist.

Die Eintragungen erfolgen unter fortlaufender Nummer. Bedeutungslos gewordene Eintragungen sind nach Anordnung des Richters rot zu unterstreichen. Jeder Eintragung ist außer der Angabe des Tages der Eintragung — nicht der Unterzeichnung durch den Richter — und außer der Unterschrift des Gerichtsschreibers eine Verweisung auf die Stelle der Registerakten beizufügen, wo sich die zu Grunde liegende Verfügung befindet, z. B.: 6. BSR. 150

2

10. Dez. 1913

R. D.

Andererseits ist die Eintragung unter Bezeichnung des Tages, an dem sie erfolgt ist vom Gerichtsschreiber in den Registerakten bei der gerichtlichen Verfügung zu vermerken. z. B.: eingetragen am

D.

Gerichtsschreiber.

Schreibfehler und offenbare Unrichtigkeiten sind in derselben Spalte auf Anordnung des Richters zu berichtigen. Die Berichtigung ist den Beteiligten bekannt zu machen und auf den Schiffsurkunden zu vermerken. Jedes Schiff erhält ein besonderes Blatt, jedes Blatt eine besondere Ordnungsnummer; für jedes Schiff werden gemäß § 50 der Geschäftsordnung für die Gerichtsschreibereien besondere Akten gehalten. Werden Urkunden, auf die eine Eintragung sich gründet oder Bezug nimmt, zurückgegeben, so ist eine beglaubigte, auch auszugsweise, Abschrift zurück zu behalten.

Auch ein Namensverzeichnis der Eigentümer, nicht der Schiffe, ist zu führen.

Das Binnenschiffsregister (BSR.).

§ 106.

Anmeldung.

Für die Anmeldung zur Eintragung, auch die erste Anmeldung, besteht ein Zwang, sie können gemäß § 127 BSchG. von den dazu Verpflichteten im Ordnungsstrafverfahren gemäß §§ 132 ff. RFrG. erzwungen werden. Über das Verfahren vgl. oben § 4.

Da die Verpflichtung zur Anmeldung und Eintragung von der Tragfähigkeit der Fahrzeuge abhängt, und diese durch die Eichbehörden ermittelt wird, so ist, um dem Registergericht die erforderlichen Unterlagen zur Herbeiführung der Anmeldung zu verschaffen, angeordnet, daß jede Eichbehörde vierteljährlich, spätestens am 1. 8, 1. 11., 1. 2., 1. 5. für die vorangegangenen Kalenderquartale den Registergerichten des Heimatsortes der geeichten Schiffe die Eintragung in das Verzeichnis der Eichungen und Eichprüfungen auszugsweise mitzuteilen hat. AV. 16. 7. 1904 (JMBl. S. 187). Vgl. die durch die Bek. vom 30. 6. 1899 (Zentralblatt für das Deutsche Reich S. 202) veröffentlichte Schiffseichordnung und Verf. des Min. der öffentl. Arb. der Finanz und für Handel vom 12. 3. 1902 (MBl. d. Handels- und Gew.Verw. S. 140) nach welcher die Eichscheine außer-preußischer oder österreichischer Eichbehörden anerkannt werden.

Verpflichtet zur Anmeldung sind:

der Eigentümer des Schiffes, und wenn mehrere Miteigentümer vorhanden sind, ein jeder von ihnen (§ 123 BSchG.),

die persönlich haftenden Gesellschafter bei einer offenen Handelsgesellschaft, einer Kommanditgesellschaft oder eine Kommanditgesellschaft auf Aktien, die gesetzlichen Vertreter einer juristischen Person, einer Aktien-Gesellschaft, einer Gesellschaft m. b. H., oder einer eingetragenen Genossenschaft,

bei Veräußerung des Schiffes nur der Erwerber (§ 126 Abs. 2 BSchG.).

Sind mehrere Verpflichtete vorhanden, so genügt die Anmeldung durch einen von ihnen. Die Anmeldung kann auch durch Bevollmächtigte erfolgen. Anzumelden ist alles, was eingetragen werden muß, also

1. die Gattung und das Material, sowie der Name, die Nummer oder die sonstigen Merkzeichen des Schiffes,
2. die Tragfähigkeit, und bei Dampfschiffen oder sonstigen Schiffen mit eigener Triebkraft die Stärke des Motors,
3. Zeit und Ort der Erbauung,
4. der Heimatsort, d. h. der Ort, von dem aus die Schiffahrt mit dem Schiffe tatsächlich betrieben wird; bei mehreren Orten ist die Geschäftsniederlassung entscheidend, bei mehreren Niederlassungen die Hauptniederlassung, sonst der Wohnsitz des Schiffseigners oder der Ort der Veranlagung zur Gewerbesteuer oder Einkommensteuer (§ 6 BSchG.).
5. der Name und die nähere Bezeichnung des Eigentümers oder der Miteigentümer, im letzteren Falle die Größe des Anteils eines jeden Miteigentümers, bei Handelsgesellschaften genügt, auch soweit sie nicht juristische Personen sind, die Angabe der Firma und des Sitzes der Gesellschaft,
6. der Rechtsgrund, auf welchem das Eigentum oder die Eigentumsanteile beruhen.

Diese Angaben sind glaubhaft zu machen durch Vorlegung von Urkunden, Eichscheinen, Bauscheinen, Dampfkesselrevisionsattesten, eidesstattliche Versicherungen.

§ 107.

Eintragung, Einrichtung des BSR.

Die Eintragung hat die im vorhergehenden Paragraphen unter 1—6 bezeichneten Angaben und den Tag der Eintragung zu enthalten. Das BSR. ist nach folgendem Muster eingerichtet:

Nr. 24.

Spalte 1. Name, Nummer oder sonstige Merkzeichen des Schiffes, Gattung und Material.

„Romana" Nr. 437, Benzinmotorboot, gebaut aus Eisen mit festem Deck.

Spalte 2. Tragfähigkeit und bei Dampfschiffen oder sonstigen Schiffen mit eigener Triebkraft die Stärke des Motors.

Vermessen auf 40,360 Tonnen Tragfähigkeit laut Bescheinigung der Königl. Schiffseichbehörde in Potsdam vom 18. April 1907.
Stärke des Motors: 47 HP.
Das Schiff ist neu vermessen. Vgl. Sp. 8 Nr. 3.

Spalte 3. Zeit und Ort der Erbauung.

1905 auf der Werft von Georg Kraetke in Itzehoe.

Spalte 4. Heimatsort.

~~Kiel~~
Charlottenburg.

Spalte 5. Tag der Eintragung des Schiffes.

7. April 1909.

Das Schiff war früher im Binnenschiffsregister Potsdam unter Nr. 328 eingetragen.

$\frac{\text{2. BSR 24}}{\text{21.}}$

Spalte 6. Eigentumsverhältnisse.

Laufende Nr.	Name und nähere Bezeichnung der Eigentümer	Anteile der Miteigentümer	Erwerbsgrund
a.	b.	c.	d.
	Kircher, Alexander Marinemaler in Moritzburg bei Dresden. A. B.		Hat das Schiff von dem bisherigen Eigentümer Hermann Bauer in Potsdam gekauft.

Spalte 7. Veränderungen in den Eigentumsverhältnissen.

Laufende Nr.	Zu Spalte	Name und nähere Bezeichnung der Eigentümer	Anteile der Miteigentümer	Erwerbsgrund
a.	b.	c.	d.	e.
1.	6	Rother, Ernst Kaufmann, Charlottenburg.		Hat das Schiff durch rechtskräftigen Zuschlagsbeschluß des Amtsgerichts Abt. II in Lübeck vom 13. Juni 1911 zu Eigentum erworben. Auf Grund Ersuchens jenes Vollstreckungsgerichts vom 14. Juli 1911 eingetragen $\frac{\text{2. BSR. 24}}{\text{46}}$ 18. Juli 1911. R. D.

Spalte 8. Veränderungen in den eingetragenen Tatsachen mit Ausschluß der Eigentumsveränderungen.

Laufende Nr.	Zu Spalte	Veränderungen
a.	b.	c.
1.	2	Das Schiff ist laut Meßbrief der Königl. Wasserbauinspektion in X vom 8. Juli 1910 neu vermessen auf 42 Tonnen Tragfähigkeit. $\frac{\text{2. BSR. 24}}{\text{15}}$ 2. September 1911. R. D.

Spalte 9. Löschung des Schiffes.

Der Heimatsort ist nach Charlottenburg verlegt.
Das Registerblatt ist geschlossen.

$\frac{\text{2. BSR. 24}}{46}$ 18. Juli 1911.

R. D.

Spalte 10. Pfandrechte.

Laufende Nr.	Betrag ℳ	Eintragungen	Veränderungen	Löschungen
a.	b.	c.	d.	e.
1.	9000 4000 5000	Neuntausend Mark Pfandrecht für eine Darlehnsforderung mit fünf vom Hundert jährlich seit dem 1. Januar 1900 verzinslich, zurückzahlbar nach vierteljähriger, jedoch nur zum Vierteljahrsersten zulässiger Kündigung für den Gastwirt Wilhelm Peters in Stettin, eingetragen auf dem ganzen Schiff. $\frac{\text{88. BSR. 24}}{13}$ 10. Dezember 1903. R. D.	Zu Nr. 1: Fünftausend Mark mit dem Vorrange vor dem Reste nebst Zinsen seit 1. Oktober 1904 abgetreten an den Schmied Heinrich Burk in Hannover. $\frac{\text{88. BSR. 24}}{23}$ 15. Oktober 1904. R. D. Zu Nr. 1 und 2: Dem Pfandrecht Nr. 2 von 3000 ℳ ist der Vorrang eingeräumt vor dem Pfandrecht Nr. 1 von 9000 ℳ. 88. BSR. . . . R. D.	Zu Nr. 1: Viertausend Mark Restforderung des Wilhelm Peters gelöscht. $\frac{\text{88. BSR. 24}}{24}$ 2. Oktober 1905. R. D.
2.	3000	Dreitausend Mark . . . . Das Schiff „Anna", eingetragen unter Nr. 411 des Binnenschiffsregisters des Amtsgerichts Berlin-Mitte haftet mit. $\frac{\text{88. BSR. 24}}{25}$ 30. Mai 19 . . R. D.	Zu Nr. 2: Die Mithaft des Schiffes „Anna" (Nr. 411 des Binnenschiffsregisters des Amtsgerichts Berlin-Mitte) ist erloschen. $\frac{\text{88. BSR. 24}}{30}$ 14. April 1911. R. D.	
3.		Die Zwangsversteigerung des Schiffes ist angeordnet. $\frac{\text{88. BSR. 24}}{36}$ 10. Mai 1912. R. D.		

Welche Eintragungen in die einzelnen Spalten zu erfolgen haben, ergeben die Überschriften und ist in §§ 35 ff. Bek. 11. 12. 1899 bestimmt. Im Einzelnen ist zu bemerken:

Die Überschrift enthält die Nummer, unter der das Schiff im BSR. eingetragen ist.

In Spalte 1 ist auch ein etwaiger früherer oder späterer Name einzutragen, eine Verpflichtung zur Beilegung eines Namens besteht nicht. Erfährt die Gattung eine Veränderung, so ist auch die neue Gattung einzutragen, die Gattung ist mit den für die Bezeichnung üblichen Ausdrücken einzutragen, ob mit oder ohne Mast, mit oder ohne festem Deck.

In Spalte 2 ist bei Eintragung der Tragfähigkeit auf die ihr zugrunde liegende Urkunde unter Angabe ihres Ausstellers und ihres Datums Bezug zu nehmen, es ist das abgerundete Schlußergebnis des Eichverfahrens anzugeben. Bei einer Veränderung in der Tragfähigkeit des Schiffes oder in der Stärke des Motors ist durch ein Vermerk auf die betr. Eintragung in Spalte 8 hinzuweisen und die frühere Angabe zu röten. Das Ergebnis der Neuvermessung ist aber in Spalte 8 einzutragen.

In Spalte 3 ist auch die Werft einzutragen, auf der das Schiff gebaut ist, oder die Bemerkung, daß Zeit und Ort der Erbauung nicht festgestellt ist.

In Spalte 4 ist auch ein späterer im selben Registerbezirk gelegener Heimatsort, und ein früherer in einem anderen Registerbezirk gelegener einzutragen.

In Spalte 5 ist auf die Registerakten bei der Eintragung zu verweisen, und wenn das Schiff schon vorher in das Register einer deutschen Registerbehörde eingetragen war, auch die frühere Eintragung zu vermerken.

Spalte 6 enthält 4 Unterspalten:

Unterspalte a ist nur auszufüllen, wenn eine Reederei besteht, dann enthält jeder Mitreeder eine fortlaufende Nummer,

in Unterspalte b ist der Vorname, Familienname, Stand, Beruf und Wohnort des Eigentümers oder der Miteigentümer einzutragen, und soweit diese Angaben nicht tunlich oder ausreichend sind, andere die Berechtigten deutlich kennzeichnenden Merkmale, bei Handelsgesellschaften, eingetragenen Genossenschaften, juristischen Personen anderer Art, die Firma oder der Name und der Sitz, auch kommen hierhin die Unterschriften des Richters und des Gerichtsschreibers,

in Unterspalte c ist bei einem Miteigentum die Größe der den einzelnen Miteigentümern gehörenden Anteile in Form eines Bruches zu vermerken. Die Angabe des Alleineigentümers mit $^1/_1$ ist nicht erforderlich.

Verringert sich später die Größe eines Anteils, so ist unter der bisherigen Eintragung der den Miteigentümern noch gehörende Anteil anzugeben.

II. Über die Eintragung des Schiffes ist nach § 125 Abs. 3 BSchG. von der Registerbehörde eine Urkunde (Schiffsbrief) zu erteilen, in welche der vollständige Inhalt der Eintragung aufzunehmen ist. Er ist nach dem der AV. vom 11. 12. 1899 beigefügten Formular eingerichtet. Der Schiffsbrief ist unter dem Siegel oder dem Stempel des Amtsgerichts und unter der Unterschrift des Richters auszufertigen. Lack ist zu dem Siegel nicht zu verwenden. § 42 AV. 11. 12. 1899.

Ein neuer Schiffsbrief darf nur dann ausgestellt werden, wenn der frühere Schiffsbrief eingereicht oder dessen Verlust glaubhaft gemacht wird. Der eingereichte ist durch Einschnitte unbrauchbar zu machen und bei den Akten zu verwahren; der Verlust ist bei Erteilung des neuen Schiffsbriefes in dem Ausfertigungsvermerke kurz zu erwähnen. In den neuen Schiffsbrief sind nur die zur Zeit der Ausfertigung vorhandenen tatsächlichen und rechtlichen Verhältnisse zur Darstellung zu bringen. Die Erteilung eines neuen Schiffsbriefes ist auf dem Deckel der Registerakten unter Hinweis auf die betr. Stelle der Akten zu vermerken.

III. Auf den eingereichten Eichscheinen ist vor Aushändigung der Urkunden die Eintragung des Schiffes in das Register zu bescheinigen. In der Bescheinigung ist außer der Ordnungsnummer und dem Datum der Eintragung der Heimatsort anzugeben, die Bescheinigung ist vom Richter zu unterschreiben, der Unterschrift ist der Stempel des Amtsgerichts beizufügen. § 46 AV. 11. 12. 1899.

Der Vermerk hat also zu lauten:

Das vorbezeichnete Schiff Romana ist am 7. 4. 1909 unter Nr. 24 des hiesigen Binnenschiffsregisters mit dem Heimatsort Charlottenburg eingetragen worden.

Berlin, den . . . .

§ 108.

Veränderungen in den eingetragenen Tatsachen und Rechtsverhältnissen.

Veränderungen in den eingetragenen Tatsachen und Rechtsverhältnissen sind von den in § 106 bezeichneten Verpflichteten bei Vermeidung von Ordnungsstrafen zur Eintragung anzumelden. §§ 127, 126 BSchG. Bei der Anmeldung ist stets der Schiffsbrief mit einzureichen, da auf diesem die Eintragung vermerkt werden muß.

Die Änderungen der eingetragenen Tatsachen sind in Spalte 8 unter fortlaufenden Nummern einzutragen, auch wenn in den betr. Spalten selbst die Veränderungen vermerkt werden, wie z. B. in Spalte 1 der neue Name oder Spalte 2 die Angabe einer Neuvermessung.

In Unterspalte b ist auf die Stelle der von der Änderung betroffenen früheren Eintragung hinzuweisen. Die frühere durch die Änderung bedeutungslos gewordene Änderung ist rot zu unterstreichen.

Veränderungen in den Eigentumsverhältnissen werden in Spalte 7 eingetragen. Jede Eintragung erhält eine fortlaufende Nummer. In Unterspalte b ist ebenfalls auf die Stelle der durch die Änderung betroffenen früheren Eintragung hinzuweisen; in Unterspalte c sind der neue Eigentümer oder die Miteigentümer nach näherer Bezeichnung einzutragen, in Spalte d der Bruchteil des Anteils und in Spalte e der Rechtsgrund des Erwerbes hinsichtlich des ganzen Schiffes oder der einzelnen Anteile unter Bezeichnung der darüber beigebrachten Urkunden; z. B. „hat den Anteil des Schiffers Christian Schubert in Stettin durch gerichtlichen Vertrag vom 10. 11. 1911 gekauft".

2 BSR. 24
———
18
15. Februar 1912.
R. D.

Die Vermerke auf dem Schiffsbrief über die Eintragungen sind unter dem Siegel oder Stempel des Amtsgerichts unter Unterschrift des Richters hintereinander einzutragen, so daß die Urkunde nirgends eine Lücke aufweist. Wird der Heimatsort verlegt, so erfolgt die Eintragung des neuen Heimatsorts in Spalte 4, und wenn der neue Heimatsort innerhalb desselben Registerbezirks liegt, auch in Spalte 8 die Tatsache der Verlegung, als einer Änderung. Joh. 26 B. 7.

Liegt der neue Heimatsort in einem anderen Registerbezirk, so hat das bisherige Registergericht in Spalte 9 die Verlegung einzutragen und das bisherige Registerblatt zu schließen. In Joh. 28 A 246 wird auch noch außerdem die besondere Eintragung in Spalte 8, daß der Heimatsort nach . . . . verlegt ist, für erforderlich erachtet; dagegen sprechen aber §§ 40, 30 AV. vom 11. 12. 1899 und das Formular R. S. 19. In der Praxis wird allerdings verschieden verfahren.

Ist mit der Verlegung ein Eigentumswechsel verbunden, wie in den meisten Fällen, so hat das bisherige Registergericht auch die Eintragung des neuen Eigentümers erst zu bewirken und dies auf dem Schiffsbriefe zu vermerken, auf diesem die bedeutungslos gewordenen Vermerke zu röten und den Schiffsbrief unbrauchbar zu machen. § 11 Abs. 2 AV. 11. 12. 1899. Anders Brand S. 455, welcher die Unbrauchbarmachung des Schiffsbriefs dem neuen Registergericht überläßt, dieses hat aber nur mit noch gültigen Tatsachen und Rechtsverhältnissen zu rechnen. Vgl. AV. vom 11. 12. 1899 § 43 letzter Abs.

Der neuen Registerbehörde ist dann der Schiffsbrief mit einer beglaubigten Abschrift des noch gültigen Registerinhalts und mit den Registerakten zu übersenden. § 126 Abs. 4 BSchG., § 11 Abs. 1 AV. 11. 12. 1899. Geht die Empfangsbescheinigung vom neuen Registergericht ein, so geht das Retent zu besonderen Sammelakten.

Die Eintragung durch das neue Registergericht erfolgt von Amts wegen nach dem gegenwärtigen Stande unter Auslassung der bedeutungslos gewordenen Eintragungen. Ein etwa mit der Verlegung und dem Eigentumswechsel bestelltes Pfandrecht ist durch das neue Registergericht einzutragen. Dieses hat nur zu prüfen, ob die bisherige Registerbehörde die ihr obliegenden Eintragungen vorgenommen hat und ob diese Eintragungen seine Zuständigkeit ergeben, nicht aber darf es die Übernahme der Eintragung in sein Register ablehnen, weil es die Verlegung des Heimatsortes als nicht glaubhaft gemacht ansieht. Joh. 28 A 243.

Bei der Eintragung in das neue Register ist in Spalte 4 auch der frühere Heimatsort mit einzutragen. §§ 38, 24 Abs. 3 AV. 11. 12. 1899, und in Spalte 5 ist auf die frühere Eintragung zu verweisen. §§ 40, 33 eod.

Das neue Registergericht hat dann einen neuen Schiffsbrief auszustellen.

Eine Übertragung auf ein neues Blatt kann auch erfolgen, wenn das bisherige Registerblatt unübersichtlich geworden ist, aber nur, wenn der Schiffsbrief eingereicht oder der Verlust glaubhaft gemacht wird. Das bisherige Blatt ist dann zu schließen unter Hinweis auf das neue und in diesem ist auf die frühere Eintragung zu verweisen, und die Übereinstimmung beider ist zu bescheinigen, es ist dann auch ein neuer Schiffsbrief auszustellen. §§ 40, 33 AV. 11. 12. 1899.

§ 109.

Löschung.

Wenn das Schiff zu Grunde geht oder reparaturunfähig wird, so ist auch dies von den Verpflichteten zur Eintragung bei Vermeidung von Ordnungsstrafen anzumelden §§ 126, 127 BSchG. Diese Tatsachen sind glaubhaft zu machen und der Schiffsbrief ist einzureichen. Es wird dann in Spalte 9 die Löschung des Schiffes unter Angabe des Grundes eingetragen; z. B.: Das Schiff ist am 5. 11. 1913 untergegangen und deshalb gelöscht oder: das Schiff ist abgewrackt und daher gelöscht.

Sind aber Pfandrechte eingetragen, so sind vor der Löschung die Pfandgläubiger, deren Aufenthalt bekannt ist, von der beabsichtigten Löschung unter Bestimmung einer angemessenen Frist zur Geltendmachung eines Widerspruchs zu benachrichtigen. Die Löschung darf erst nach Ablauf der Frist erfolgen. Nach der Löschung ist der Schiffsbrief unbrauchbar zu machen. § 43 Abs. 5 AV. 11. 12. 1899.

Es würde also zu verfügen sein:

1. einzutragen BSR. 24.

   Spalte 9: Das Schiff ist abgewrackt und daher gelöscht.

   88. BSR. 24

   41.

2. Sämtliche bisherigen Eintragungen zu röten.
3. Schiffsbrief unbrauchbar zu machen und zu den Akten.
4. Nachricht dem Anmelder,
   den Pfandgläubigern.

   V. 4. 12. 13.

Das Seeschiffsregister (SSR.).

§ 110.

Anmeldung.

Das SSR. ist nach § 4 FlaggG. in den an der See oder an Seeschiffsstraßen gelegenen Gebieten zu führen, und nach § 18 AV. 11. 12. 1899 nur von den Amtsgerichten in Memel, Königsberg i. Pr., Elbing, Danzig, Stettin, Kiel, Altona, Itzehoe, Schleswig, Flensburg, Harburg, Geestemünde, Emden und für bestimmte Bezirke von den Amtsgerichten in Stralsund, Emden, Düsseldorf, Cöln; vgl. auch AV. 9. 3. 1907, JMBl. S. 58 und 23. 3. 1914, JMBl. 471 für den Großschiffahrtsweg Berlin-Stettin.

Für das einzelne Schiff ist hinsichtlich der Zuständigkeit der Heimatshafen entscheidend. Unter gewissen Voraussetzungen, wenn die Seefahrt von einem ausländischen Hafen oder von einem Hafen des Schutzgebietes oder eines Konsulargerichtsbezirks betrieben werden soll, oder es an einem bestimmten Heimatshafen fehlt, steht dem Reeder die Wahl des inländischen Registers frei, und hat er einen im Bezirk des Registergerichts wohnhaften Vertreter zu bestellen. § 6 Abs. 2 FlaggG.

Ein direkter Zwang zur Herbeiführung der Eintragungen findet nicht statt, ein indirekter Zwang ist aber dadurch gegeben, daß das Schiff ohne Eintragung die Reichsflagge nicht führen darf, daß bei eingetretenen Veränderungen und einer erforderlich werdenden Löschung die Nicht-Erfüllung der Anzeigepflicht mit Strafe bedroht ist, § 14, § 20 FlaggG., und daß die Einreichung der Schiffsurkunden vom Registergericht durch Ordnungsstrafe herbeigeführt werden kann. § 15 FlaggG.

Behufs Ermittlung der Ladefähigkeit ist das Schiff nach Maßgabe der Schiffsvermessungsordnung vom 1. 3. 1895, 11. 12. 1913 durch die Vermessungsbehörde zu vermessen. Der über die Vermessung auszuteilende Meßbrief wird in 2 Exemplaren ausgefertigt, eines davon erhält der Schiffseigentümer, aber bei registrierten oder zu registrierenden Schiffen erst nachdem es mit einer beglaubigten Abschrift dem Registergericht übersandt ist. Dieses prüft die Übereinstimmung der Abschrift mit der Ausfertigung, fehlt die Übereinstimmung, so setzt es sich entweder mit der Vermessungsbehörde in Verbindung oder versieht selber die Abschrift mit einem Berichtigungsvermerke. Auf der Ausfertigung ist die Eintragung des Schiffes in das Register zu bescheinigen unter Angabe des Datums, der Ordnungsnummer, des Unterscheidungssignals und des Heimatshafens, mit Unterschrift des Richters und Beifügung des Stempels des Amtsgerichts. Dann erst erfolgt die Aushändigung an den Schiffseigentümer oder dessen Vertreter. AV. 7. 2. 1898, JMBl. S. 34, §§ 45, 46 AV. 11. 12. 1899.

Verpflichtet zur Anzeige und Glaubhaftmachung der Angaben binnen 6 Wochen von erlangter Kenntnis der einzutragenden Tatsache sind:

Der Reeder, bei einer Reederei die Mitreeder, der Korrespondentreeder (§§ 492, §§ 509 HGB.), der gemäß § 6 Abs. 2 FlaggG. bestellte Vertreter, bei juristischen Personen, eingetragenen Genossenschaften und solchen Handelsgesellschaften, welche keine persönlich haftenden Gesellschafter haben, die gesetzlichen Vertreter; im Falle eines Eigentumswechsels auch der neue Erwerber des Schiffes oder der Schiffspart. § 14 FlaggG. Bei mehreren Verpflichteten genügt die Anmeldung durch einen von ihnen.

Anzuzeigen und glaubhaft zu machen sind diejenigen Tatsachen und Rechtsverhältnisse, die der Eintragung bedürfen. Außerdem ist das Recht des Schiffes zur Führung der Reichsflagge glaubhaft zu machen, also daß das Schiff im ausschließlichen Eigentum von Reichsangehörigen steht; solchen werden gleich geachtet offene Handelsgesellschaften und Kommanditgesellschaften, wenn die persönlich haftenden Gesellschafter sämtlich Reichsangehörige sind, andere Handelsgesellschaften, eingetragene Genossenschaften und juristische Personen, wenn sie im Inlande ihren Sitz haben, Kommanditgesellschaften auf Aktien jedoch nur dann, wenn die persönlich haftenden Gesellschafter sämtlich Reichsangehörige sind. §§ 8, 2 FlaggG.

Ist der Reeder zugleich Angehöriger eines fremden Staates, so hat er auf Verlangen des Registergerichts glaubhaft zu machen, daß das Schiff nicht in ein Schiffsregister dieses Staates eingetragen ist; ist dies der Fall, so darf die Eintragung in das inländische Register nicht erfolgen. § 9 FlaggG.

Für die Anmeldung ist das amtliche Formular R. S. 22 bestimmt.

§ 111.

Einrichtung des SSR.

Das Schiffsregister ist nach folgendem Formular eingerichtet:

Nr. 125.

Spalte 1: Name des Schiffes. Unterscheidungssignal.

„Deutschland". J. G. D. C.

Spalte 2: Gattung des Schiffes.

Eisernes Schraubendampfschiff als Schooner getakelt.

Spalte 3: Ergebnisse der amtlichen Vermessung.

Das Schiff ist laut Meßbriefs des Kaiserlichen Schiffsvermessungs-Amtes zu Berlin vom .... auf Grund der Schiffsvermessungsordnung vom 1. März 1895 (Reichsgesetzblatt S. 161) nach dem vollständigen Verfahren vermessen worden. Die nach Ziffer 1 des § 25 der Schiffsvermessungsordnung aufgenommenen Hauptmaße sind:

Länge: ..... Meter; Breite: ..... Meter; Tiefe: ..... Meter.
Länge des Maschinenraums: ..... Meter.
Die Vermessung beträgt im Schlußergebnis:
a) Brutto-Raumgehalt: ..... cbm = ... Reg.-Tons;
b) Netto-Raumgehalt: ..... cbm = ... Reg.-Tons;
zu b) in Worten:

Spalte 4: Zeit und Ort der Erbauung.

Spalte 5: Heimatshafen.

Spalte 6: Korrespondentreeder.

Spalte 7: Tag der Eintragung des Schiffes.

Spalte 8: Eigentums-Verhältnisse.

Laufende Nr.	Name und nähere Bezeichnung der Reeder	Schiffsparten	Erwerbsgrund
a.	b.	c.	d.
1.	Friedrich Scholz, Kaufmann, Stettin, deutscher Reichsangehöriger.	1/4	
2.	Krüger & Martin, Kommanditgesellschaft, Stettin. Die persönlich haftenden Gesellschafter sind: Alfred Krüger, Kaufmann, Stettin, deutscher Reichsangehöriger. Albert Martin, Konsul, Stettin, deutscher Reichsangehöriger.	3/4	

Spalte 9: Veränderungen in den Eigentumsverhältnissen.

Laufende Nr.	Zu Spalte	Name und nähere Bezeichnung der Reeder	Schiffsparten	Erwerbsgrund
a.	b.	c.	d.	e.
1.	8	Fräulein Elsbeth Müller, Stettin, deutsche Reichsangehörige.		Hat .... die Part des .... geerbt.
2.	9[1]	Elsbeth Müller hat sich am 5. März 1905 mit dem Schiffskapitän Paul Chambeau in Brüssel verheiratet und dadurch die belgische Staatsangehörigkeit erworben. $\frac{\text{25. BSR. 125}}{\text{36.}}$ 2. April 1905. R. D.		

Spalte 10: Veränderungen in den eingetragenen Tatsachen mit Ausschluß der Eigentumsveränderungen.			Spalte 11: Löschung des Schiffes.
Laufende Nr.	Zu Spalte	Veränderungen	
a.	b.	c.	

Spalte 12: Pfandrechte.

Laufende Nr.	Betrag ℳ	Eintragungen	Veränderungen	Löschungen
a.	b.	c.	d.	e.

Es enthält 12 Hauptspalten, abweichend vom BSR. ist für die Gattung des Schiffes die Spalte 2 besonders bestimmt, und für Eintragung des Korrespondentreeders die Spalte 6; sonst entsprechen die Spalten 1, 3, 4, 5, 7, 8, 9, 10, 11, 12 den Spalten 1, 2, 3, 4, 5, 6, 7, 8, 9, 10 des BSR. und ebenso die Eintragungen.

In Spalte1 ist außer dem jetzigen, einem etwaigen früheren und späteren Namen auch das Unterscheidungssignal einzutragen. Dieses wird dem Schiff vom Registergericht nach einer besonderen bei ihm geführten Liste beigelegt und dem Schiffsvermessungsamt mitgeteilt.

In Spalte 3 sind die Ergebnisse der amtlichen Vermessung nach näherer Bestimmung des § 2 der vom Bundesrat zum § 25 FlaggG. erlassenen Ausführungsbestimmungen in der Bekanntmachung des Reichskanzlers vom 10. 11. 1899 (JMBl. S. 741) einzutragen. Hat eine Vermessung im Inlande noch nicht stattgefunden, so ist das Wort „amtlich" zu streichen, und es dürfen die Ergebnisse der Vermessung auf Grund der Vermessung einer ausländischen Behörde oder eines sonstigen glaubhaften Nachweises eingetragen werden. § 8 Abs. 2 FlaggG.

Wird das Schiff demnächst einer amtlichen Vermessung im Inlande unterzogen, so ist dieses Ergebnis in Spalte 10 einzutragen, und durch einen Vermerk ist in Spalte 3 darauf hinzuweisen. § 22 AB. 11. 12. 1899.

Ebenso ist in Spalte 3 ein Vermerk aufzunehmen, wenn eine wiederholte amtliche Vermessung ein von der früheren abweichendes Ergebnis gehabt hat.

In Spalte 4 ist auch die Werft, auf der das Schiff erbaut ist, anzugeben.

In Spalte 5 auch der spätere im selben Registerbezirk gelegene Heimatshafen einzutragen, unter Eintragung der Verlegung in Spalte 10, und bei einer Verlegung in einen anderen Registerbezirk auch der frühere.

In Spalte 6 ist der Korrespondentreeder nach Vornamen, Familiennamen, Stand, Beruf und Wohnort zu bezeichnen; ist ein solcher nicht vorhanden, so ist der obere Teil der Spalte durch einen wagerechten Strich auszufüllen; wird später ein Korrespondentreeder bestellt, so wird er in den unteren Teil der Spalte eingetragen, auch ein Wechsel in der Person oder in der Bezeichnung ist zu vermerken.

Spalte 7 wie BSR. Spalte 5.

Spalte 8 entsprechend BSR. Spalte 6.

Gehören zu den Mitreedern offene Handelsgesellschaften, Kommanditgesellschaften oder Kommanditgesellschaften auf Aktien, so ist dem Namen der persönlich haftenden Gesellschafter eine besondere Nummer nicht beizufügen, dem Namen der natürlichen Person ist die Bezeichnung deutscher Reichsangehöriger beizufügen. Vgl. das Formular.

Spalte 9 entsprechend BSR. Spalte 7. Verliert der Eigentümer einer Schiffspart — nicht des ganzen Schiffes — die Reichsangehörigkeit oder geht eine im Eigentum eines Reichsangehörigen stehende Schiffspart in anderer Weise als durch Veräußerung und auf einen Ausländer über, so ist, wenn die Schiffsparten der übrigen Mitreeder wenigstens 2 Dritteile des Schiffes umfassen, der Zeitpunkt des Verlustes oder des Überganges sowie die nunmehrige Staatsangehörigkeit des Eigentümers in Spalte 9 bei der Eintragung zu vermerken. § 28 AV. 11. 12. 1899.

Verliert der Alleineigentümer des Schiffes die Reichsangehörigkeit oder geht eine Schiffspart durch Veräußerung auf einen Ausländer über, so geht das Recht zur Führung der Reichsflagge verloren und das Schiff muß gelöscht werden. §§ 3, 13 FlaggG.; vgl. Formular.

Zu Spalte 10: Die Änderung des Namens des Schiffes bedarf der Genehmigung des Reichskanzlers; der Antrag auf Änderung ist an die Registerbehörde zu richten, welche den Antrag mit begutachtendem Berichte dem Reichskanzler (Reichsamt des Innern) vorlegt. § 13 FlaggG.

In Spalte 11 wird die Löschung des Schiffes eingetragen, wenn das Schiff untergeht, wenn es als reparaturunfähig kondemniert wird oder wenn es das Recht zur Führung der Reichsflagge verliert. Auch wird hier bei Verlegung des Heimathafens in einen anderen Registerbezirk das Registerblatt geschlossen, nachdem die Verlegung vermerkt ist.

§ 112.

Schiffsurkunden.

Über die Eintragung des Schiffes in das SSR. wird vom Registergericht eine mit dem Inhalt der Eintragung übereinstimmende Urkunde, das Schiffszertifikat ausgestellt. Dieses hat außerdem zu bezeugen, daß die zur Eintragung des Schiffes erforderlichen Nachweise geführt sind und daß das Schiff zur Führung der Reichsflagge befugt ist. § 10 FlaggG. Die Einrichtung ergibt sich aus dem der Bekanntmachung des Reichskanzlers vom 10. 11. 1899 zur Ausführung des FlaggG. beigefügten Muster. Es ist unter dem Siegel oder dem Stempel des Amtsgerichts und der Unterschrift des Richters auszufertigen. Auch eingetragene Veränderungen und Pfandrechte sind auf dem Zertifikate zu vermerken. § 42 AV. 11. 12. 1899.

Auf Antrag des Reeders oder des Schiffers kann vom Registergericht, welches das Zertifikat ausgestellt hat, auch ein beglaubigter Auszug daraus ausgestellt werden. Die Form dafür ist ebenfalls im § 4 der erwähnten Bekanntmachung des Reichskanzlers vorgeschrieben. Veränderungen, welche nach der Ausfertigung eintreten, dürfen in den Auszug nicht eingetragen werden. Der in solchen Fällen einzureichende Auszug ist zurückzubehalten und zu vernichten und auf Antrag ist ein neuer Auszug zu erteilen. Die Erteilung eines beglaubigten Auszuges ist auf dem Aktendeckel zu vermerken.

Ein Flaggenzeugnis kann behufs der ersten Überführung eines neuen Schiffes in einen anderen Hafen vom Registergericht des deutschen Erbauungshafens ausgestellt werden, es gilt aber nur für die Dauer der Überführung, von der Ausstellung ist dem Registergericht des neuen Heimathafens Anzeige zu machen, wenn dieser ein Deutscher ist.

Erlangt ein im Auslande befindliches Schiff dadurch, daß es in das Eigentum eines Reichsangehörigen gelangt, das Recht zur Führung der Reichsflagge, so kann das Schiffszertifikat durch ein Flaggenzeugnis mit begrenzter Gültigkeitsdauer seitens des Konsuls, in dessen Bezirk sich das Schiff z. Z. des Eigentumsüberganges befindet, ersetzt werden. § 12 FlaggG., § 5 Bekanntmachung des Reichskanzlers vom 10. 11. 1899.

Hinsichtlich der Ausstellung neuer Urkunden gilt das beim BSR. Erwähnte.

Das Schiffszertifikat oder ein beglaubigter Auszug daraus ist während der Reise stets an Bord des Schiffes mitzuführen.

Zu statistischen Zwecken wird für jeden Hafen ein Spezialverzeichnis der Seeschiffe geführt, Abschrift davon erhalten Ende Dezember das Hafenpolizeiamt und die einzelnen Polizeiverwaltungen, auch ist vierteljährlich eine Veränderungsnachweisung an die Redaktion für nautische Veröffentlichungen in Berlin einzusenden.

§ 113.
Pfandrecht an Schiffen.

Auf das Pfandrecht kann hier nicht näher eingegangen werden, es seien nur einzelne für die Registerführung wesentliche Bestimmungen hervorgehoben.

Die materiell-rechtlichen Vorschriften sind enthalten in §§ 1259 ff. BGB., die formellrechtlichen in §§ 100 ff. R. FrG., soweit in diesen hinsichtlich des Verfahrens bei Eintragung und Löschung auf die Vorschriften der GBO. verwiesen ist, finden letztere entsprechende Anwendung. Für nichtregistrierte Schiffe kommen in Betracht §§ 1204 ff. BGB., für die Zwangsvollstreckung gelten § 864 ZPO. und §§ 162 ff. ZwVG., für nichtregistrierte Schiffe §§ 803 ff. ZPO.

Wie erwähnt, hat das Schiffsregister keinen öffentlichen Glauben, die Bedeutung der Eintragung im Schiffsregister geht aber im Falle der §§ 1262 Abs. 2, 1263 BGB. dahin, daß bei zu Unrecht gelöschtem Pfandrecht der gutgläubige Erwerber geschützt ist, und im Falle der §§ 1260, 1261 BGB. dahin, daß das bestellte Pfandrecht und der Rang der Pfandrechte durch eine Eintragung begründet wird (konstitutive Wirkung).

Die Eintragungen bezüglich der Pfandrechte erfolgen zufolge Antrages auf Grund der Eintragungsbewilligung der Betroffenen, in einzelnen Fällen auch von Amts wegen, vgl. § 18 Abs. 2 GBO., §§ 116, 118, 119 R. FrG. Die Eintragungsbewilligung muß gerichtlich oder notariell beglaubigt oder beurkundet sein. § 107 R. FrG. Der Antrag jedoch nur, wenn durch ihn zugleich eine zu der Eintragung erforderliche Erklärung ersetzt werden soll, sonst genügt Privatschrift. Jastrow R. FrG. § 108 Anm. 2. Auch die Rücknahme des Antrags bedarf derselben Form. Hinsichtlich des Antragsrechts der Notare vgl. § 15 GBO.

Das Schiff ist in der Eintragungsbewilligung oder dem Antrage nach Namen und Nummer zu bezeichnen, der Zeitpunkt des Eingangs ist wegen der Reihenfolge der Eintragung nach Stunde und Minute zu bezeichnen, und zwar nur durch die mit der Führung des Registers beauftragten Beamten, den Richter oder den Gerichtsschreiber, und mit vollem Namen zu unterschreiben. § 100 R. FrG., § 4 AV. 11. 12. 1899.

Zur Beseitigung von der Eintragung entgegenstehenden Hindernissen ist eine Frist zu bestimmen. § 18 GBO. Gegen die Zurückweisung des Eintragungsantrages steht nur dem Antragsteller ein Beschwerderecht zu. Gegen eine Eintragung ist die Beschwerde unzulässig, es kann jedoch im Wege der Beschwerde verlangt werden, daß die Registerbehörde angewiesen wird, einen Widerspruch einzutragen oder eine Löschung vorzunehmen, auch kann das Beschwerdegericht durch einstweilige Verfügung anordnen, daß eine Vormerkung oder ein Widerspruch eingetragen werde. Die Vormerkung oder der Widerspruch ist dann von Amts wegen zu löschen, wenn die Beschwerde zurückgenommen oder zurückgewiesen wird. §§ 122, 123 R. FrG.

Einzutragen ist das Pfandrecht und nach § 1260 Abs. 2 der Gläubiger, der Geldbetrag der Forderung und der Zinssatz, sowie die zulässigen Nebenbestimmungen und nach §§ 114, 116 R. FrG. eine etwaige Mithaft und die Rangbestimmung. Eine Bezugnahme auf die Eintragungsbewilligung ist zulässig. Gewöhnlich wird auch der Schuldgrund und Beginn des Zinsenlaufes eingetragen, auch der nach der Eintragungsbewilligung höchstmögliche Zinssatz ist anzugeben.

Als Nebenbestimmungen sind im wesentlichen nur solche einzutragen, die Verzinsungs-, Kündigungs-, Fälligkeits-, Zahlungsbedingungen enthalten, wenn sie auf Geld gerichtet sind und auf einen bestimmten Geldbetrag oder Höchstbetrag gehen, also nicht z. B. die Verpflichtung keine Kontrebande zu laden. Die Eintragung der Klausel, daß sich der Eigentümer der sofortigen Zwangsvollstreckung mit Wirkung gegen den jeweiligen Eigentümer unterwirft, ist unzulässig, Joh. 38 A 186.

Nach § 931 Abs. 3 ZPO. ist die Eintragung eines durch Mobiliarpfändung begründeten Arrestpfandrechts zulässig, sonst findet die Begründung eines Schiffspfandrechts im Wege der Zwangsvollstreckung nicht statt. § 870 Abs. 2 ZPO.

Auch ein Höchstbetragspfandrecht kann bestellt und unter Angabe des Höchstbetrages eingetragen werden. § 1271 BGB. Aus § 103 R. FrG. folgt, daß auch Vormerkungen eingetragen werden können z. B. zur Sicherung des Anspruchs auf Eintragung eines Pfandrechts, auf Abtretung, Verpfändung und Löschung eines Pfandrechts, ebenso Widersprüche, wenn ein Pfandrecht zu Unrecht gelöscht worden ist. § 1263 Abs. 2 BGB., wenn eine Eintragung unter Verletzung gesetzlicher Vorschriften vorgenommen ist, durch welche das Schiffsregister unrichtig geworden ist. § 19 R. FrG.

Die Eintragungen erfolgen in Spalte 10 BSR. oder Spalte 12 SSR. in 5 Unterspalten: fortlaufende Nummer, Betrag, Eintragungen, Veränderungen, Löschungen, unter entsprechender Anwendung der Vorschriften über die Eintragung in die III. Abt. des Grundbuchs, § 31 AV. 11. 12. 1899 und zwar lückenlos hintereinander in zeitlicher Reihenfolge, auch in Spalte d und e ohne Rücksicht, auf welches Pfandrecht sie sich beziehen, doch ist in Spalte d und e über jeder Eintragung anzugeben, auf welche andere Eintragung sie sich bezieht.

Besteht eine Reederei, ein Miteigentum am Schiffe, so kann das Pfandrecht auf dem ganzen Schiffe oder auf dem Miteigentumsanteil, der Schiffspart, eingetragen werden, ob das eine oder das andere der Fall ist, ist anzugeben, z. B.: eingetragen auf der $^1/_8$ Part der Kommanditgesellschaft Krüger & Martin in Stettin.

Die Schiffspart darf bei der Verpfändung nicht nach ihrem Werte, sondern muß nach dem auf sie entfallenden Miteigentumsbruchteil bezeichnet werden. Als Gläubiger eines Schiffspfandrechts kann nicht eine Reederei als solche eingetragen werden, die Eintragung kann nur für die einzelnen Mitreeder unter Angabe der Größe der ihnen gehörenden Schiffsparten erfolgen. Joh. 40 A 89.

In Unterspalte c und zwar nur in der einen Hälfte erfolgt auch die Eintragung einer Vormerkung, wenn es sich um Sicherung eines Anspruchs auf Eintragung eines Pfandrechts handelt, z. B.:

> Vormerkung zur Sicherung des Anspruchs auf Einräumung eines Pfandrechts im Betrage von fünfhundert Mark für den X. in X. Auf die einstweilige Verfügung des Kgl. Landgerichts in Stettin vom 10. Februar 1911 wird Bezug genommen, eingetragen auf dem ganzen Schiffe.
>
> $\frac{\text{88 BSR. 24}}{\text{60}}$ 12. Februar 1911
>
> R. D.

Handelt es sich um Sicherung eines Anspruchs auf Abtretung, Verpfändung oder Löschung eines Pfandrechts, so wird die Vormerkung in Spalte d eingetragen.

Für die Eintragung der Übertragung einer Forderung für die ein Pfandrecht eingetragen ist, oder für die ein solches Pfandrecht als Pfand haftet, genügt die Vorlegung der Abtretungserklärung des bisherigen Gläubigers. § 104 R. FrG.

Zur Eintragung einer Löschung in Unterspalte e ist die Löschungsbewilligung des Gläubigers und die Zustimmung des Eigentümers erforderlich. § 105 R. FrG.

Über die Eintragung eines Pfandrechts wird ein Schiffs(Hypotheken)-Pfandbrief nicht ausgestellt. Die Eintragung ist aber baldtunlichst auf dem Schiffsbriefe oder im Schiffszertifikate zu vermerken. Die Eintragung kann daher nicht von der Einreichung der Urkunde abhängig gemacht werden. Die Einreichung ist aber durch Ordnungsstrafe erzwingbar.

Wird eine Urkunde über die Pfandforderung vorgelegt, die nicht bei den Akten bleibt, so ist nach § 120 Abs. 2 R. FrG., § 5 AV. 11. 12. 1899 ein Vermerk darauf zu setzen. Etwa dahin:

> Im BSR. des unterzeichneten Amtsgerichts ist heute bei dem unter Nr. 24 eingetragenen Schiffe Romana in Spalte Pfandrechte unter Nr. 1 folgende Eintragung bewirkt . . . . (folgt die Eintragung). Eintragungen, welche dem Pfandrechte im Range vorgehen oder gleichstehen, sind nicht vorhanden.
>
> Berlin, den . . . .
>
> Königl. Amtsgericht Berlin-Mitte Abt. 88
>
> R. D.

Der Vermerk ist mit Siegel, nicht Stempel, zu versehen und vom Richter und Gerichtsschreiber zu unterschreiben.

Auch die Eintragungen in Unterspalte d und e sind auf dem Schiffszertifikat, dem Schiffsbrief und der etwa ausgestellten Verpfändungsurkunde zu vermerken.

Alle Eintragungen sind, wie schon erwähnt, dem Antragsteller, dem Eigentümer und den aus dem Schiffsregister ersichtlichen Personen, zu deren Gunsten eine Eintragung erfolgt ist oder deren Recht durch sie betroffen wird, bekannt zu machen.

§ 114.

Verklarung.

Im Anschluß an das Schiffsregister soll darauf hingewiesen werden, daß nach § 145 R. FrG. die Amtsgerichte auch die Verklarung aufzunehmen haben. Wird ein Seeschiff von einem Unfalle während der Reise betroffen, der den Verlust oder die Beschädigung des Schiffes oder der Ladung, das Einlaufen in einen Nothafen oder sonst einem Nachteil zufolge hat, so hat der Schiffer darüber gemäß §§ 522 ff. HGB. Verklarung abzulegen, d. i. einen Bericht über die erheblichen Begebenheiten der Reise, eine vollständige und deutliche Erzählung der erlittenen Unfälle und Angabe der zur Abwendung oder Verringerung der Nachteile angewendeten Mittel. Zuständig ist das Amtsgericht des Bestimmungshafens, bei mehreren: des nach dem Unfalle zuerst angelaufenen Bestimmungshafens oder des Nothafens, falls in diesem repariert oder gelöscht wird.

Das Gericht hat den Termin bekannt zu machen, damit Interessenten von Schiff und Ladung und sonstige Beteiligte, auch Vertreter des Seeamts, der Verhandlung beiwohnen können.

Die Verklarung geschieht auf Grundlage eines Auszuges des vom Schiffer zu führenden Tagebuches, die Richtigkeit dieses und der vom Richter zur Aufklärung etwa veranlaßten Ergänzung, sowie ihre Aussage haben der Schiffer und die von der Schiffsbesatzung hinzugezogenen Personen zu beschwören.

Es ist zweifelhaft, ob auch der Eid des Schiffers als Zeugeneid anzusehen ist oder als eine Art Offenbarungseid, ähnlich wie bei der Rechnungslegung.

Eine beglaubigte Abschrift der Verhandlung ist auf Verlangen jedem Beteiligten zu erteilen, und auch dem Seemannsamt behufs Prüfung, ob dem Schiffer etwa eine Verletzung seiner Pflichten zur Last fällt.

Für die Binnenschiffe ist dieses Beweisaufnahmeverfahren in den §§ 11 ff., Ges. vom 20. 5. 1898 betr. die privatrechtlichen Verhältnisse der Binnenschiffahrt geregelt. Hier ist vorgeschrieben, daß die Beweisaufnahme nach den Vorschriften der ZPO. zu erfolgen hat, daß der Schiffer selber sich zum Zeugnisse zu erbieten hat und über dessen Beeidigung das Gericht nach freiem Ermessen zu beschließen hat.

Der Antrag auf diese Beweisaufnahme kann nur vom Schiffer gestellt werden, nicht vom Schiffseigner. Joh. 28 A. 106.

Das Musterregister (MR.).

Gesetz, betr. das Urheberrecht an Muster und Modellen vom 11. 1. 1876 (RGBl. S. 11). — Gesetz vom 18. 4. 1904 (RGBl. S. 141). — Bek. vom 29. 2. 1876 (JMBl. S. 194).

§ 115.

Bedeutung des MR.

Die Bedeutung des MR. erhellt aus der Vorschrift des § 7 Ges. 11. 1. 1876, daß der Urheber eines Musters oder Modelles bezw. dessen Rechtsnachfolger den Schutz gegen Nachbildung nur dann genießt, wenn er dasselbe zur Eintragung in das MR. angemeldet, und ein Exemplar oder eine Abbildung des Musters bei der mit Führung des MR. beauftragten Behörde niedergelegt hat, und aus der Vorschrift des § 13 eod., daß derjenige, welcher das Muster oder Modell zur Eintragung in das MR. angemeldet oder niedergelegt hat, bis zum Gegenbeweise als Urheber gilt.

Ein Zwang zur Anmeldung besteht nicht.

Was ein Muster ist, sagt das Ges. nicht. Nach Dambach Musterschutzgesetz S. 16 sind darunter zu verstehen: Vorbilder für die Form von Industrieerzeugnissen, sofern diese Vorbilder zugleich dazu bestimmt oder geeignet sind, den Geschmack oder das ästhetische Gefühl zu befriedigen, vgl. auch Stenglein: Die Reichsgesetze zum Schutze des geistigen und gewerblichen Eigentums S. 39.

Geschützt werden sollen also Formenschöpfungen als Vorbilder für gewerbliche Erzeugnisse, die als neue und eigentümliche Erzeugnisse anzusehen sind. § 1 Abs. 2 Ges. 11. 1. 1876.

Das Gesetz bezieht sich nur auf Geschmacksmuster im Gegensatz zu Gebrauchsmustern, letztere, die nicht durch ihre Form, sondern ihren praktischen Nutzeffekt neu sind, unterstehen dem Patentschutz.

Das Gesetz findet nach § 16 Anwendung auf alle Muster und Modelle inländischer Urheber, sofern die danach hergestellten Erzeugnisse im Inlande verfertigt sind, gleichviel, ob sie im Inlande oder Auslande verbreitet werden. Ausländische Urheber, die im Gebiete des deutschen Reiches ihre gewerbliche Niederlassung haben, genießen für die im Inlande gefertigten Erzeugnisse ebenfalls den Schutz des Gesetzes. Die Anmeldung und Niederlegung muß vom Urheber beim Registergericht seiner Hauptniederlassung bewirkt werden und wenn er nicht eine eingetragene Firma besitzt, bei dem seines Wohnortes, hat er im Inlande weder eine Niederlassung noch einen Wohnsitz, aber beim Handelsgericht in Leipzig, und zwar immer bevor ein nach dem Muster oder Modelle gefertigtes Erzeugnis verbreitet wird.

Die Anmeldung kann schriftlich eingereicht werden, dann muß die Unterschrift des Anmeldenden von einer zur Führung eines öffentlichen Siegels berechtigten Person unter Beidrückung des Siegels beglaubigt sein; oder sie kann mündlich zu Protokoll des Gerichtsschreibers erklärt werden, dann muß die Person des Anmeldenden dem Gericht bekannt oder durch einen bekannten und glaubhaften Zeugen erwiesen werden. § 5 Bek. 29. 2. 1876.

Die Eingaben und Verhandlungen, in welchen ein Antrag auf Eintragung in das MR. enthalten ist, müssen mit dem Vermerke versehen werden, an welchem Tage und zu welcher Stunde sie beim Gerichte eingegangen sind.

Mit der Anmeldung ist ein Exemplar oder eine Abbildung des Musters oder Modells beim Registergericht niederzulegen. Die Muster oder Modelle können offen oder versiegelt, einzeln oder in Paketen, niedergelegt werden, die Pakete dürfen jedoch nicht mehr als 50 Muster oder Modelle enthalten und nicht mehr als 10 kg wiegen, andernfalls ist das Paket zurückzusenden und die Eintragung abzulehnen. § 9 Abs. 4 Ges. 11. 1. 1876.

Deshalb muß die Anzahl auf jedem Paket äußerlich angegeben sein, auch muß jedes Muster und jedes Paket mit Mustern die Fabrik- oder Geschäftsnummer aufweisen, unter der die Muster in die Geschäftsbücher des Urhebers oder seines Rechtsnachfolgers eingetragen sind.

Auch ist anzugeben, ob das Muster oder Modell für Flächenerzeugnisse oder für plastische Erzeugnisse bestimmt ist, fehlt diese Angabe, so ist der Anmeldende zur Nachholung aufzufordern unter dem Hinweis, daß vorher die Eintragung nicht erfolgen könne. Wird eine solche Erklärung nicht abgegeben, so ist die Anmeldung zurückzuweisen. Die Anmeldung eines und desselben Musters oder Modells für Flächenerzeugnisse und für plastische Erzeugnisse ist unzulässig.

Gegen die abweisende Verfügung ist Beschwerde zulässig, diese geht an die Kammer für Handelssachen, da die Führung des MR. eine Handelssache i. S. des R. FrG. ist. Joh. 39 A 140.

Vor der Eintragung hat der Registerrichter nur zu prüfen, ob seine Zuständigkeit gegeben und den formellen Erfordernissen der Anmeldung genügt ist; dagegen nicht, ob die gemachten Angaben wahr sind und die materiellen Voraussetzungen der Eintragung vorliegen, § 10 Ges. 11. 1. 1876 insbesondere nicht, ob ein neues und eigentümliches Erzeugnis i. S. des § 1 Abs. 2 Ges. 11. 1. 1876 vorliegt, und ob der Gegenstand des Musterschutzes bestimmt genug ist. Joh. 25 A 266.

§ 116.

Einrichtung des MR. und Eintragung.

Das MR. ist nach folgendem, durch die Bek. vom 29. 2. 1876 festgestellten, Formular eingerichtet. Soweit nichts Abweichendes bestimmt ist, kommen die Vorschriften über Führung des Handelsregisters in Anwendung.

1	2	3	4	5	6	7	8	9
Laufende Nr.	Name bezw. Firma des Anmeldenden	Tag und Stunde der Anmeldung	Bezeichnung des angemeldeten Musters oder Modells	Angabe, ob das Muster für Flächenerzeugnisse od. für plastische Erzeugnisse bestimmt ist	Schutzfrist	Verlängerung der Schutzfrist	Akten über das Musterregister	Bemerkungen
2908	Fa. W. Gustav Müller in Berlin	17. Januar 1912, vormittags 11 Uhr 41 Minuten	Ein versiegeltes Paket, angeblich mit 11 Mustern für Stolen als Verzierung von Lampenschirmen. Fabriknummern 292—299	Flächenerzeugnisse	3 Jahre		MR. 2908	

Es enthält 9 Spalten, deren Überschriften ergeben, welche Eintragungen in die einzelnen Spalten aufzunehmen sind.

Die in Spalte 6 einzutragende S c h u t z f r i s t beginnt schon mit der Anmeldung, nicht erst mit der Eintragung, und wird dem Urheber nach seiner Wahl 1—3 Jahre lang vom Tage der Anmeldung gewährt, er ist berechtigt, eine Ausdehnung der Schutzfrist bis auf höchstens 15 Jahre zu verlangen. Dieses Recht kann er aber nur ausüben: bei der Anmeldung, dann bei Ablauf der dreijährigen Schutzfrist, und bei Ablauf der 10jährigen Schutzfrist. War zunächst eine kürzere als 3jährige Schutzfrist verlangt, so muß erst die Verlängerung bis auf 3 Jahre beantragt werden, betrug die Schutzfrist mehr als 3, aber weniger als 10 Jahre, so kann die Verlängerung nur bei Ablauf des 3. Jahres gefordert werden, später nicht mehr. Cohn S. 727.

Für Verlängerung der Schutzfrist ist lediglich ein Antrag auf Verlängerung erforderlich, nicht auch ein solcher auf Eintragung der Verlängerung; dieser Antrag kann formlos gestellt werden und bedarf nicht der Beglaubigung, die Eintragung erfolgt dann von Amts wegen in Spalte 7. Joh. 42 A 173.

Nach § 8 Abs. 2 Ges. 11. 1. 1876 kann der Antragsteller die Verlängerung der Schutzfrist über 3 Jahre hinaus nur gegen Zahlung der im § 12 Ges. bestimmten Gebühren verlangen. Daher ist nach § 168 b der Kassenordnung vom 28. 3. 1907 die richterliche Entscheidung darüber einzuholen, ob die Eintragung von der vorherigen Einzahlung der Gebühr abhängig zu machen ist. Brand S. 419.

Im MR. erhält jedes Muster oder Modell, welches einzeln niedergelegt wird, und jedes niedergelegte Paket mit Mustern bei Eintragung der Schutzfrist eine besondere Nummer. § 1 Bek. vom 23. 12. 1886 (JMBl. 1891 S. 120).

Die beim Gericht niedergelegten Exemplare und Abbildungen der Muster sind in einem besonderen, leicht zugänglichen Behältnisse sicher aufzubewahren und mit einem Papierstreifen zu versehen, auf welchem das betr. Blatt des MR. und der Akten angegeben ist.

Die Bek. der Eintragung und der Verlängerung der Schutzfrist erfolgt nur im deutschen Reichsanzeiger und zwar zusammengefaßt für jeden Monat, nach dem im § 10 der Bek. am 29. 2. 1876 vorgeschriebenen Muster, von dem Abweichungen unzulässig sind.

Am Schlusse jeden Monats hat daher das Registergericht ein Verzeichnis der von ihm im Laufe des verflossenen Monats bewirkten Eintragungen an die Expedition des deutschen Reichs- und preußischen Staatsanzeigers einzusenden. Der Kostenbetrag ist nach Zustellung der Kostenrechnung der Expedition einzusenden. §§ 2 u. 3 Bek. vom 23. 12. 1886.

§ 117.

Eröffnung, Aufbewahrung, Vernichtung der Muster.

Verschieden von der Schutzfrist ist die Geheimhaltungsfrist und die Aufbewahrungsfrist. Die versiegelt niedergelegten Muster usw. werden nämlich spätestens nach Ablauf von 3 Jahren von der Anmeldung an gerechnet, und wenn die Schutzfrist kürzer ist, schon nach Ablauf der Schutzfrist, von Amts wegen geöffnet und können dann von jedermann eingesehen werden. § 11 Bek. vom 29. 2. 1876, § 9 Abs. 5 Ges. 11. 1. 1876.

Zur Kontrolle für die rechtzeitige Eröffnung wird über die versiegelt niedergelegten Muster ein besonderes Verzeichnis geführt, in welchem der Tag vermerkt wird, an welchem die amtliche Eröffnung vorzunehmen ist. Die Aufnahme in dieses Verzeichnis und der Tag der amtlichen Eröffnung ist bei der Eintragungsverfügung mit zu verfügen. Über die erfolgte Eröffnung ist eine kurze Verhandlung aufzunehmen nach dem amtlichen Formular R. S. Nr. 27, in welcher festzustellen ist, daß der Siegelverschluß unverletzt befunden ist, und daß bei der Eröffnung von Amts wegen die in der Aufschrift bezeichneten Muster oder Modelle vorgefunden sind. Es wird dann verfügt:

1. daß in Spalte 9 einzutragen ist: das Paket — Umschlag — ist nach dem Ablauf der Schutzfrist — Geheimhaltungsfrist — von Amts wegen geöffnet worden,

2. daß in Spalte 4 das Wort „versiegelt" rot zu unterstreichen ist,
3. daß das Muster in dem Verzeichnis der versiegelt niedergelegten Muster zu streichen ist,
4. daß das entsiegelte Muster oder Modell wieder in Verwahrung zu nehmen ist,
5. am . . . . 19 . . wegen Ablauf der Schutzfrist oder Rückgabe wieder vorzulegen ist.

Mit dem Ablauf der Schutzfrist beginnt die weitere Aufbewahrungsfrist. Die niedergelegten Muster usw. sowie deren Abbildungen werden nach der Bek. vom 12. 11. 1883 (Zentralblatt für das Deutsche Reich 1883 Nr. 46 S. 325) 4 Jahre nach Ablauf der Schutzfrist aufbewahrt. Demnächst ist an den Urheber bezw. seinen Rechtsnachfolger die Aufforderung zu richten, die Muster usw. binnen 4 Wochen in Empfang zu nehmen, widrigenfalls über sie anderweitig verfügt werden wird. Die Aufforderung gilt mit der Aufgabe zur Post als bewirkt, selbst wenn sie als unbestellbar zurückkommt. Wird ihr nicht entsprochen, so sind die Muster usw., sofern sie einen Wert nicht besitzen, zu vernichten, im übrigen aber einer öffentlichen Sammlung oder Anstalt zu überweisen oder auf geeignete Weise zu veräußern.

Da die Nachsuchung des gesetzlich gewährleisteten Schutzes im Belieben des Urhebers steht, so kann auch auf den nachgesuchten und erhaltenen Schutz ganz oder teilweise verzichtet werden, der Urheber hat dann Anspruch auf teilweise Rückzahlung der für Eintragung der Hinterlegung des Musters erhobenen Gebühr. Cohn S. 729. Das Erlöschen des Schutzes ist dann in Spalte 9 zu vermerken. Dasselbe gilt, wenn ein rechtskräftiges Urteil vorgelegt wird, durch das ein eingetragenes Muster oder Modell für nicht schutzfähig erklärt wird.

Das MR. ist öffentlich, nach § 11 Ges. 11. 1. 1876 ist jedermann gestattet, von dem MR. und den nicht versiegelten Mustern und Modellen Einsicht zu nehmen und sich beglaubigte Auszüge aus dem MR. erteilen zu lassen. In Streitfällen darüber, ob ein Muster oder Modell gegen Nachbildung geschützt ist, können zur Herbeiführung der Entscheidung auch die versiegelten Pakete vom Registergericht auf Antrag des Urhebers oder Ersuchen eines Gerichts geöffnet werden. Auch sonst kann der Urheber jederzeit unter Verzicht auf die Geheimhaltung die Eröffnung eines versiegelt niedergelegten Musters oder Modells verlangen. Brand S. 421.

Zu dem MR. werden Registerakten geführt, in welchen nach der Zeitfolge alle das MR. betreffenden Eingaben, Verhandlungen, Urkunden usw. aufzunehmen sind. § 3 Bek. 29. 2. 1876.

Auch ist zu dem MR. ein alphabetisches Verzeichnis der eingetragenen Namen bezw. Firmen zu führen.

Besondere Vorschriften enthält das Reichs-G. vom 18. 3. 1904 (RGBl. S. 141) betr. den Schutz von Erfindungen, Mustern und Warenzeichen auf Ausstellungen.

Der durch dieses Ges. gewährte Schutz „besteht in der Sicherung des Ausstellers und seiner Rechtsnachfolger gegen die Gefahr, daß die Schaustellung selbst oder die ihr folgende Veröffentlichung oder Wiedergabe oder Benutzung der Muster dem Erwerbe des gesetzlichen Schutzrechts durch Anmeldung oder Eintragung demnächst hinderlich ist." Dr. Damme in DJZ. 1904 S. 384.

Es ist aber Voraussetzung, daß das Ausstellungsunternehmen in seiner Gesamtheit als unter dieses Ges. fallend durch eine im RGBl. vom Reichskanzler zu veröffentlichende

Bek. erklärt wird, und daß die Anmeldung des Musters bei der zuständigen MG.-Behörde innerhalb sechs Monate nach der Eröffnung der Ausstellung bewirkt wird. Das Vorhandensein dieser Voraussetzungen ist vom Registergericht zu prüfen.

§ 118.

Das Börsenregister.

Das frühere Börsenregister hat seine Bedeutung durch die Novelle vom 8. 5. 1908 (RGBl. S. 215) zum Börsengesetz verloren. Nach dem alten Börsengesetz vom 22. 6. 1896 mußten diejenigen Personen, Handelsgesellschaften, juristischen Personen, die sich an Börsentermingeschäften in Waren oder Wertpapieren beteiligten, und die Rechtswirksamkeit dieser Geschäfte nicht anfechten, also den Differenzeinwand nicht erheben wollten, in ein besonderes Börsenregister für Waren oder für Wertpapiere eingetragen werden, und ein Schuldverhältnis wurde durch ein Börsentermingeschäft nicht begründet, wenn nicht für den betr. Geschäftszweig b e i d e Parteien zur Zeit des Geschäftsabschlusses in einem Börsenregister eingetragen waren. §§ 54, 55, 66, Börsen-Ges. vom 22. 6. 1896.

Durch die Novelle vom 8. 5. 1908 ist nun dieses besondere Börsenregister aufgehoben und durch das Handelsregister ersetzt. Nach § 53 das. ist nunmehr ein erlaubter Börsenterminhandel verbindlich, wenn auf beiden Seiten als Vertragsschließende: Kaufleute, die in das Handelsregister eingetragen sind, oder deren Eintragung nach § 36 HGB. nicht erforderlich ist (Unternehmen des Reichs, eines Bundesstaats oder eines inländischen Kommunalverbandes), oder eingetragene Genossenschaften beteiligt sind oder wenn es sich um Ausländer oder Personen handelt, die zur Zeit des Geschäftsabschlusses oder früher berufsmäßige Börsentermingeschäfte betrieben haben, oder zum Besuche einer dem Handel mit Waren der bei dem Geschäfte in Frage kommenden Art oder einer dem Handel mit Wertpapieren dienenden Börse mit der Befugnis zur Teilnahme am Börsenhandel dauernd zugelassen waren.

Bezüglich der Kleingewerbetreibenden ist indessen bei der zweiten Beratung der Novelle eine Einschränkung dahin aufgenommen, daß diese, auch wenn sie in das Handelsregister eingetragen sind, n i c h t zu den Kaufleuten i. S. des § 53 des abgeänderten Börsengesetzes gehören. Um die aus dieser Einschränkung sich ergebende Rechtsunsicherheit zu mildern, haben die Handelsregistergerichte besonders darauf zu achten, daß solche Kleingewerbetreibende nicht in das Handelsregister eingetragen werden; AV. 21. 9. 1908, JMBl. S. 351, vgl. auch Dr. Weber in DJZ. 1908 S. 609.

§ 119.

Das Register für Wassergenossenschaften

ist ebenfalls gegenstandslos geworden. Das frühere Ges. betr. die Bildung von Wassergenossenschaften vom 1. 4. 1879 (GS. S. 297), unterschied zwischen f r e i e n Genossenschaften und öffentlichen Genossenschaften. Erstere wurden durch gerichtlichen oder notariellen Vertrag zum Zwecke der Benutzung oder Unterhaltung von Gewässern, der Ent- oder Bewässerung von Grundstücken, des Schutzes der Ufer, der Anlegung und Benutzung oder Unterhaltung von Wasserläufen oder Sammelbecken, der Herstellung und Verbesserung von Wasserstraßen und anderen Schiffahrtsanlagen, unter den Eigentümern der bei dem Unternehmen beteiligten Grundstücke begründet. Sie mußten ein Statut mit bestimmtem Inhalt haben, und erlangten Rechtsfähigkeit und die ihnen nach dem Gesetz vom 1. 4. 1879 zustehenden Rechte erst durch Eintragung in das Register für Wassergenossenschaften, welches bei dem Gericht für Führung des Handelsregisters in dem Bezirke geführt wurde, in dem die Genossenschaft ihren Sitz hatte. Für dessen Einrichtung und Führung waren im Ges. und in der AV. vom 9. 9. 1879 (JMBl. S. 337) besondere Vorschriften aufgestellt.

Die öffentlichen Wassergenossenschaften dagegen wurden durch Beschluß der staatlichen Behörde begründet, waren der Aufsicht des Staates unterworfen und bedurften der Eintragung in das Register nicht.

Das neue preußische Wassergesetz vom 7. 4. 1913 (GS. S. 53) hebt nun im § 399 Nr. 11 das frühere Gesetz vom 1. 4. 1879 auf, und kennt freie Genossenschaften nicht mehr, sondern regelt nur das Recht der öffentlichen Genossenschaften. Als Grund wird angegeben, daß nur eine ganz geringe Zahl freier Genossenschaften begründet worden waren.

Die bestehenden freien Genossenschaften, und etwa sich neubildende privatrechtliche Vereinigungen zu wasserwirtschaftlichen Zwecken unterliegen daher dem Ges. vom 1. 4. 1879 nicht mehr und sind nach den Grundsätzen des bürgerlichen Rechts über Gesellschaften und Gemeinschaften zu beurteilen. Vgl. Bochalli, Die Wassergenossenschaften nach dem neuen preußischen Wassergesetz S. 16, 17.

Austritt aus der Kirche.

Ges. betr. den Austritt aus der Kirche vom 14. 5. 1873 (GS. S. 207) = KAGes.
A. V. v. 13. 6. 1873 betr. die Ausführung des Ges. v. 14. 5. 1873 (JMBl. S. 183).

§ 120.

Allgemeines.

Art. 12 der preußischen Verfassung vom 31. 1. 1850 gewährleistet die Freiheit des religiösen Bekenntnisses, der Vereinigung zu Religionsgesellschaften und der gemeinsamen häuslichen und öffentlichen Religionsübung, und das Ges. vom 14. 5. 1873 verfolgt den Zweck, diese Freiheit sachgemäß zu verwirklichen und diesen Gegenstand für das ganze Staatsgebiet, insbes. in betreff der vermögensrechtlichen Wirkungen einheitlich zu ordnen. Es gilt für die ganze preußische Monarchie mit Ausnahme des vormaligen Herzogtums Lauenburg und der Insel Helgoland, sowie für die deutschen Konsulargerichtsbezirke und für die deutschen Schutzgebiete. KonsGGes. vom 7. 4. 1900 § 19 und Schutzgebiets-Ges. vom 10. 9. 1900 § 3 (Caro S. 35 1 b).

Es hat in neuerer Zeit infolge der starken Bewegung für den Austritt aus der Kirche besondere Bedeutung gewonnen, haben doch im Jahre 1913 allein beim Amtsgericht Berlin-Mitte ca. 18 000 Personen ihren Austritt oder Übertritt angemeldet, und sind ca. 8 000 wirklich ausgetreten oder übergetreten.

§ 121.

Die Voraussetzungen des Kirchenaustritts.

I. Austreten aus einer Kirche kann nur, wer einer Kirche (der evangelischen, römisch-katholischen einschl. der altkatholischen) oder einer sonstigen mit Korporationsrechten ausgestatteten Religionsgemeinschaft angehört. Joh. 35 A. 49.

Der Austritt aus einer nicht mit Korporationsrechten ausgestatteten Religionsgemeinschaft, der Austritt aus einer einzelnen Parochie, unterliegt nicht den Bestimmungen des KAG.

Nur den Juden gestattet das besondere Gesetz betr. den Austritt aus den jüdischen Synagogen-Gemeinden vom 28. 7. 1876 (GS. S. 353), ohne Austritt aus dem Judentum überhaupt, den Austritt aus derjenigen jüdischen Synagogen-Gemeinde (jüdischen Kultusgemeinde, religiösen, jüdischen Gemeinde, israelitischen Religionsgemeinde), welcher ein Jude auf Grund eines Gesetzes, eines Gewohnheitsrechtes oder einer Verwaltungsvorschrift angehört, dies aber nur aus religiösen Bedenken, nicht aus anderen Gründen. Daß der Austritt auf religiösem Bedenken beruhe, muß bei der Austrittserklärung auch ausdrücklich versichert werden, und dieser Zusatz muß in das Protokoll über die Austrittserklärung mit aufgenommen werden. § 2 Ges. 28. 7. 1876.

Für Anwendung des Gesetzes vom 14. 5. 1873 kommt es dagegen auf den Beweggrund für den Austritt nicht an.

Der Austritt aus der Kirche ohne Übertritt zu einer anderen Kirche oder einer mit Korporationsrechten ausgestatteten Religionsgemeinschaft unterliegt den besonderen Bestimmungen des KAG. Vgl. Joh. 24 A. 30. Für den Übertritt dagegen von einer Kirche zur anderen bleibt es bei dem bestehenden Rechte, insbes. bei den Bestimmungen der §§ 41, 42 II, 11 ALR. nämlich, daß der Übergang in der Regel durch eine ausdrückliche Erklärung geschieht, und daß die Teilnahme an solchen Religionshandlungen, wodurch eine Partei sich von der anderen wesentlich unterscheidet, die Kraft einer ausdrücklichen Erklärung hat, wenn nicht das Gegenteil aus den Umständen deutlich erhellt.

Für einen solchen Übertritt macht jedoch der § 1 Abs. 3 KAG. wieder eine Ausnahme dahin, daß, wenn der Übertretende von den Lasten seines bisherigen Verbandes befreit werden will, die im KAG. vorgeschriebene Form zu beobachten ist.

II. Das Geschlecht hat keinen Einfluß auf Abgabe der Austrittserklärung, Ehefrauen bedürfen nicht der Genehmigung des Ehemanns, andererseits ist aber dieser auch nicht befugt, für die Ehefrau die Erklärung abzugeben.

Auch die Reichs- oder Staatsangehörigkeit ist für die Austrittsbefugnis gleichgültig, auch Ausländer, die in Preußen kirchensteuerpflichtig sind, können sich von dieser Pflicht dadurch befreien, daß sie nach dem Ges. vom 15. 5. 1873 ihren Austritt aus der Kirche vor dem Amtsgericht ihres Wohnortes erklären.

III. Da der Austritt durch eine Erklärung des Austretenden erfolgt, so muß dieser in der Lage sein, eine solche Erklärung rechtsgültig abzugeben; in dieser Beziehung ist es bei dem bestehenden Recht geblieben, Joh. 31 A. 32, es sind also unfähig zur Abgabe der Austrittserklärung die Geschäftsunfähigen, da ihre Willenserklärungen nichtig sind; §§ 104, 105 BGB.

Die in ihrer Geschäftsfähigkeit beschränkten Personen des § 114 BGB. ermangeln ebenfalls der Befugnis, eine rechtswirksame Austrittserklärung abzugeben, eine Abgabe der Erklärung durch ihren Vormund oder dessen Zustimmung zu ihrer Erklärung ist wirkungslos, da die Austrittserklärung in Person zu erfolgen hat.

Bei den Minderjährigen über 7 Jahren ist zu unterscheiden, ob sie religionsmündig sind oder nicht. Das landesgesetzlich fortbestehende Alter der Religionsmündigkeit äußert seine Rechtswirkung auch bezüglich des Austritts aus der Kirche; mit dem Eintritt der Religionsmündigkeit ist das noch minderjährige Kind zur selbständigen Abgabe der Austrittserklärung berechtigt, und von da an steht es lediglich in seiner Wahl, welcher Religionspartei es sich anschließen will. Joh. 27 A, 19, 31 A 37. Die Eltern oder sonstigen Erziehungsberechtigten sind dann nicht mehr befugt, für das religionsmündige Kind eine solche Erklärung abzugeben oder seiner Erklärung zu widersprechen. Das religionsmündige Kind hat vielmehr die Erklärung selber in Person abzugeben. Joh. 35 A 53.

Die Religionsmündigkeit tritt mit der Erreichung eines bestimmten Alters ein, im Gebiete des ALR. ist es nach § 84 II 2, welcher gemäß Art. 89 1c PrAG. z. BGB. aufrecht erhalten ist, das zurückgelegte 14. Lebensjahr (besondere Bestimmungen für einzelne Landesteile s. Caro S. 25, S. 40 b I).

Für religionsunmündige Kinder dagegen müssen die Erziehungsberechtigten die Erklärung abgeben; diese Befugnis beruht nicht auf der gesetzlichen Vertretungsmacht, sondern auf dem religiösen Erziehungs- und Bestimmungsrecht. Das dem Vater nach §§ 74 ff. II 2 ALR. beigelegte Recht zur Bestimmung der Religion des noch nicht religionsmündigen Kindes ist höchst persönlicher Art, es bleibt ihm auch, wenn er die elterliche Gewalt verwirkt hat, es ruht aber, so lange er nicht imstande ist, eine gültige Willenserklärung abzugeben. Joh. 40 A 10. — Mit der Bestimmung in § 1 KAG., daß die Erklärung „in Person" abgegeben werden muß, soll nicht der Erklärung durch die Person des Vertreters entgegengetreten, sondern verhindert werden, daß schriftliche Erklärungen eingereicht, oder gewillkürte Vertreter auf Grund schriftlicher Vollmacht für andere Personen den Austritt erklären können. Joh. 31 A 34.

Es bedarf s itens der Erziehungsberechtigten einer besonderen Austrittserklärung hinsichtlich des Kindes, der Austritt der Erziehungsberechtigten für seine Person hat nicht auch den Austritt des Kindes ohne weiteres zur Folge. Joh. 35 A 53.

Da nach Art. 134 EG. z. BGB. die landesgesetzlichen Vorschriften über die religiöse Erziehung der Kinder unberührt geblieben sind, so kommen für die Frage, wem die religiöse Erziehung des Kindes zusteht, für das Gebiet des ALR. die Vorschriften der §§ 77 ff. II 2 ALR. und der Deklaration vom 21. 11. 1803 in Betracht. Danach sind zur Austrittserklärung für religionsunmündige Kinder befugt:

1. bei bestehenden Ehen: der Vater, selbst gegen den Willen der Mutter, Joh. 28 A 12 und zwar auch zwecks Übertritts zu einem Glaubensbekenntnis, dem weder er noch die Mutter angehört, Joh. 33 A. 83. Während der Dauer einer etwaigen Entmündigung des Vaters ruht, wie schon erwähnt, sein Bestimmungsrecht. Ist der Vater sonst tatsächlich oder rechtlich an der Ausübung der Erziehungsgewalt verhindert, und die Eltern sind gemäß § 78 II 2 ALR. einig, so ist die Mutter für befugt zu erachten, ausnahmsweise in diesem Falle die Erklärung abzugeben (Caro S. 45).

2. Nach Auflösung der Ehe: a) durch den Tod der Mutter: der Vater wie vorher. b) durch den Tod des Vaters: die Mutter, wenn der Vater während des ganzen letzten Jahres vor seinem Tode das Kind in einem von dem des Vaters abweichenden Glaubensbekenntnisse hat unterrichten lassen. § 82 II 2 ALR. Joh. 28 A 15, 33 A 81, 37 A 84, 41 A 44. Dabei macht es keinen Unterschied, ob es sich um einen Sohn oder eine Tochter handelt, Joh. 37 A 87. Für Kinder rein nichtchristlicher, insbesondere jüdischer, Ehen kommen die Vorschriften des ALR. über die religiöse Erziehung der Kinder nicht in Anwendung, sondern seit 1. 1. 1900 die des BGB., und die Mutter und der Vormund des Kindes können nach dem Tode des Vaters den Austritt des Kindes aus dem Judentum rechtswirksam erklären. Joh. 43 A 71.

c) Durch den Tod beider Eltern: der Vormund, falls die Voraussetzung unter b vorliegt.

d) Durch Scheidung: in der Regel der Vater wie unter 1, da das Gesetz weder in der Deklaration vom 21. 11. 1803, noch in den §§ 76 bis 82 II 2 ALR. einen Unterschied macht, ob die Ehe der lebenden Eltern noch besteht oder geschieden ist, sondern nur unterscheidet, ob beide Eltern noch leben oder ob ihre Ehe durch den Tod getrennt ist. Joh. 36 A 49.

3. Für Adoptivkinder nach vollzogener Adoption: der Adoptivvater, da das Adoptivkind durch die Adoption die Stellung eines leiblichen Kindes erlangt und in dem Glauben des Annehmenden zu erziehen ist, Joh. 22 A. 233, und eine Bestimmung in dem Annahmevertrage, daß das Kind in einer anderen Religion als der des Annehmenden zu erziehen sei, den Vertrag unwirksam macht. Joh. 38 A 91.

4. Für uneheliche Kinder ist im Gebiete des ALR. eine Übertrittserklärung rechtlich unmöglich, weil für solche schlechtweg das Glaubensbekenntnis der Mutter maßgebend ist und sie einem etwaigen Religionswechsel der Mutter zu folgen haben. § 642 II 2 ALR., Art. 134 EG. z. BGB. Joh. 22 A 232.

Ein Wahlrecht oder Bestimmungsrecht für die religiöse Erziehung ihres unehelichen Kindes ist der Mutter nicht eingeräumt. Joh. 25 A 23. Will die Mutter einen Glaubenswechsel des Kindes herbeiführen, so muß sie selber für sich den Austritt erklären.

Verlegt die Mutter ihren Wohnsitz innerhalb Preußens aus einem Rechtsgebiet, in dem eine Änderung der Konfession des Kindes durch die Mutter ohne eigenen Konfessionswechsel der Mutter nicht zulässig ist, in ein Rechtsgebiet, in dem die freie Konfessionsbestimmung des Kindes durch die Mutter zulässig ist, und macht die Mutter von diesem Bestimmungsrecht Gebrauch, so ist das Kind in der von der Mutter bestimmten Konfession zu erziehen, und zwar entscheidet das Personalstatut, welches z. Z. der Bestimmung besteht, nicht das zur Zeit der Geburt des Kindes. Joh. 44 A 39.

Insbesondere im Gebiet des Hannoverschen Rechts und in den Gebieten, in denen früher das französische Recht galt, hat die uneheliche Mutter ein derartiges Bestimmungsrecht. Joh. 41 A 47.

§ 122.

Das Austrittsverfahren.

Die Erklärung des Austretenden muß in Person vor dem Richter seines Wohnortes abgegeben werden, zuständig ist das Amtsgericht AV. 13. 6. 1873 unter 1, § 167 R. FrG., Art. 31 P. FrG. Unter Wohnort ist der Wohnsitz i. S. der §§ 7—11 BGB. zu verstehen, insbes. für Gefangene, deren Wohnsitz bis zu ihrer Verhaftung. Maßgebend ist der Wohnsitz bei Einleitung des Verfahrens, d. h. derjenige z. Z. der Stellung des Antrages, welcher nach § 2 KAG. der Aufnahme der eigentlichen Austrittserklärung vorangehen muß.

I. Für diesen Antrag ist eine besondere Form nicht vorgeschrieben, er kann mündlich zu Protokoll oder schriftlich erklärt werden, insbesondere braucht er nicht in Person abgegeben werden, sondern kann auch von einem Dritten auf Grund schriftlicher Vollmacht erklärt werden.

Aus dem Antrag muß hervorgehen, daß Antragsteller aus einer bestimmten Kirche oder Religionsgemeinschaft austreten will, oder von welcher und zu welcher Kirche oder Religionsgemeinschaft er übertreten will, für den Antrag genügt die Fassung:

Ort und Datum.

Dem Königl. Amtsgericht X. meldet der Unterzeichnete hiermit seinen Austritt aus der evangelischen . . . . Kirche an.

Vorname und Zuname,
Stand, Wohnung, Religion.

Ist der Antrag unvollständig, ist Antragsteller zur Beseitigung des Mangels, soweit möglich, aufzufordern, andernfalls ist der Antrag zurückzuweisen. Wird der Antrag als vollständig befunden, so ist er unverzüglich dem Vorstande der Kirchengemeinde, welcher der Antragsteller angehört, in Abschrift nachrichtlich zuzustellen. Die Zuständigkeit der Kirchengemeinde wird durch die Konfession und den Wohnsitz bestimmt (Caro S. 80, 81). Für evangelische Personen ist es der Vorstand der Ortsgemeinde der evangelischen Landeskirche, wenn nicht die Zugehörigkeit zu einer nicht zur evangelischen Landeskirche gehörigen Religionsgemeinschaft klar erhellt. V. d. K. Prsd. vom 25. 5. 1908. Es soll dadurch den kirchlichen Organen die Möglichkeit gewährt werden, auf den Antragsteller bei der Bedeutung seines Vorhabens kirchlich einzuwirken. Die Benachrichtigung erfolgt mittels besonderen Anschreibens; über die Zustellung ist eine Bescheinigung zu den Akten zu bringen. AV. 13. 6. 1873, Nr. 2. Dem Antragsteller ist von der Benachrichtigung unter Angabe des Tages, an welchem sein Antrag eingegangen ist, Kenntnis zu geben. Denn mit Eingang des Antrages beginnt die Überlegungsfrist von 4 Wochen für den Antragsteller, vor deren Ablauf eine Aufnahme der Austrittserklärung nicht stattfinden darf. § 2 KAG. Es soll dadurch übereilten Austritten vorgebeugt und dem Antragsteller Gelegenheit gegeben werden, seinen Schritt nochmals zu überlegen. Für die Berechnung der Frist gelten §§ 187 ff. BGB., § 17 R. FrG. Art. 1 Pr. FrG. Mit dem Ablauf der Überlegungsfrist beginnt die Erklärungsfrist, welche mit Ablauf von sechs Wochen seit Ablauf desjenigen Tages endet, an welchem der Antrag bei Gericht eingegangen ist, und innerhalb welcher die Aufnahmeerklärung nur folgen darf. Sie ist eine Notfrist, kann vom Richter nicht geändert werden, und das Nichtinnehalten derselben hat die Nichtigkeit der Erklärung zur Folge. Die Anberaumung eines Termins zur Aufnahme der Austrittserklärung findet nicht statt, um nicht den Anschein zu erwecken, als müsse Antragsteller seinem Antrage weiter Folge geben. Es steht ihm vielmehr frei, sich an jedem Geschäftstage innerhalb der Erklärungsfrist zur Abgabe der Austrittserklärung an Gerichtsstelle zu melden. Daß die Anberaumung eines Termins nicht stattfindet, ist zweckmäßig dem Antragsteller in der Benachrichtigung besonders mitzuteilen. Für Berechnung der Fristen vgl. die Tabellen bei Caro S. 143 ff.

Die Verfügung würde demnach dahin zu entwerfen sein:

1. Abschrift beiliegenden Antrages ist dem Vorstande . . . . . der Kirchengemeinde in . . . . zuzustellen.

2. Nachricht zu 1 dem Antragsteller mit Fristbestimmung vom . . . . . bis . . . . . einschl.

3. Wieder vorzulegen nach 6 Wochen ev.

II. Erscheint der Antragsteller innerhalb der Erklärungsfrist, so hat der Richter die Austrittserklärung zu Protokoll zu nehmen. Nur der Richter ist zur Aufnahme des Protokolls befugt, nicht aber der Gerichtsschreiber, auch nicht ein Notar. Die Zuziehung eines Protokollführers ist nicht erforderlich, aber zulässig. Art. 2 Pr. FrG. Die Aufnahme der Protokolls unterliegt den allgemeinen Vorschriften der §§ 167 ff. R. FrG., Art. 40 ff. Pr. FrG. Der Richter hat zu prüfen: den Fristlauf, die Legitimation des Antragstellers, dessen Geschäftsfähigkeit und Einsicht zu dem Rechtsgeschäfte, und dessen Zugehörigkeit zu derjenigen Religionsgemeinschaft, aus der er austreten will. Dies kann nachgewiesen werden durch Vorlegung des Taufscheins, des Konfirmationsscheins, der standesamtlichen Heiratsurkunde, des Familienstammbuchs und sonstiger Urkunden, die von einer Religionsgemeinschaft ausgestellt sind oder aus denen sich die Religion ergibt (Militärpaß). Bestehen Zweifel, ob Antragsteller der betreffenden Kirche angehört, so soll nach Joh. 35 A 41 der Richter dem Antragsteller die Zweifel mitteilen und den Inhalt der Mitteilung sowie die vom Antragsteller darauf abgegebenen Erklärungen im Protokoll feststellen. Verlangt der Antragsteller trotzdem die Aufnahme der Austrittserklärung, so darf der Richter die Aufnahme nicht wegen dieser Zweifel ablehnen, es sei denn, daß die Erklärung offenbar unrichtig ist.

Die Austrittserklärung muß in Person abgegeben werden, Abgabe einer schriftlichen Erklärung oder Vertretung durch einen Anderen ist unzulässig, auch ist ausschließlich das Amtsgericht des Wohnsitzes des Austretenden für die Aufnahme der Austrittserklärung zuständig, und die Mitwirkung eines anderen Amtsgerichtes im Wege der Rechtshilfe ist unzulässig. Beschl. des KG. vom 10. 5. 1912 in JMBl. 1912 S. 215.

Ausgeschlossen ist aber nicht, daß der Richter, falls der Antragsteller am Erscheinen an Gerichtsstelle verhindert ist (z. B. durch bescheinigte Krankheit) die Austrittserklärung auf Antrag an anderer Stelle, in der Wohnung des Antragstellers, einem Krankenhause zu Protokoll nimmt.

Für Groß-Berlin sind die einzelnen Amtsgerichte des Wohnsitzes des Antragstellers zuständig.

Die Austrittserklärung selber darf nicht von Bedingungen oder einer Fristbestimmung abhängig gemacht werden, muß auch, wie der vorhergehende Antrag, zweifellos zum Ausdruck bringen, daß, und aus welcher Kirche oder Religionsgemeinschaft der Austritt erfolgt.

> Z. B.: Unter Bezugnahme auf meine Eingabe vom . . . . erkläre ich meinen Austritt aus der evangelischen Kirche, und bitte um Erteilung einer Bescheinigung dieses Austritts.

Eine durch den Gerichtsschreiber beglaubigte Abschrift des Protokolls ist mit Begleitschreiben dem Vorstande der Kirchengemeinde zuzustellen, welcher der Erklärende angehört hat. Die Zustellungsurkunde ist zu den Akten zubringen. Weitere Benachrichtigungen sind nicht vorgeschrieben, doch erhält in Groß-Berlin der Polizeipräsident (Einwohnermeldeamt) Nachricht von jeder Austritts- und Übertrittserklärung.

Auf Verlangen ist dem Antragsteller eine Bescheinigung über den von ihm erklärten Austritt zu erteilen, und daß dies geschehen, ist unter dem Protokoll zu vermerken. Für diese Bescheinigung ist durch die AV. vom 13. 6. 1873 ein besonderes Formular vorgeschrieben. Nach dieser Verf. und nach § 42 Nr. 19 der Geschäftsordnung für die Gerichtsschreibereien sind die auf den Austritt aus der Kirche oder aus der Synagogengemeinde bezüglichen Verhandlungen zu je einem besonderen Sammelaktenstück zu bringen, und ist diesem ein alphabetisches Namensverzeichnis der ausgetretenen Personen vorzuheften. Die Akten sind von der Vernichtung ausgeschlossen.

Auf das Verhandlungsprotokoll würde also zu verfügen sein:

1. Austrittsbescheinigung nach Formular.

2. Beglaubigte Abschrift der Verhandlung an den Vorstand der Kirchengemeinde in X. zuzustellen.

3. Einzutragen in das alphabetische Namensverzeichnis.

Gegen die Verfügung des Amtsgerichts ist einfache Beschwerde an das Landgericht und weitere Beschwerde an das KG. zulässig. Wird die Verf. aufgehoben, und die Austrittserklärung für unwirksam erklärt, so ist die etwa erteilte Austrittsbescheinigung als nichtig einzuziehen.

§ 123.

Wirkungen des Kirchenaustritts.

Das KAG. regelt nur die bürgerlichen Wirkungen des Austritts hinsichtlich der kirchlichen Lasten und Abgaben, nicht dagegen die religiösen Wirkungen.

1. Es bestimmt im § 3, daß der Ausgetretene zu Leistungen, welche auf der persönlichen Kirchen- oder Kirchengemeindenangehörigkeit beruhen, nicht mehr verpflichtet wird. Also der Austritt aus der Kirche bewirkt ohne weiteres die Befreiung von allen Leistungen, die an die bisherige Kirchengemeinde zu bewirken waren, soweit sie auf der Gemeindeangehörigkeit beruhen (Kirchensteuer, Pfarrzwang). Diese Wirkung tritt aber im Interesse der Erhaltung der Vermögensfähigkeit der Kirchengemeinden nicht sofort ein, sondern erst mit dem Schlusse des auf die Austrittserklärung folgenden Kalenderjahres, maßgebend ist also der Zeitpunkt der Aufnahme des richterlichen Protokolls; ist z. B. der Austritt im Laufe des Jahres 1913 erklärt, so endet die Beitragspflicht mit Ablauf des Jahres 1914.

Nur zu den Kosten eines außerordentlichen Baues, der also über die gewöhnlichen Verhältnisse hinausgeht, wenn dessen Notwendigkeit vor Ablauf des Kalenderjahres, in welchem der Austritt aus der Kirche erklärt wird, von den geistlichen Oberen (§ 707 II 11 ALR.) rechtskräftig festgestellt ist, hat der Austretende bis zum Ablauf des zweiten, auf die Austrittserklärung folgenden Kalenderjahres ebenso beizutragen, als wenn er seinen Austritt aus der Kirche nicht erklärt hätte, er gilt also bis dahin als nicht ausgeschieden.

2. Andere Leistungen, die nicht auf der persönlichen Kirchen- oder Kirchengemeindeangehörigkeit beruhen, insbesondere Leistungen, welche entweder kraft besonderen Rechtstitels auf bestimmten Grundstücken haften (z. B. Baulast eines dinglichen Patronats §§ 579, 584 II 11 ALR.), oder von allen Grundstücken des Bezirks, oder von allen Grundstücken einer gewissen Klasse in dem Bezirk ohne Unterschied des Besitzers zu entrichten sind (Reallasten), werden durch die Austrittserklärung nicht berührt. § 3 Abs. 3 KAG.

3. Auch Stolgebühren, soweit sie überhaupt noch zu entrichten sind, können von Personen, welche der betr. Kirche nicht angehören, die also ausgetreten oder übergetreten sind, nur gefordert werden, wenn sie die Amtshandlung verlangt haben und diese daraufhin wirklich verrichtet ist. § 6 KAG.